Libro de la
NAVIDAD
Adornos, recetas y regalos

BUENOS AIRES • MADRID • MÉXICO • MIAMI • SANTIAGO DE CHILE

Libro de la Navidad
Adornos, recetas y regalos

READER'S DIGEST MÉXICO, S.A. DE C.V.
DEPARTAMENTO EDITORIAL DE LIBROS

Director: Gonzalo Ang

Editores: Patricia Díaz Hirata, Esthela González, Irene Paiz,
Arturo Ramos Pluma, Myriam Rudoy e Iván Vázquez

Coordinadora de Ediciones en Castellano: Irene Fenoglio

Auxiliar editorial: Ma. Teresa Cava

Título original de la obra: Traditional Christmas Cooking, Crafts & Gifts
©1994 Cy DeCosse Incorporated, Minnesota, Estados Unidos de América.

ISBN 0-86573-939-0 de la edición original en inglés, Cy DeCosse Incorporated

*Traducción y adaptación de Reader's Digest México, S.A. de C.V., con la colaboración
de Judith Dueñas, Susan Kapilian y Ma. Elisa Moreno.*

---

*D.R. © 1995 Reader's Digest México, S.A. de C.V.
Av. Lomas de Sotelo 1102
Col. Loma Hermosa, Delegación Miguel Hidalgo
C.P. 11209 México, D.F.*

*Derechos reservados en todos los países miembros de la Convención de Buenos
Aires, de la Convención Interamericana, de la Convención Universal sobre Derechos
de Autor, de la Convención de Berna y demás convenios internacionales aplicables.*

Prohibida la reproducción total o parcial.

*Esta segunda reimpresión de 20,000 ejemplares, más sobrantes para reposición,
se terminó de imprimir el 31 de julio de 1996, en los talleres de R. R. Donnelley & Sons, Inc.,
Willard, Ohio, Estados Unidos de América (0995).*

La figura del pegaso, las palabras Selecciones y Selecciones del Reader's Digest son marcas registradas.

Editado en México por Reader's Digest México, S.A. de C.V.
ISBN 968-28-0207-5
*de la edición en castellano, Reader's Digest México, para venta
en México y en España*
ISBN 0-86573-973-0
*de la edición en castellano, Cy DeCosse Incorporated, para venta
fuera de México y de España*

Impreso en Estados Unidos de América
Printed in the United States of America

La magia de la Navidad

Con el correr de los años, la celebración de la Navidad se ha ido enriqueciendo gracias al espíritu festivo que de ella emana y que contagia por igual a chicos y grandes; así, desde los primeros días de diciembre, nuestros hogares se engalanan con múltiples representaciones —algunas más fantasiosas que reales— de objetos y personajes que suelen relacionarse con esta temporada: nieve, trineos, Santa Claus, renos, duendecillos, ángeles, coronas, botitas... Y aunque cada región tiene costumbres particulares, el deseo de vivir una Navidad mágica es común a todas.

El planear la temporada navideña incluye una serie de actividades divertidas, entre ellas decorar la casa, comprar los regalos y escoger el menú de Nochebuena.

La primera parte del libro le ofrece a usted, amigo lector, muchas ideas para decorar su casa, así como instrucciones paso a paso para que desarrolle sus propios proyectos. La segunda parte incluye menús, recetas y adornos que se hacen en la cocina y que pueden convertirse en regalos muy originales. Así que manos a la obra: deje que la magia de la Navidad inunde su hogar y halague la vista, el olfato y el paladar de su familia y de sus invitados.

Decoración navideña

En las primeras páginas, encontrará instrucciones detalladas para decorar el árbol de Navidad, incluyendo cómo hacer un remate de ángel y cómo coser un bonito pie de árbol. En la sección dedicada al arreglo de la mesa para las fiestas navideñas, aprenderá cómo hacer una gran variedad de mantelitos, caminos y centros de mesa. Confeccione un camino de mesa con coronas navideñas o manteles individuales acolchados, ya sea para regalar o para decorar su hogar. O escoja otros mantelitos con dobladillo en inglete, con cenefa de otra tela, con galones y con moños. Haga un llamativo centro de mesa de regalitos y otros accesorios llenos de colorido, o ponga a prueba sus habilidades manuales al hacer arreglos florales.

La sección "Adornos para la casa" incluye instrucciones básicas para elaborar coronas de pino o de eucalipto, así como ideas originales y variadas para decorarlas. Aprenda a hacer festones y moños para embellecer la repisa de la chimenea, las escaleras o la mesa del comedor. Las botitas no podían faltar en este libro; usted encontrará un patrón básico con maravillosas variaciones. Los árboles artísticos destacan en cualquier habitación y este libro los incluye de muchos estilos. Siéntase orgulloso al regalar los sacos de Santa Claus o el viejecito navideño, hechos por usted mismo con tela prealmidonada. La aldea nevada, hecha con envases de leche, puede convertirse en parte de las tradiciones navideñas de la familia.

La sección "Envoltura de regalos" le enseña a transformar cajas en verdaderos cofres para guardar sus tesoros, y a crear sus propias tarjetas de estilo antiguo, etiquetas y envolturas, para darles el toque final a sus regalos.

Existen materiales que facilitan la confección de muchos de los objetos navideños de este libro (poliestireno, silicón, tela prealmidonada y pasta polimérica) y pueden conseguirse en tiendas de decoración y manualidades. Los materiales necesarios para las coronas, los árboles artísticos y los de cono (follaje y festones) se consiguen en florerías.

Ideas navideñas... desde la cocina

Dar regalos "cocinados" por nosotros mismos es una manera de demostrar afecto a los seres queridos. Con la sección de "Ideas navideñas a granel", usted puede utilizar el horno de microondas para crear en poco tiempo una gran variedad de delicias. Haga plaquitas de nombres de chocolate y canastas con glaseado, para embellecer la mesa del comedor. Si dispone de poco tiempo, agasaje a sus invitados con las galletas rápidas de preparar que vienen en esta sección. Perfume el ambiente de la casa con un *potpourri* de lavanda y rosas, o con figuras de masa aromática. Aquí encontrará también instrucciones completas para hacer una aldea de galletas y caramelos que lo transportará a un mundo de ensueño.

En los "Menús para cenas navideñas" se presentan las recetas de pavo, ganso, jamón y cerdo que harán las delicias de los comensales. Además, encontrará recetas para guarniciones y postres, como la Tarta de calabaza con naranja y el Pastel de tronco de Navidad.

La sección "Para toda ocasión" contiene recetas que le permitirán ser un excelente anfitrión durante la época navideña en almuerzos y reuniones informales entre amigos. Incluye también recetas fáciles de hacer, o de preparación adelantada, para esos días de compras en que no tiene tiempo para cocinar.

Instrucciones paso a paso

Desde la primera página hasta la última, las instrucciones del *Libro de la Navidad* son muy sencillas. Independientemente de la experiencia que usted tenga en hacer manualidades y en cocinar, esta obra le será de gran ayuda y le servirá de inspiración. Úsela para planear con éxito su próxima Navidad, que esperamos que sea verdaderamente mágica.

ÍNDICE

La magia de la Navidad 3

El árbol de Navidad.................................7
Remate de ángel... 9
Más ideas para remates de árbol.................11
Adornos navideños de encaje.....................15
Adornos antiguos..18
Adornos brillantes 23
Muñecos de nieve.......................................26
Adorno de tambor.......................................28
Adornos para árbol.....................................32
Pies de árbol...34

Adornos para la casa...................................63
Coronas..64
Festones...70
Moños navideños.......................................74
Botitas..78
Árboles de cono...84
Arte en maceta...88
Saco navideño...92
Viejecito navideño....................................95
Aldea nevada..101

Mesas de gala para las fiestas......................41
Caminos navideños....................................42
Mantelitos..46
Manteles pintados......................................52
Centros de mesa...54
Más ideas para centros de mesa.................56
Adornos para mesa....................................58
Armonía en la mesa...................................60

Envoltura de regalos............................111
Cajas de regalos.......................................113
Tarjetas antiguas......................................117
Más ideas para envolver regalos.............120

Ideas navideñas a granel.......................123

Galletas y adornos con caramelos.......................125
Adornos con repostería.......................137
Regalos hechos en la cocina.......................146
Flores secas.......................158
Figuras de masa.......................162
Aldea de galletas.......................171

Guarniciones para cenas navideñas...........211

Verduras.......................212
Tarta estilo Yorkshire.......................226
Fruta para acompañar.......................228
Recetas de rellenos.......................232
Sopas.......................238
Ensaladas.......................246
Postres navideños.......................256

Menús para cenas navideñas..................181

Cena de pavo.......................183
Cena de ganso.......................187
Cena de gallinas Cornish.......................189
Cena de jamón glasé.......................192
Cena de corona de cerdo.......................195
Cena de lomo de cerdo.......................196
Cena de entrecot.......................198
Cena de cordero.......................200
Aves de caza al horno.......................202

Para toda ocasión..................273

Para almorzar.......................274
Entre amigos.......................278
¡Fuera frío!.......................287
Reuniones informales.......................290
Mesa de postres.......................296
Al final del día.......................304

Patrones.......................309
Índice alfabético.......................313
Información útil.......................317

El árbol de Navidad

REMATE DE ÁNGEL

Un ángel puede ser el remate o toque culminante del árbol navideño, o el punto de atención principal en la repisa de una chimenea o en una mesita lateral. El ángel que ilustramos aquí, hecho de tapetitos tejidos a ganchillo y almidonados para darles forma, tiene un delicado aspecto antiguo. Escoja tapetitos con un motivo en el centro que se pueda cortar, y frúnzalos en la base de la cabeza, como se muestra en el paso 4.

CÓMO HACER UN ÁNGEL PARA REMATE DE ÁRBOL

MATERIALES

- Cabeza de porcelana, como de 3 cm; pintura blanca nacarada, si desea.
- Tres tapetitos tejidos a ganchillo, de 15, 30 y 35 cm de diámetro, respectivamente.
- Almidón líquido.
- 46 cm de listón de 3 mm de ancho o de cordoncillo.
- Cono de poliestireno, de 20 a 25 cm de altura.
- Alambre de cobre del 24.
- Plásticos, papel encerado, silicón y su aplicador.

1 Corte la base del cono para que éste mida 19 cm de alto. Recorte la punta para que encaje bien la cabeza de porcelana. Aplique la pintura blanca nacarada a la cabeza, si desea; así se suavizan los colores de la piel y el cabello. Deje la cabeza a un lado y cubra el cono con un plástico.

2 Coloque el tapetito de 35 cm sobre un plástico y, con los dedos o con un trapo, apliquele almidón hasta empaparlo. Ponga otro plástico encima del tapetito y oprima con las manos para distribuir bien el almidón y sacar el exceso. Retire el plástico de encima y absorba el exceso de almidón con un trapo.

3 Tome el tapetito y céntrelo en la punta del cono. Déle forma de falda con amplios volantes; coloque hojas de papel encerado dobladas entre el tapetito y el cono para sostener la falda. Inserte la cabeza en el cono, sobre el tapetito, y fíjela con un poco de almidón.

4 Corte el centro del tapetito de 15 cm y tírelo. Para formar la escarola del cuello, ensarte el listón alrededor de la abertura.

(Continúa)

CÓMO HACER UN ÁNGEL PARA REMATE DE ÁRBOL (CONTINUACIÓN)

5 Ponga la escarola sobre plástico y almidónela, excepto la orilla interior y el listón. Insértela en la cabeza y pliéguela tirando del listón; termine haciendo un moño.

6 Forme ondas en la escarola, metiéndole abajo plástico arrugado, si hace falta; deje lisa la parte posterior para poder colocar las alas. Deje secar todo bien.

7 Almidone el tapetito de 30 cm. Dóblelo por la mitad y colóquelo sobre un papel encerado limpio. Déle forma de alas plegándolo por el centro y levantando las orillas como abanico. Separe las capas con plástico arrugado para conservar la forma. Aplane la parte central y deje secar las alas.

8 Saque el ángel del cono. Asegure la escarola con puntos de silicón. Pegue con silicón las alas en medio de la espalda del ángel.

9 Forme una aureola con el alambre, retorciendo los extremos unidos para fijarlos a la cabeza con el silicón.

MÁS IDEAS PARA REMATES DE ÁRBOL

Usted puede crear rápidamente remates para su árbol muy originales, usando gran variedad de cosas. Para uno que le traiga gratos recuerdos, busque entre sus viejos juguetes o adornos navideños. Para otro que sea elegante y sencillo, escoja follaje de seda o deshidratado y rocíelo con pintura metálica para darle brillo. O ponga en la punta del árbol un moño con cintas largas que cuelguen, usando un listón especial que lo haga lucir encantador.

Follaje natural seco y varitas retorcidas que surgen de la punta del árbol ponen en valor una decoración contemporánea.

Juguetes especiales o animalitos de felpa, sostenidos con alambre en la punta del árbol, le dan un toque personal a un árbol "juguetón".

(Continúa)

MÁS IDEAS PARA REMATES DE ÁRBOL (CONTINUACIÓN)

El follaje de seda añade un toque elegante al árbol.

Varias estrellas, en vez de una sola como es tradicional, se fijan en la punta del árbol.

Dos moños múltiples (pág. 74), unidos con alambre, forman un remate fácil de hacer. Puede rizar las cintas alrededor del árbol o dejarlas sueltas.

Muchos adornos juntos crean un punto de atención.

Una colección de Santa Claus, San Nicolás o Papá Noel añade un encanto especial a este árbol de Navidad.

Un solo juguete de madera se destaca en la punta de este arbolito.

ADORNOS NAVIDEÑOS DE ENCAJE

Los adornos de encaje son siempre populares para una decoración romántica en las fiestas. Los adornos tradicionales —ángeles y botitas— se pueden hacer con encajes diversos para lograr efectos diferentes. Los tapetitos de encaje recortados se convierten en ángeles con unos cuantos dobleces, y para las botitas, agregue unos toques de encaje que las adornen.

CÓMO HACER UN ÁNGEL CON ENCAJE

MATERIALES

- Dos tapetitos cuadrados de encaje, uno de 15 cm y otro de 10 cm.
- Tres tramos de listón de satín de dos vistas, de 3 mm de ancho, uno de 30 cm y dos de 46 cm de largo.
- Una esfera de satín de 25 mm de diámetro.
- Un hilo de perlas de 7 cm.
- Aguja de cañamazo (canevá).
- Aplicador y barritas de silicón.

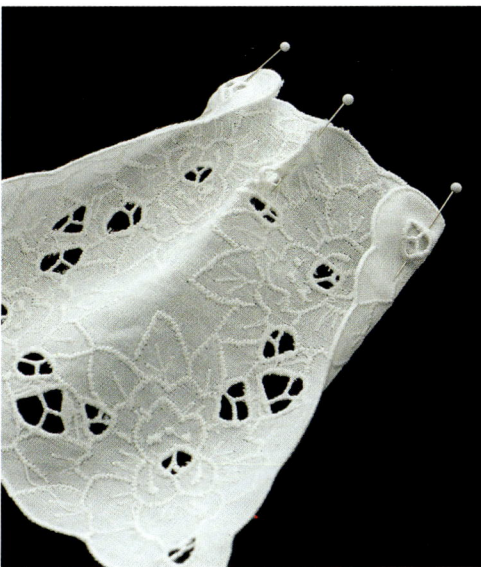

1 Doble el tapetito de 15 cm a la mitad, con el revés hacia afuera; con un alfiler, marque un pliegue al centro de este doblez. En los extremos, doble 2 cm hacia el revés.

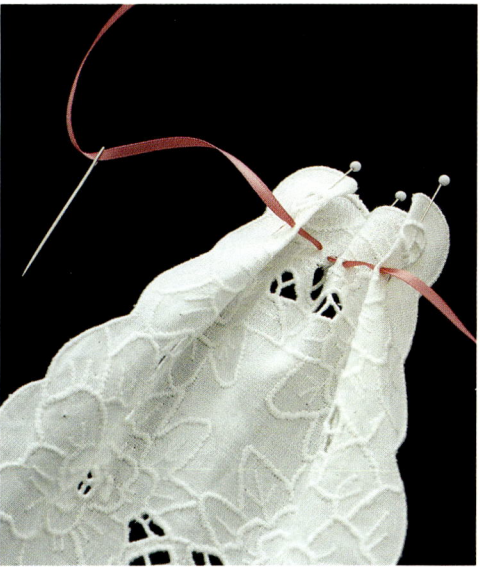

2 Lleve los extremos doblados hacia el centro por el derecho del tapetito. Ensarte el listón de 46 cm en la aguja, pásela por un doblez a 25 mm del borde, luego por el pliegue central y después por el otro doblez.

(Continúa)

CÓMO HACER UN ÁNGEL CON ENCAJE (CONTINUACIÓN)

3 Haga un moño con el listón. Pegue con silicón la esfera de satín como cabeza, arriba del tapetito.

4 Aplique silicón a cada extremo del hilo de perlas. Déle forma de aureola y péguelo en la cabeza.

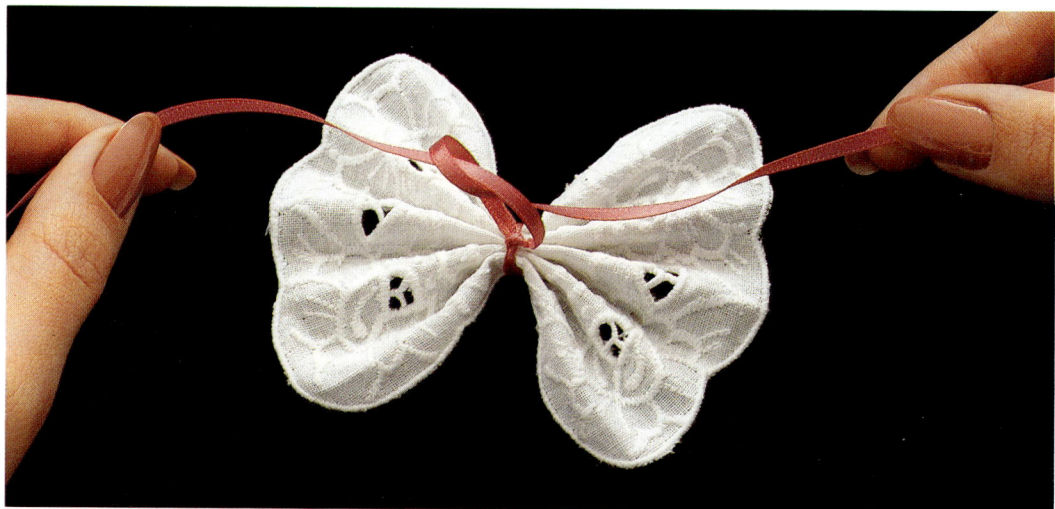

5 Doble el tapetito de 10 cm como acordeón, con pliegues de 6 mm; ate el otro listón de 46 cm en el centro, con doble nudo. Haga un moñíto por el derecho del tapetito para formar las alas.

6 Pegue las alas con silicón en la espalda del ángel, en el punto donde pasó el listón por el tapetito.

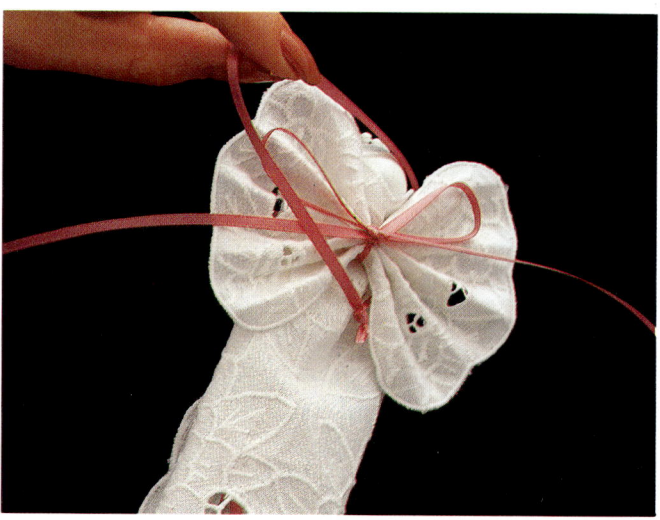

7 Ate los extremos del listón de 30 cm para formar una lazada. Páselo por las alas para colgar el ángel.

CÓMO HACER UNA BOTITA CON ENCAJE

MATERIALES

- 15 cm de tela, ya sea batista, terciopelo, tafetán o paño.
- Un tapetito o pañuelo de encaje, cuadrado, de 15 cm o más grande.
- 23 cm de listón de 3 o 6 mm de ancho.
- Aplicador y barritas de silicón.
- Adornos varios: rositas de seda, abalorios, etc.

INSTRUCCIONES PARA CORTAR

- Corte dos figuras de botita con el patrón de la página 311.

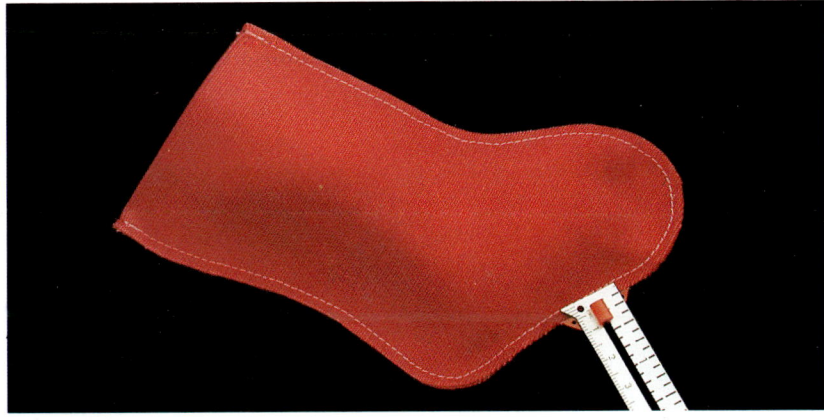

1 Acomode ambas figuras con el derecho hacia adentro. Cósalas a 3 mm de la orilla, dejando abierta la parte superior.

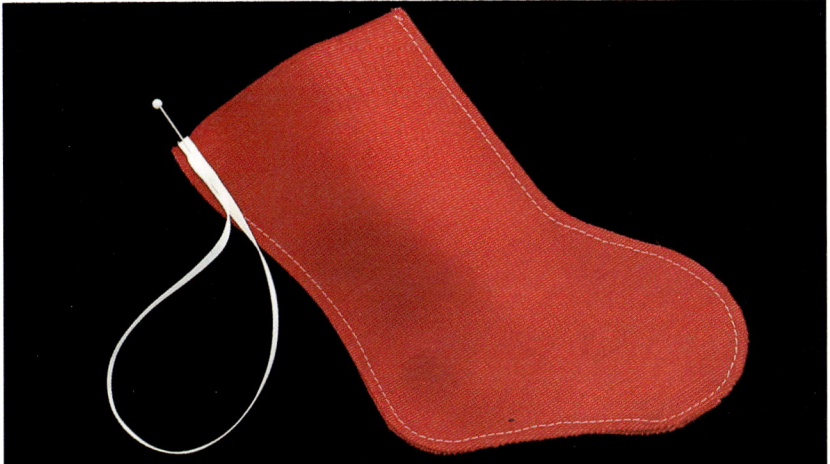

2 Doble el listón por la mitad, fíjelo al revés de la botita, en la costura posterior, con las puntas del listón a ras de la orilla.

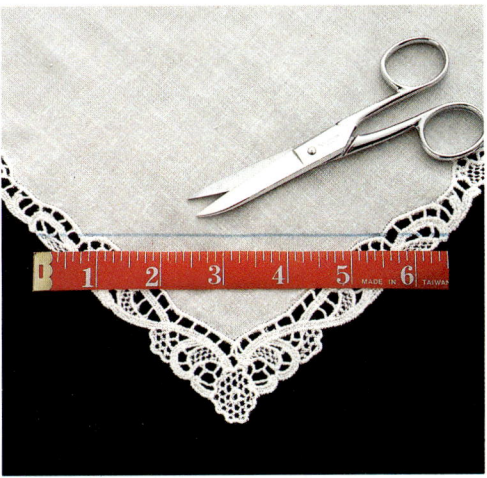

3 Trace una línea diagonal de 16 cm en una esquina del tapetito. Corte por la línea marcada.

4 Fije la esquina cortada a la botita, emparejando las orillas, con el derecho del tapetito contra el revés de la bota; centre las puntas de la esquina por atrás de la bota y la punta de encaje por el frente. Cosa a 6 mm de la orilla.

5 Vuelva la bota al derecho, bajando la esquina de encaje. Fije la unión de las puntas de atrás con unas puntadas a mano. Agregue los adornos que desee, cosiéndolos o pegándolos con silicón.

ADORNOS ANTIGUOS

Los adornos de estilo antiguo, como los abanicos y los *sachets* (bolsita con mezcla de pétalos secos y especias usada para perfumar el ambiente), le dan un toque nostálgico al árbol. Los abanicos, de encaje de papel o de papel para envolver, y los *sachets,* de tul, llevan accesorios que les dan un aire romántico.

CÓMO HACER UN ABANICO

MATERIALES

- 30 cm de encaje de papel, de 6 a 10 cm de ancho, o de papel para envolver, de 10 cm de ancho.
- Pintura acrílica metálica o nacarada (opcional), pegamento blanco, pinzas para ropa.
- 23 cm de listón angosto para colgar el abanico.
- Adornos varios: botones de rosa secos, hojitas, perlas, listón.

1 Aplique una capa ligera de pintura en el derecho del papel, si desea; diluya la pintura para lograr un efecto transparente. Doble el papel como acordeón, con pliegues de 13 a 15 mm, haciendo el primer doblez hacia el revés. Corte el papel que sobre al final del último doblez.

2 Pegue los pliegues por el extremo inferior; manténgalos apretados con la pinza mientras se secan. Abra los pliegues como abanico.

3 Ensarte el listón por un agujero en la parte superior del abanico y ate sus extremos para colgarlo. Pegue los adornos en la parte inferior.

CÓMO HACER UN *SACHET* NAVIDEÑO

MATERIALES

- Un círculo de tul de 30 cm de diámetro.
- 12 cm de encaje de 25 mm de ancho.
- Una taza de pétalos secos y especias *(potpourri)* para cada *sachet*.
- 8 cm de alambre de cobre del 24.
- 23 cm de listón angosto para colgar el *sachet;* pegamento blanco.
- Adornos varios: botones de rosa secos, hojitas, perlas, listón.

1 Ponga el *potpourri* en medio del tul. Junte el tul, plegándolo para formar una bolsita; ciérrela enrollando el alambre a unos 7 cm de la orilla.

2 Inserte el extremo suelto del alambre en el *sachet,* dóblelo y enróllelo para formar una lazada. Corte el alambre que sobre.

3 Pase el listón por la lazada y ate las puntas. Pegue el encaje en el frunce de la bolsita, encimando los extremos. Aplique los adornos que desee.

Las esferas de encaje y los ramilletes son sencillos de hacer. Use tapetitos o puntas de encaje para hacerlos rápidamente, aprovechando las orillas ya rematadas.

CÓMO HACER UNA ESFERA DE ENCAJE

MATERIALES

- Un tapetito de encaje, redondo, de 30 cm de diámetro.
- Una esfera de 7 a 9 cm de diámetro.
- Un tramo de 23 cm de cordoncillo o listón, para colgar la esfera.
- Uno o dos tramos de 56 cm de listón angosto.
- Aplicador y barritas de silicón.
- Adornos varios: ramitas, semillas, piñitas, etc.

1 Pase el cordoncillo por el gancho de la esfera y ate las puntas. Acomode la esfera en el centro del tapetito y envuélvala con él. Amárrelo arriba con el listón angosto; si usa dos listones, haga un solo moño con ellos y separe las lazadas.

2 Tire de las orillas del tapetito y apriete el moño para que se ajuste a la esfera. Adorne como desee, pegando los accesorios con silicón.

CÓMO HACER UN RAMILLETE

MATERIALES

- 46 cm de punta de encaje lisa o 30 cm de punta de encaje plegada, de 5 a 7 cm de ancho; aguja e hilo.
- 23 cm de cordoncillo o listón angosto, para colgar el adorno.
- Aplicador y barritas de silicón.
- Adornos varios: listones, perlas, rositas de listón, flores de seda, etc.

1 Ramillete de una capa. Quite la tira superior si usa punta de encaje plegada. Una los extremos del encaje, con el revés hacia afuera, dejando una costura de 6 mm. Luego hilvane con puntadas pequeñas a 3 mm de la orilla.

2 Tire del hilván para fruncir el encaje en un círculo apretado; remate el hilo. Extienda el encaje, presionándolo para que quede plano.

3 Doble el cordoncillo y ate las puntas formando una lazada para colgar el ramillete. Pegue la lazada en el centro del encaje, por el derecho. Adorne como desee.

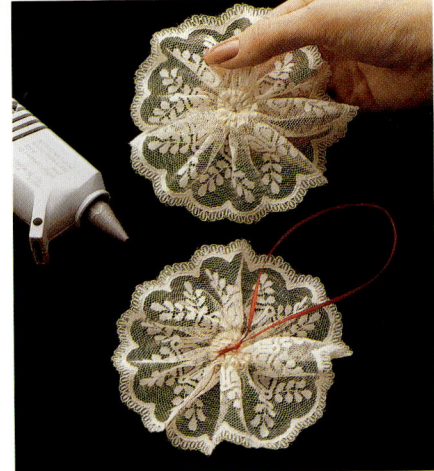

Ramillete de dos capas. Haga dos círculos de encaje (pasos 1 y 2); pegue la lazada en uno de los círculos, como en el paso 3. Péguelos por el centro, con la lazada entre ambos.

ADORNOS BRILLANTES

Agregue un toque brillante a su árbol con una variedad de adornos que fulguren como joyas. Rellene esferas transparentes con escarcha metálica. Forme racimos de cascabeles pequeños, uniéndolos con alambre, y áteles moños dorados. O forre con tela esferas de poliestireno y decórelas con galones que hagan juego con la decoración de su casa.

MATERIALES

- Esferas transparentes con ganchos removibles.
- Escarcha metálica.
- Aplicador y barritas de silicón.
- 23 cm de cordoncillo dorado, para las esferas.
- Adornos varios: listones, ramitas de pino, semillas, cuentas, etc.

CÓMO HACER UNA ESFERA RELLENA DE ESCARCHA METÁLICA

1 Quite el gancho de la esfera y métale la cantidad de escarcha que desee; vuelva a taparla. Si la escarcha está en tiritas largas, puede rizarlas o dejarlas lisas.

2 Inserte el cordoncillo por el gancho y ate las puntas. Con el silicón, pegue los adornos que desee en la parte superior de la esfera.

CÓMO HACER UN ADORNO DE CASCABELES

MATERIALES

- Nueve cascabeles de 15 mm.
- 30 cm de alambre de cobre del 24.
- 25 cm de listón de 15 mm.
- 20 cm de listón de 6 mm.
- 23 cm de cordoncillo dorado, para colgar el adorno.
- Pegamento para tela.

1 Inserte como 3 cm de alambre en un cascabel, enrollando una punta para asegurarlo.

2 Meta el otro extremo del alambre en los otros cascabeles, para formar un racimo que tendrá el primer cascabel como punta.

3 Haga un moño sin nudo, doblando el listón de 15 mm. Únalo al racimo enrollando el alambre del último cascabel varias veces por el centro del moño.

4 Forme una lazada arriba del moño y enrolle el alambre; corte el que sobre.

5 Inserte el cordoncillo por la lazada de alambre y ate las puntas. Haga un moñito con el listón de 6 mm; péguelo en el centro del moño más grande, tapando el alambre.

CÓMO HACER UNA ESFERA FORRADA

MATERIALES

- Esfera de poliestireno de 7 cm.
- 25 cm de tela.
- 31 cm de trencilla dorada de 13 mm de ancho.
- 56 cm de trencilla dorada de 6 mm de ancho.
- 23 cm de cordoncillo dorado y un adorno plano, para colgar la esfera.
- Una borla.
- Pegamento para tela, silicón y su aplicador.

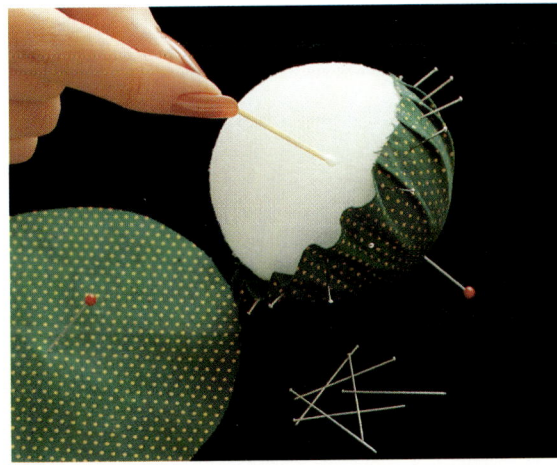

1 Corte dos círculos de tela de 12 cm de diámetro; clave un alfiler en el centro de cada uno. Acomode un círculo en la esfera, distribuyendo la tela y sosteniéndola con alfileres. Pegue la orilla de la tela a la esfera, haciendo pincitas, si es necesario, para ajustarla.

2 Repita en la otra mitad de la esfera con el segundo círculo de tela. Cubra las orillas de la tela pegando la trencilla dorada de 13 mm alrededor de la esfera.

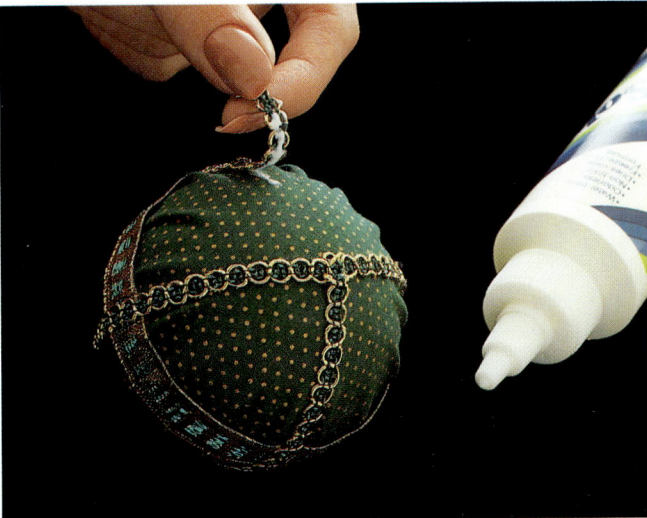

3 Corte la trencilla de 6 mm por la mitad y péguela en torno a la esfera en direcciones opuestas, dividiéndola en cuatro secciones; guíese por los alfileres para centrarla.

4 Inserte el cordoncillo en el adorno plano; ate las puntas. Pegue con silicón el adorno en la esfera.

5 Pegue con silicón la borla en la parte inferior de la esfera.

MUÑECOS DE NIEVE

Estos muñecos se hacen fácilmente rociando una esfera de poliestireno con nieve artificial. Las facciones se hacen con pasta polimérica, material para moldear que puede hornearse. Póngalos en el árbol, en cajas de regalo o en coronas.

CONSEJOS PARA MANEJAR LA PASTA POLIMÉRICA

Trabaje la pasta en una superficie lisa, limpia y plana. Si ésta es porosa, cúbrala con papel encerado o de aluminio pegado con cinta adhesiva. Unte la superficie de trabajo y las herramientas con vaselina para que la pasta no se pegue.

Amase la pasta para ablandarla con el calor de las manos antes de darle forma.

Mezcle un poquito de vaselina con la pasta si la nota seca. Mantenga las manos húmedas con vaselina o crema para manos.

Forme bolas del tamaño deseado con la pasta; en las papelerías puede conseguir un medidor de esferas, tipo vernier.

Extienda la pasta con un rodillo y córtela con tijeras o cuchilla.

CÓMO HACER UN MUÑECO DE NIEVE

MATERIALES

- Una esfera y un huevo de poliestireno, de 4 y 6 cm.
- Pasta polimérica en colores naranja, negro, café, rojo y verde.
- Nieve artificial en pasta o en aerosol, y espátula.
- Ramitas bifurcadas, retazo de lana con dibujo escocés y otros accesorios que desee.
- Alambre de cobre del 24.
- Sellador acrílico transparente en aerosol.
- Palillos, papel encerado, vaso de poliestireno, bandeja para hornear.
- Tijeras o cuchilla.
- Pegamento blanco, aplicador y barritas de silicón.

1 Haga rodar el huevo sobre una superficie lisa y dura para sumir un poco los lados. Si el muñeco lleva sombrero, corte una capita de la esfera para dejar plana la parte superior. Inserte un palillo hasta la mitad en el extremo angosto del huevo, ponga pegamento en la base y pegue la esfera insertándola como se muestra.

2 Haga una zanahoria estirando y dando forma a una bolita de 6 mm de pasta anaranjada. De la pasta negra ya extendida, corte con las tijeras tres pedazos para los botones y seis más pequeños para los ojos y la boca.

3 Con la pasta negra, forme el sombrero extendiendo una bolita de 13 mm para hacer el ala; para la copa, haga un cilindro con otra bolita de 2 cm, aplane los extremos y péguela arriba del ala.

4 Aplane la pasta roja para la banda del sombrero y la verde para las hojitas de acebo hasta que midan 2 mm de grueso; córtelas con las tijeras. Haga las bayas de acebo con bolitas rojas. Acomode las piezas.

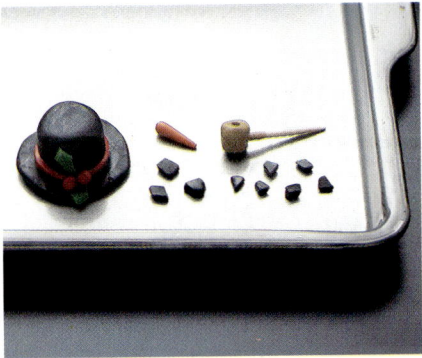

5 Forme la pipa haciendo un cilindro con una bolita de pasta café; inserte un trocito de palillo como boquilla. Ahueque el cilindro y déle textura con un palillo. Oprima la pasta donde el palillo se une con el cilindro. Ponga en la bandeja las piezas de pasta y hornéelas hasta que se endurezcan, siguiendo las instrucciones del fabricante.

6 Aplique una capa delgada de nieve al muñeco; para facilitar el manejo, móntelo en un vaso de poliestireno boca abajo, usando un palillo.

7 Presione los objetos de pasta sobre la capa de nieve húmeda; deje secar bien. Si es necesario, fije con un poquito de silicón.

8 Haga las perforaciones para los brazos. Ponga pegamento en la base de las ramitas e insértelas. Repita para colocar la pipa.

9 Corte una tira de 2 x 23 cm de la tela para la bufanda; deshilache las puntas y péguela en su lugar. Para la muñeca, corte un cuadro de 12 cm para la pañoleta. Pegue otros accesorios, si desea.

10 Forme una lazada con 20 cm del alambre, enrollando las puntas. Haga un agujero atrás de la cabeza, ponga pegamento en el alambre e insértelo. Rocíe todo el muñeco con una capa ligera del sellador acrílico. Quite el muñeco del vaso y retoque la base con la nieve artificial.

ADORNO DE TAMBOR

Este tamborcito de adorno se hace fácilmente montando tela prealmidonada sobre la tapa de una lata de aerosol. Pinte estos adornos de colores tenues para darles un aspecto realista o de colores vivos que combinen con el resto de la decoración de su árbol de Navidad. Con pátina a base de aceite puede darles una apariencia antigua.

CONSEJOS PARA USAR
TELA PREALMIDONADA

Sumerja los trozos de tela en agua fría y sáquelos rápidamente; déles forma de inmediato.

Trabaje con rapidez y no maneje la tela más de lo necesario. Si la trabaja demasiado, se suaviza y ya no retiene la forma que quiera darle.

Mantenga húmedos los dedos mientras da forma para evitar que la tela se les pegue.

Asegure los pliegues de la tela con alfileres para no manejarla demasiado.

Deje secar la tela de un día para otro y aplique dos capas ligeras de sellador acrílico antes de pintar el tamborcito.

Aplique dos capas de pintura a la tela para que quede bien cubierta; deje secar bien la primera capa antes de aplicar la segunda.

CÓMO HACER UN TAMBORCITO

MATERIALES

- Tela prealmidonada (puede almidonarla usted).
- Tapa cilíndrica de plástico, de una lata de aerosol, de unos 6 cm de diámetro por 5 cm de alto; liga que se ajuste a esta tapa.
- Pinceles y pinturas acrílicas de color marfil para el parche superior del tambor y del color que desee para la base.
- Dos cuentas de madera de 1 cm y dos palillos redondos para hacer las baquetas.
- 38 cm de cordón o tira de cuero; ramita de acebo artificial.
- Pátina a base de aceite; sellador acrílico transparente en aerosol.
- Aplicador y barritas de silicón.
- Marcador permanente (opcional).

INSTRUCCIONES PARA CORTAR

Corte dos cuadros de la tela prealmidonada, uno de 18 cm y otro de 11 cm, para cada tamborcito.

1 Sumerja el cuadro de tela de 18 cm en agua fría por 8 seg. Céntrelo sobre la parte superior de la tapa y pliéguelo hacia abajo, presionándolo con los dedos para que se ajuste a los lados; doble las orillas hacia adentro de la tapa. Póngala boca arriba y deje secar sobre papel encerado.

2 Moje el cuadro de tela de 11 cm como en el paso 1; céntrelo encima de la parte abierta de la tapa. Ponga la liga alrededor, como a 6 mm de la orilla, y tense la tela con cuidado.

3 Doble la orilla hacia adentro, con los dedos húmedos para que no se le pegue la tela; forme ondas en la tela. Cuando se seque, quite la liga.

4 Aplique sellador acrílico al tambor. Pinte el parche de color marfil y la base del color que desee. Una vez seca, aplique una segunda capa y deje secar otra vez. Póngale pátina con un pincel viejo, siguiendo las instrucciones del fabricante; quite el exceso con un trapo suave.

5 Pegue el cordón o tira alrededor del tambor y haga una lazada para colgarlo, atando las puntas. Pegue el acebo en la base de la lazada.

6 Despunte los palillos; ponga pegamento en un extremo de cada uno e inserte las cuentas para hacer las baquetas. Péguelas al tambor.

7 Aplique una capa ligera de sellador acrílico para mayor protección. Si desea, personalice el tambor con el marcador permanente.

MÁS IDEAS PARA HACER ADORNOS

Los atados de rajas de canela, pegados y asegurados con un listón, son aromáticos adornos, fáciles de hacer. Embellezca el listón con un poco de follaje.

Con los botones de rosa miniatura secos se hacen unos adornos muy delicados. Fije los botones en una esfera de poliestireno, siguiendo las instrucciones sobre arreglos artísticos de plantas de la página 91; deje espacio para pegar un listón para colgarlo.

Use papel corrugado y rafia para hacer fácilmente adornos rústicos. Cubra una esfera de poliestireno de 5 cm con 25 cm de papel, atándolo con varias vueltas de rafia. También con rafia haga una lazada para colgar; péguela con silicón.

Diseños sencillos, pintados con plumones, pueden añadir un toque festivo a las esferas de vidrio. Reemplace los ganchos de alambre con moñitos de cordoncillo dorado y listón.

Pequeños sacos de Santa Claus, San Nicolás o Papá Noel *(pág. 92), llenos de juguetes miniatura, son un adorno estupendo.*

Ramitas atadas con mecate *o listón se convierten en un sencillo adorno rústico. Añada un poco de follaje y un pajarito artificial. Termine aplicando sellador acrílico en aerosol.*

Las rajas de canela *y las pinzas para ropa pintadas como Santa Claus son un adorno divertido para chicos y grandes. Use pinturas acrílicas no tóxicas para las sencillas caritas de Santa Claus; pegue con una gota de silicón las lazadas para colgar.*

Las esferas de plástico transparente *que se abren por la mitad pueden llenarse con recuerdos especiales que se conservarán como adorno.*

ADORNOS PARA ÁRBOL

Existe una gran variedad de adornos, como guirnaldas y moños. Estos últimos toques le dan un aire uniforme al árbol aunque se usen objetos de diferentes tipos. Escoja los que vayan de acuerdo con el colorido y el estilo del árbol. Algunos se ven mejor con una decoración de estilo antiguo, mientras que otros son extravagantes, refulgentes o rústicos.

Un listón ancho se enrolla holgadamente en el árbol y desciende en espiral.

Varios moños (pág. 74) sujetos con alambre a las ramas dan uniformidad al árbol con el color y la repetición.

Una tira de escarcha metálica, como la rizada que se ve aquí, se acomoda como guirnalda entre las ramas.

Las esferas *colgadas de tres en tres tienen mayor impacto que una por una.*

Las cascadas *se hacen uniendo cinco listones con alambre, juntando uno de los extremos. Fije el alambre a la punta del árbol y deje colgar los listones libremente, o sujételos entre en las ramas. Las frutas secas se pueden comprar o hacerse en casa.*

Las borlas con flecos *se cuelgan en las puntas de las ramas para dar al árbol un aire de elegancia tradicional.*

Con tul *o cualquier otro tipo de redecilla, llene los huecos que queden entre las ramas.*

PIES DE ÁRBOL

Los pies de árbol pueden coserse fácil y rápidamente. Los que se hacen con tela acolchada (pág. opuesta) son especialmente sencillos. Con un volante prefabricado se puede rematar sin complicaciones la orilla de un pie que no lleve forro. O si quiere un volante más ancho o con muchos más pliegues, hágalo usted mismo con una tela que combine.

Los pies forrados (a la derecha) se hacen volviéndolos al derecho una vez cosidos. Un poco de relleno suave le da cuerpo al pie y si añade una cintilla, puede dar más realce al borde. O, si desea, puede coser un volante en la orilla.

Si quiere embellecerlos aún más, añada adornos y accesorios a cualquiera de estos tres pies.

Varias aplicaciones de corona (pág. 44) adornan el pie sin forro de la página opuesta. Las coronas son una variación del diseño tradicional del Plato de Dresde para edredones.

Las aplicaciones en forma de corazón (pág. 38) engalanan este pie forrado. En ellas puede meter ramitas, dulces o regalos pequeños.

CÓMO COSER UN PIE DE ÁRBOL SIN FORRO

MATERIALES

- 1 m 15 cm de tela acolchada.
- 1 m 40 cm de bies que haga juego con la tela acolchada.
- 1 m 5 cm de tela para un volante de 5 cm, 1 m 85 cm de tela para un volante de 7 a 10 cm, o 3 m 70 cm de volante prefabricado.

INSTRUCCIONES PARA CORTAR

Corte la tela acolchada siguiendo los pasos 1 a 3 que aparecen abajo. Si usted va a hacer el volante, corte ocho tiras, a lo ancho de la tela, del doble del ancho que tendrá el volante terminado, más 25 mm para costuras.

1 Doble la tela acolchada por la mitad a lo largo y luego a lo ancho. Con una regla y un lápiz marque un arco de 55 cm a partir del centro doblado de la tela. Corte todas las capas por la línea marcada.

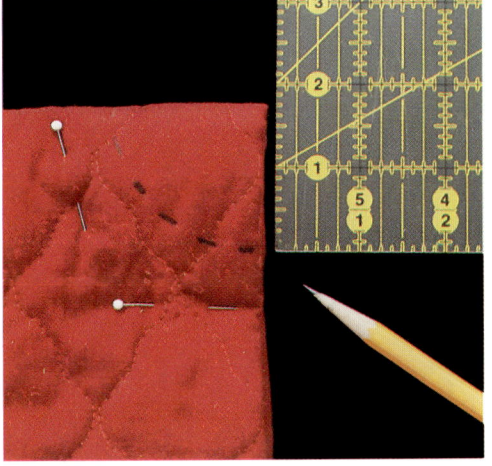

2 Marque un segundo arco, a 4 cm del centro doblado de la tela. Corte por la línea marcada.

3 Corte por un doblez hasta el centro; ésta será la abertura posterior.

(Continúa)

CÓMO COSER UN PIE DE ÁRBOL SIN FORRO (CONTINUACIÓN)

4 Prenda el bies con alfileres en la orilla de las aberturas posterior y central del pie, con los derechos juntos y las orillas al ras; cosa siguiendo el primer doblez del bies. Haga muescas en la pestaña del círculo central y recorte las esquinas.

5 Planche el bies hacia el revés del pie y préndalo con alfileres; forme pinzas en las esquinas. Cosa junto a la orilla doblada. Si va a usar volante prefabricado, omita los pasos 6 a 8.

6 Cosa los extremos de las tiras de tela, con los derechos juntos, dejando una pestaña de 6 mm. Doble por la mitad la tira larga que formó, con el revés hacia afuera; una los extremos con una costura a 6 mm de la orilla. Vuelva la tira hacia el derecho y plánchela.

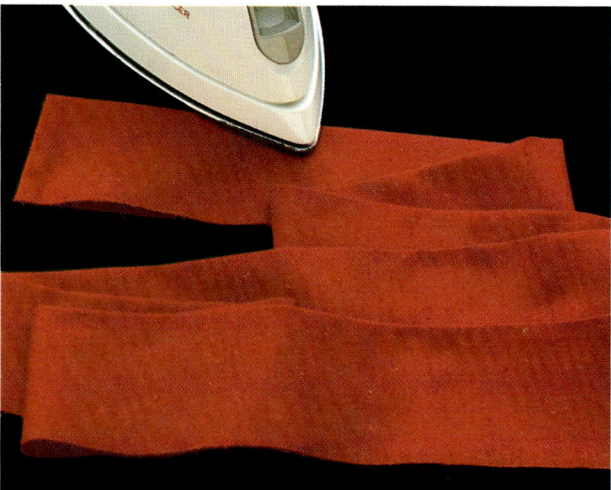

7 Haga zigzag sobre un cordón a 15 mm de la orilla de la tira.

8 Divida la tira y la orilla del pie en ocho y marque con alfileres. Ponga la tira sobre la orilla con los derechos juntos, las orillas al ras y las marcas de alfiler coincidiendo; tire del cordón y frunza para ajustar el volante.

9 Cosa el volante a la orilla del pie, con los derechos juntos. Si usa volante prefabricado, haga un dobladillo de 15 mm en los extremos al unirlos con la abertura posterior.

10 Doble las costuras hacia el revés del pie; cosa por encima del volante, uniendo todas las capas. Cosa las aplicaciones de corona (pág. 44) o de corazones (pág. 38), si desea.

CÓMO COSER UN PIE DE ÁRBOL FORRADO

MATERIALES

- 1 m 15 cm de tela de 1 m 15 cm de ancho.
- 1 m 15 cm de forro, de 1 m 15 cm de ancho.
- Un cuadro de 1 m 15 cm de relleno para acolchar.
- 3 m 70 cm de ribete; puede usar volante prefabricado.

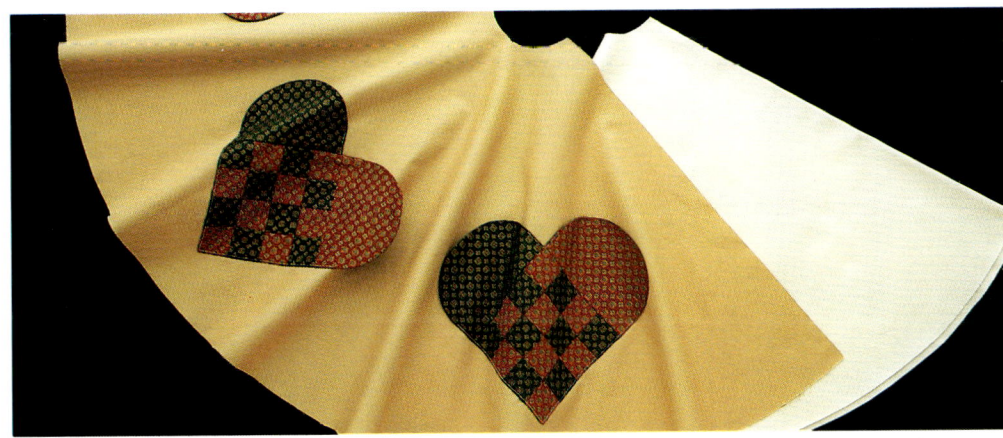

1 Corte la tela siguiendo los pasos 1 a 3 de la página 35; corte el forro usando la tela como molde. Haga y cosa las aplicaciones de corazón como se indica en la página 38, o de corona en la página 44, si desea.

2 Cosa el ribete, si lo desea, en la orilla exterior del forro, por el derecho, usando el pie para cierres de la máquina de coser y con las orillas al ras; ajuste el ribete a la tela conforme cosa. Doble la punta y métala en la costura de la abertura posterior.

3 Acomode la tela y el forro con los derechos juntos y las orillas al ras. Ponga el relleno encima del forro y prenda con alfileres las capas.

4 Haga una costura a 6 mm de la orilla, dejando una abertura de 20 cm en uno de los lados rectos. Para coser el ribete, use el pie para cierres de la máquina de coser, y cosa adentro de las puntadas anteriores. Corte el relleno al tamaño de las telas. Haga muescas en el círculo central y recorte las esquinas en diagonal.

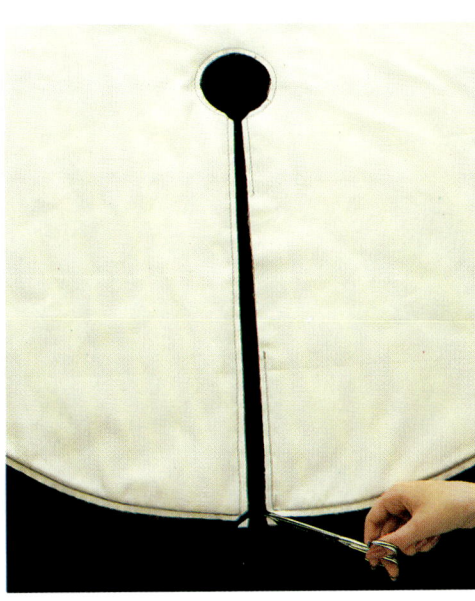

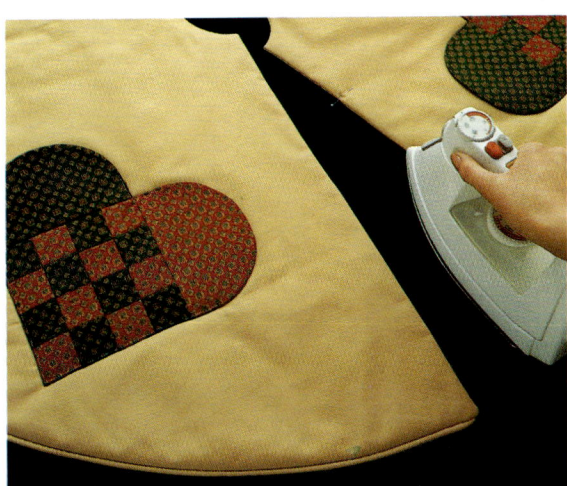

5 Vuelva la tela al derecho; cosa la abertura. Planche las orillas sin aplastar el relleno. Cosa las aplicaciones a todas las capas.

CÓMO HACER Y UNIR LAS APLICACIONES DE CORAZÓN

MATERIALES (para cinco corazones)

- 32 cm de tela roja y 32 cm de tela verde estampadas, de 1 m 15 cm de ancho.
- 63 cm de tela para forro, de 1 m 15 cm de ancho.
- Adornos varios, como cascabeles y piñitas.

INSTRUCCIONES PARA CORTAR

Corte dos tiras de 5 cm a lo ancho de cada tela. Para la parte curva de cada corazón, corte un remate verde y otro rojo usando el patrón de la página 312.

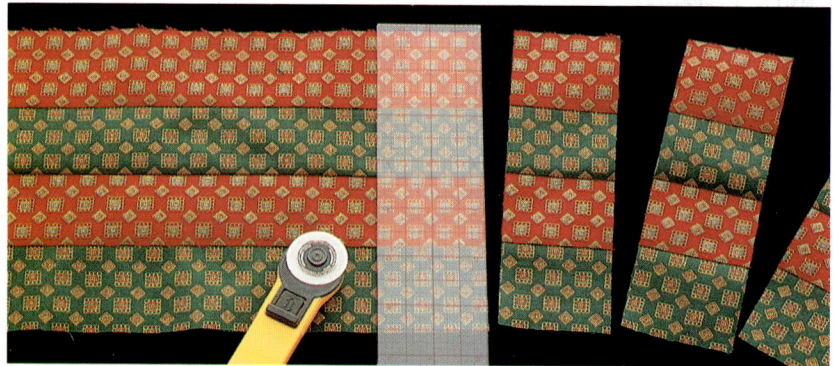

1 Una cuatro tiras de tela cosiéndolas al hilo, con pestañas de 6 mm, alternando los colores. Planche las pestañas hacia un lado, sin abrirlas. Corte tiras transversales de 5 cm.

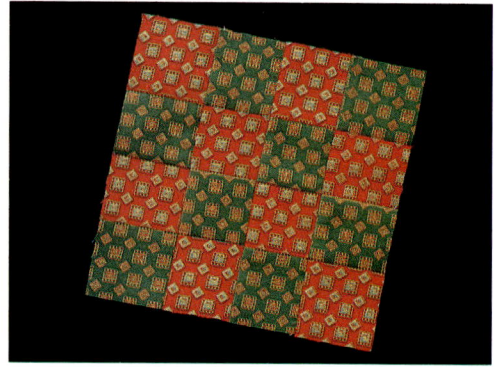

2 Cosa las tiras formando cinco cuadros como tableros de ajedrez, de 16 cm cada uno, con pestañas de 6 mm.

3 Cosa un remate de corazón rojo y uno verde en cada "tablero", con pestañas de 6 mm. Corte cinco corazones de la tela de forro usando éste como molde.

4 Prenda con alfileres el corazón de cuadros y el de forro juntos, con el revés hacia afuera. Haga una costura a 6 mm de la orilla, dejando una abertura de 5 cm en un lado recto. Haga muescas en la pestaña de la parte curva y en los vértices. Vuelva el corazón al derecho y plánchelo.

5 Prenda los corazones en el pie. Cosa por la orilla los lados rectos; comience y termine 25 mm arriba de los cuadritos. En el vértice de las curvas, cosa por la orilla 25 mm de cada lado.

6 Cosa o pegue los adornos que desee en el vértice de las curvas de los corazones, en el pie ya terminado. Llene las bolsas de corazón con pequeños obsequios, bastones de caramelo o ramitas de pino.

MÁS IDEAS PARA PIES DE ÁRBOL

Un acolchado irregular hecho con retazos de lana, pana y terciopelo le da un aire antiguo a este pie de árbol forrado (pág. 37). Acolche la tela para el pie siguiendo los pasos 1 a 3 de la página 81.

Un ribete de cordoncillo grueso en espiral define la orilla de este pie forrado (pág. 37). El lamé dorado de que está hecho le da un aspecto elegante.

Se aplicaron galones en forma de rayos a este pie forrado (pág. 37) para lograr un aire europeo. Los galones se cosen a la tela antes de unirla al forro.

El ancho volante de este pie sin forro (pág. 35) se pliega y se ata con moños de satín. La tela ya acolchada, la tira bordada y los moños son de color marfil para dar uniformidad al diseño.

Mesas de gala para las fiestas

CAMINOS NAVIDEÑOS

Engalane con caminos la mesa, así como las mesitas laterales y demás muebles del comedor.

El camino con coronas **(a)** lleva el tradicional acolchado estilo Plato de Dresde, pero con un moño. Para hacer las aplicaciones, se unen los gajos con costuras de 6 mm formando la corona, y ésta se cose al camino como una sola pieza circular. El patrón de la corona (pág. 311) ya considera las costuras. Para las lazadas y los nudos de los moños, se planchan retazos de tela sobre plantillas de cartón. Las plantillas no incluyen costuras; añada 6 mm al cortar la tela para las lazadas y los nudos. Este camino tiene cinco cuadros acolchados y mide 40 cm x 1 m 78 cm. Los manteles individuales que hacen juego aparecen en la página 51.

Otros dos estilos de camino son el de dobladillo en inglete **(b)** y el que lleva cenefa de otra tela **(c)**. Ninguno de los dos va acolchado y son variaciones de los manteles individuales de la página 48. Estos caminos pueden hacerse del tamaño exacto que se necesite; la tela requerida y las instrucciones para cortar se basan en dicho tamaño terminado.

CÓMO COSER UN CAMINO DE CORONA DE NAVIDAD

MATERIALES

- 80 cm de tela para el fondo.
- 95 cm de tela para los marcos, los bordes y las uniones.
- 1 m de tela para el reverso.
- Relleno para acolchar.
- Materiales para las aplicaciones de corona (pág. 44).

INSTRUCCIONES PARA CORTAR

Corte cinco cuadros de 33 cm de la tela para el fondo. Corte un rectángulo de 51 cm x 1 m 88 cm del relleno y otro igual de la tela del reverso, uniendo ambas partes. Corte, a lo ancho de la tela, una tira de 4 cm y diez de 6 cm de ancho para usarlas como marcos, bordes y uniones. Corte la tira de 4 cm en tres partes, cada una de 33 cm de largo. De una de las tiras de 6 cm, corte dos piezas de 33 cm de largo; de lo que sobre, corte una pieza de 4 x 33 cm. Corte cinco aplicaciones de corona, como se indica en la página 44.

1 Haga y cosa las aplicaciones de corona como se indica en las páginas 44 y 45, pasos 1 a 7; en el paso 6, centre la corona en los cuadros de tela de 33 cm. Una los cuadros con las tiras de 4 x 33 cm entre uno y otro, con pestañas de 6 mm. Cosa las tiras de 6 x 33 cm como borde en los extremos del camino. Planche las costuras hacia las tiras de unión.

2 Mida el largo de la tira de cuadros unidos, poniendo la cinta en el centro. Corte a esta medida dos tiras de 6 cm que sirvan de borde, uniendo las piezas necesarias.

3 Marque el centro de las tiras del borde y de la de cuadros. Prenda tiras y cuadros, con el revés hacia afuera, haciendo coincidir centros y extremos. Cosa y planche las costuras hacia el borde.

4 Coloque la tela para el reverso con el revés hacia arriba; ponga encima el relleno y la tira de cuadros, con el derecho hacia arriba. Hilvane todas las capas. Recorte la tela de atrás y el relleno a ras de la tira de cuadros.

(Continúa)

CÓMO COSER UN CAMINO DE CORONA DE NAVIDAD (CONTINUACIÓN)

5 Una las tiras de 6 cm restantes para las cuatro tiras del marco. Planche éstas por la mitad a lo largo, con el revés hacia adentro. Acomode la tira del marco en un lado largo de la tira de cuadros, con las orillas al ras; cosa a 6 mm de la orilla. Corte la punta de la tira del marco donde termina la tira de cuadros.

6 Dé vuelta a la tira del marco, cubriendo la costura del reverso; prenda. Cosa por el derecho en la orilla del marco, uniendo también el reverso.

7 Cosa la tira del marco en el otro lado largo, como en los pasos 5 y 6. También cósala en los extremos del camino, como en el paso 5, dejándola 15 mm más larga; prenda como en el paso 6, doblándola sobre la orilla.

8 Acolche el camino cosiendo por el contorno de las aplicaciones y el borde; use hilo de nylon en la aguja e hilo del color de la tela del reverso en la bobina. (Se usó hilo contrastante para destacar el detalle.)

CÓMO COSER UNA APLICACIÓN DE CORONA

MATERIALES (para cinco o seis coronas)

- Retazos de telas estampadas o lisas, como desee.
- 25 cm de tela para el moño, de un color vivo.
- Almidón en aerosol.
- Cartón para las plantillas.
- Hilo de nylon.

INSTRUCCIONES PARA CORTAR

Pase al cartón las plantillas de la lazada y del nudo del moño (pág. 311). Corte con ellas un nudo y dos lazadas para cada cuadro, agregando 6 mm para las pestañas; dé vuelta a la plantilla para la segunda lazada. Copie en cartón el patrón del gajo (pág. 311); corte dos piezas de la tela del moño y catorce de los retazos estampados o lisos que desee para cada corona; el patrón ya incluye pestañas.

1 Cubra con encaje algunas de las telas, si desea; coloque el derecho del gajo sobre el revés del encaje y cosa a 6 mm de la orilla. Corte el encaje al tamaño del gajo.

2 Doble una pieza por la mitad a lo largo, con el revés hacia afuera; cosa el extremo ancho dejando una pestaña de 6 mm. Vuelva al derecho y planche con la costura abierta hacia el revés de la pieza. Para telas ligeras y claras recorte el exceso de tela, dejando sólo 3 mm de pestaña. Repita con todos los gajos.

3 Acomode las piezas en un círculo, dejando una pieza en medio de las que serán las cintas del moño (flechas).

4 Una dos piezas por uno de los lados largos, con el revés hacia afuera, con pestañas de 6 mm. Siga uniendo piezas hasta completar el círculo. Planche las costuras hacia un lado. Repita los pasos para las demás coronas.

5 Centre las plantillas de la lazada y del nudo del moño por el revés de la tela. Rocíe almidón en un tazoncito; humedezca con el almidón la parte de la pestaña. Con la punta de la plancha, planche la pestaña hacia la plantilla. Siga planchando el contorno de las plantillas, excepto los extremos angostos de las lazadas. Quite las plantillas. Repita para las lazadas y los nudos restantes. Planche todas las piezas por el derecho.

6 Prenda las coronas sobre el derecho de la tela de fondo. Cosa con puntada invisible tan cerca de la orilla como sea posible; use hilo de nylon en la aguja, tomando apenas la aplicación con la parte larga de la puntada. (Se usó hilo contrastante para destacar el detalle.)

7 Prenda o fije con pegamento las lazadas y el nudo del moño en las coronas; cosa con puntada ciega, como en el paso 6.

MANTELITOS

Los manteles individuales pueden hacerse en una gran variedad de estilos, de acuerdo con el arreglo de su mesa, ya sea formal o informal. Úselos solos o haciendo juego con un camino (pág. 42). Hecho de lino fino, el mantelito de dobladillo en inglete **(a)** es sencillo pero elegante para una cena formal. Varíe este estilo con una cenefa de otra tela **(b).** Sofisticados galones en el borde **(c)** crean un elegante mantel individual.

Para los arreglos más informales, el mantelito que imita un regalo envuelto **(d),** con todo y su moño, resulta práctico y divertido. El mantel de acolchado sencillo **(e),** hecho con una técnica rápida de unir y acolchar, lleva adornos en las esquinas. El de coronas **(f),** también acolchado, usa una variación de la corona con el tradicional diseño estilo Plato de Dresde.

CÓMO COSER UN MANTELITO CON DOBLADILLO EN INGLETE

MATERIALES (para seis manteles)

- Tela. La cantidad depende del tamaño final que desee; para el que se muestra, necesita 1 m 40 cm.

INSTRUCCIONES PARA CORTAR

Decida de qué tamaño quiere los manteles. A dicha medida, añada el doble del ancho del dobladillo más 15 mm para dar vuelta a las orillas. Un buen tamaño final, adecuado para un arreglo formal, es 35 x 47 cm, con dobladillo de 3 cm; corte la tela de 42 x 54 cm.

1 Haga una costura a 6 mm de la orilla de la tela. Doble y planche las orillas hacia el revés, pasando apenas la costura. Planche también el dobladillo del ancho que desee.

2 Abra la esquina; doble en diagonal haciendo coincidir los dobleces planchados. Planche el doblez diagonal.

3 Abra la esquina. Doble por el centro de la esquina con el revés hacia afuera. Cosa en la línea diagonal del paso 2. Recorte la tela de la esquina dejando una pestaña de 6 mm. Abra la costura y plánchela.

4 Planche el dobladillo en su lugar, volviendo las esquinas al derecho. Cosa el dobladillo, en ángulo recto con las esquinas; use hilo decorativo de rayón o metálico, si desea.

CÓMO COSER UN MANTELITO CON BANDA CENEFA

MATERIALES (para seis manteles)

- Tela para el cuadro contrastante. Para el tamaño que se muestra arriba necesitará 1 m 15 cm.
- Tela para la cenefa. Para el tamaño anterior necesitará 1 m 4 cm.
- Entretela termoadherible.

INSTRUCCIONES PARA CORTAR

Para cada mantel individual corte un rectángulo de la tela del cuadro del tamaño que tendrá el mantel terminado. Corte la tela para la cenefa como para el mantel con dobladillo en inglete que aparece arriba.

1 Siga los pasos 1 a 3 de arriba. Planche la cenefa, volviendo las esquinas al derecho. Planche la entretela al revés de la tela del cuadro. Acomode el cuadro ocultando sus orillas bajo la cenefa; préndalo.

2 Cosa la cenefa, haciendo ángulos rectos en las esquinas.

CÓMO COSER UN MANTELITO CON GALONES

MATERIALES (para seis manteles)

- 2 m de tela.
- 2 m de entretela termoadherible.
- 4 m de galón.
- Pegamento transparente (opcional).

INSTRUCCIONES PARA CORTAR

Para cada mantel, corte dos rectángulos de 33 x 48 cm de la tela y uno de la entretela. Corte dos tramos de 33 cm del galón. Si el galón se deshilacha fácilmente, aplique pegamento a las orillas por el revés.

1 Planche la entretela al revés de la tela del mantel. Acomode los galones como desee a los lados; préndalos y cósalos.

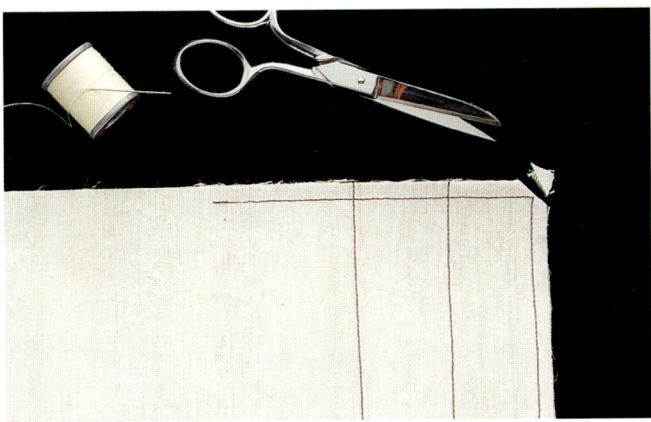

2 Prenda las capas del mantel con el revés hacia afuera. Cosa alrededor, a 6 mm de la orilla; deje 10 cm abiertos para dar vuelta al mantel. Recorte las esquinas. Vuelva al derecho y planche. Cosa la abertura.

CÓMO COSER EL "MANTEL-REGALO"

MATERIALES (para seis manteles)

- 2 m de tela.
- 2 m de entretela termoadherible.
- 7 m de listón de 25 mm de ancho.
- Pegamento transparente (opcional).

INSTRUCCIONES PARA CORTAR

Para cada mantel, corte dos rectángulos de 33 x 48 cm de la tela y uno de la entretela. Corte dos tramos de listón de 25 cm y uno de 65 cm.

1 Planche la entretela al revés de la tela del mantel. Por el derecho, prenda los tramos de 25 cm de listón diagonalmente en esquinas opuestas, sin tensarlo; fije los extremos con una costura a 6 mm de la orilla del mantel y corte al ras el listón que sobre.

2 Prenda las capas con el revés hacia afuera. Cosa alrededor, a 6 mm de la orilla; deje 10 cm abiertos para dar vuelta al mantel. Recorte las esquinas. Vuelva al derecho y planche el mantel. Cosa la abertura. Con el listón de 65 cm haga un moño para la esquina superior; recorte las puntas y péguelas.

CÓMO COSER UN MANTELITO DE ACOLCHADO SENCILLO

MATERIALES (para seis manteles)

- 1 m 50 cm de tela para el fondo de la cubierta.
- 1 m 50 cm de tela para el reverso.
- Retazos de telas estampadas y lisas.
- 80 cm de tela para unir.
- Relleno para acolchar.

INSTRUCCIONES PARA CORTAR

Corte seis rectángulos de 32 x 48 cm de la tela del fondo. Corte seis rectángulos de 34 x 50 cm de la tela del reverso y del relleno.

Corte tiras de 4 cm y doce cuadros de 7 cm de los retazos de tela; corte los cuadros en diagonal para hacer los triángulos de las esquinas. Haga tiras de 6 cm cortando a lo ancho de la tela.

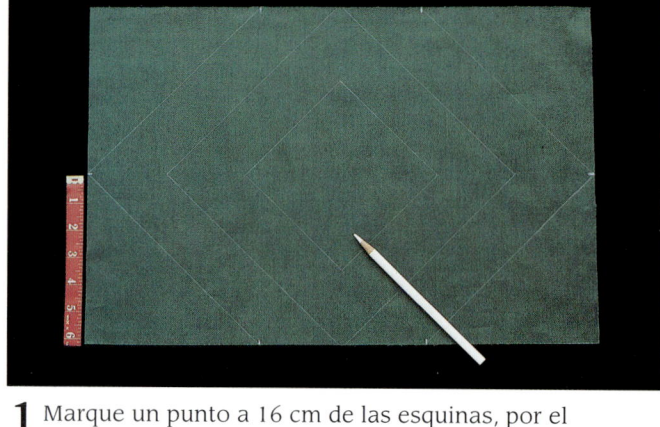

1 Marque un punto a 16 cm de las esquinas, por el derecho de la tela del fondo. Trace diagonales en las esquinas, uniendo los puntos. Marque otras líneas a 5 cm de las primeras. Dibuje un cuadro de 5 cm al centro de las segundas líneas.

2 Ponga el relleno sobre el revés de la tela del reverso; centre la tela del fondo sobre el relleno, con el derecho hacia arriba. Prenda todas las capas. Acolche el mantel cosiendo por los dos cuadros interiores.

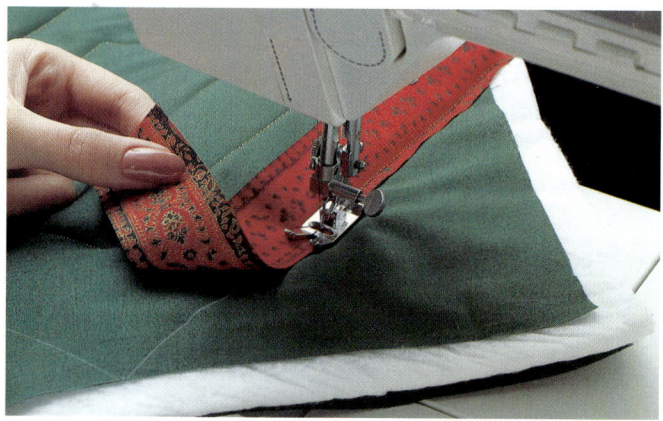

3 Ponga una tira de los retazos sobre la tela del fondo, con los derechos juntos, dejando sobresalir 6 mm fuera de la línea marcada. Cosa uniendo todas las capas, a 6 mm de la orilla, sobre la línea marcada.

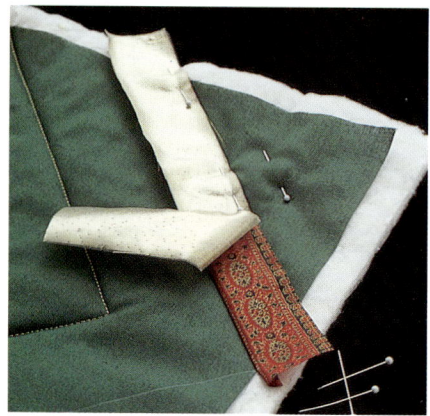

4 Doble la tira al derecho; remarque el doblez con los dedos y préndala. Ponga una segunda tira sobre la primera, con los derechos juntos y las orillas al ras.

5 Cosa a 6 mm de las orillas de las tiras. Doble la segunda con el derecho hacia arriba, remarque con los dedos y prenda. Repita con la tercera tira y con la esquina.

6 Recorte la tela del reverso y el relleno al tamaño de la cubierta, cortando lo que sobre de las tiras. Haga un marco con otras cuatro tiras; siga los pasos 5 a 7 de la página 44.

CÓMO COSER UN MANTELITO DE CORONAS

MATERIALES (para seis manteles)

- 80 cm de tela para el fondo de la cubierta.
- 50 cm de tela para el borde.
- 1 m 15 cm de tela para el reverso.
- Relleno para acolchar.
- Materiales para las aplicaciones, página 44.

INSTRUCCIONES PARA CORTAR

Para cada mantelito, corte un cuadro de 33 cm de la tela del fondo, dos tiras de 9 x 33 cm de la tela del borde, un rectángulo de 33 x 49 cm de la tela del reverso y un rectángulo de 38 x 54 cm del relleno. Corte una aplicación de corona siguiendo las instrucciones de la página 44.

1 Haga y aplique las coronas como se muestra en las páginas 44 y 45 (pasos 1 a 7); en el paso 6, centre la corona en el cuadro de 33 cm de tela. Cosa las tiras del borde a los lados del cuadro con la aplicación, a 6 mm de la orilla; planche las pestañas hacia el borde.

2 Acomode el reverso y la cubierta con los derechos juntos. Ponga las telas sobre el relleno, con el reverso hacia arriba; prenda o hilvane para unir las capas.

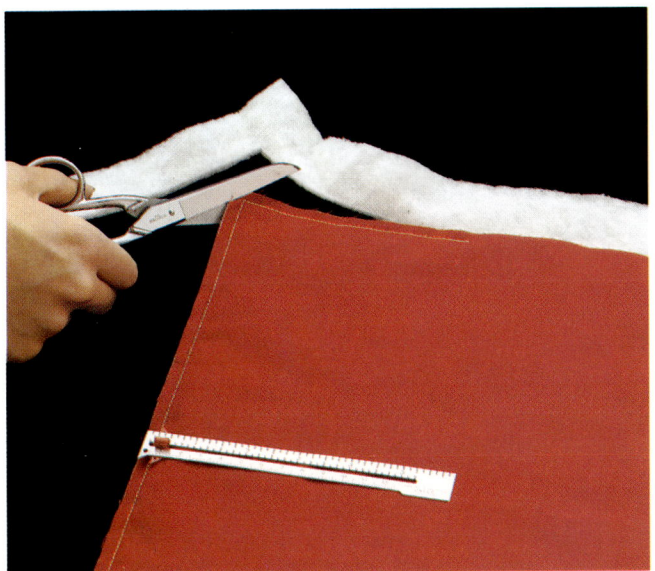

3 Cosa alrededor del mantel, a 6 mm de la orilla de la cubierta; deje 10 cm abiertos para volver al derecho el mantel. Recorte el relleno dejándole pestañas de 3 mm y cortando las esquinas.

4 Vuelva el mantel al derecho; plánchelo. Cosa la abertura, cerrándola. Acolche el mantel cosiendo por la orilla de la corona y de los bordes, con hilo de nylon en la aguja y uno del color del reverso en la bobina. (Se usó hilo contrastante para destacar el detalle.)

MANTELES PINTADOS

Los manteles grandes, los individuales, los caminos para mesa y las servilletas son ideales para pintarlos a mano. Cómprelos o hágalos usted mismo como los mantelitos con dobladillo en inglete de la página 48; modificando el tamaño, esas instrucciones se pueden usar también para manteles grandes, caminos y servilletas.

Copie los diseños, adáptelos de tarjetas postales o libros, o pinte los suyos originales. Para lograr uniformidad, cuide que combinen con su vajilla o resalte con su diseño el arreglo central de la mesa.

Practique primero las técnicas en retazos de tela o en papel. Cuando trabaje, cubra con plástico la superficie sobre la que esté pintando. Fije con calor las pinturas siguiendo las instrucciones del fabricante y, al lavar, atienda las recomendaciones para cuidar la tela.

MATERIALES

- Mantel grande o individual, camino o servilleta comprados; o tela para hacerlos con dobladillo en inglete (pág. 48).
- Pinturas para telas, incluso pinturas metálicas, si desea.
- Pinceles.
- Patrones o libro con diseños para pintar.

CONSEJOS PARA PINTAR MANTELES

Diluya las pinturas que va a usar para lograr un efecto de salpicaduras. Humedezca el pincel en pintura y déle golpecitos para que salpique la tela.

Use patrones para pasar los diseños, si desea. Pinte las pequeñas áreas del diseño con los pinceles.

Saque diseños de un libro de dibujo, copiando ideas como la de estas líneas geométricas. Use lápiz o pluma de tinta indeleble y una regla para trazarlos.

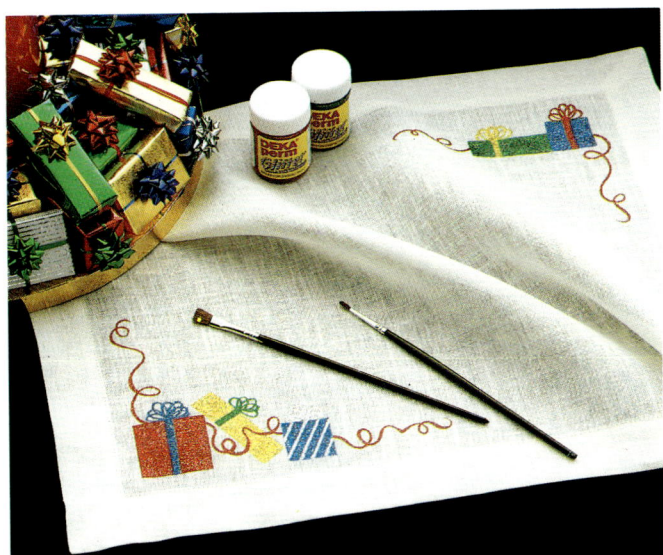

Adapte un diseño para que el mantel haga juego con el adorno central de su mesa.

Inspírese en el diseño de su vajilla navideña y pinte algo similar en el mantel.

CENTROS DE MESA

CÓMO HACER UN CENTRO DE MESA DE REGALITOS

Cajas envueltas como regalo sobre una base circular crean este centro de mesa con una enorme vela.

Escoja papeles para envolver de colores lisos o con dibujos muy finos. Compre los moñitos o hágalos con listón plegable; ambos los consigue en papelerías o tiendas de manualidades.

MATERIALES

- Tablero de poliestireno de 1 cm de grueso.
- Poliestireno de 1 cm de grueso; una parte puede sustituirla con 18 cajas de fósforos de madera.
- Poliestireno de 25 mm de grueso o 27 cajitas de dulces.
- Diversos papeles para envolver.
- 45 moños miniatura.
- 1 m 40 cm de listón de 1 cm de ancho.
- Cera para pegar.
- Cuchilla, cinta adhesiva de celofán, pegamento blanco, aplicador y barritas de silicón.
- Una vela de 10 cm o tres de diferentes alturas.

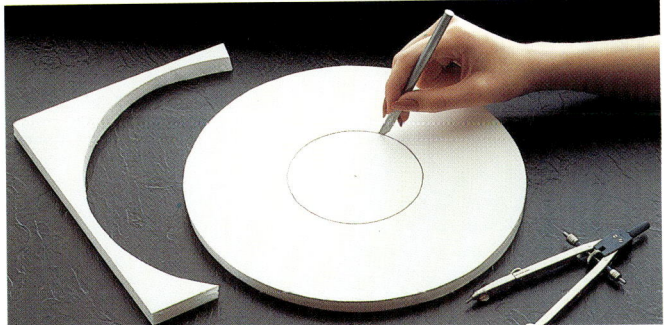

1. Con un compás apoyado en el centro de la base dibuje un círculo de 14 cm de radio y luego otro de 5 cm de radio. Corte sobre las líneas marcadas, con una cuchilla caliente.

2. Trace un molde de la base sobre el revés de un papel de envoltura; corte, añadiendo 6 mm en ambas orillas. Péguelo encima y a los lados de la base; haga los cortes laterales necesarios para ajustarlo.

3. Cubra con listón los lados de la base; fíjelo con pegamento blanco.

4. Corte nueve rectángulos de 2 x 7 cm del poliestireno de 1 cm. Use 18 cajas de fósforos y 27 cajitas de dulces para el resto de los regalos. O corte 18 rectángulos de 4 x 6 cm del poliestireno de 1 cm y otros 27 rectángulos de 2 x 4 cm del poliestireno de 25 mm.

5. Envuelva todas las cajas con papeles variados. Con silicón, pegue moñitos en todas las cajas de 2 x 7 cm y en 9 de las cajas de fósforos. Pegue el moño en un extremo a 18 cajitas de dulces y en un lado a las otras 9 cajas.

6. Acomode en la base las cajas sin moño, juntando los extremos de las cajas hacia el centro; sosténgalas primero con cera y luego péguelas con silicón.

7. Acomode dos cajitas de dulces y una de fósforos encima de cada una de las del paso 6; ponga la de fósforos enfrente, de lado la de en medio y de pie la de atrás. Sosténgalas con cera.

8. Coloque el resto de las cajitas de dulces como se muestra, acomodándolas en el lado correcto según el moño; sosténgalas con cera. Ajústelas para que queden bien distribuidas; péguelas con silicón.

9. Ponga las cajas de 2 x 7 cm encima de las de dulces, como se muestra; péguelas con silicón. Acomode una o varias velas en el centro.

MÁS IDEAS PARA CENTROS DE MESA

Una corona, recargada contra la pared, adorna una mesa lateral sin estorbar el espacio para servir. Ponga un moño múltiple (pág. 77) en la corona, con las puntas en cascada sobre la mesa.

Esferas llenas de escarcha metálica (pág. 23), metidas en una canasta y rodeadas de follaje natural o artificial, forman un sencillo centro de mesa. Se ilumina con focos miniatura que funcionan con pilas.

Con ramas de pino extendidas como dos abanicos encontrados, unidos por el extremo y con un moño en medio, se hace rápidamente un atractivo centro de mesa. Acomode unas velas decorativas entre el follaje.

Use un festón artificial, acomodado en forma de S y engalanado con velas, alcachofas doradas y brillantes piñitas y granadas, para crear un centro de mesa elegante. Este estilo se adapta especialmente bien a las mesas largas.

CÓMO HACER UN CENTRO DE MESA CON ABANICOS DE PINO

MATERIALES

- Ramas de pino naturales (las puntas), de varios tipos si desea.
- Alambre de cobre del 22 o del 24 y cinta adhesiva para arreglos florales.
- Adornos varios: velas, listón y frutillas.

1 Extienda las ramas en capas y fije los tallos con alambre. Cúbralos con la cinta para proteger su mesa, tirando de la cinta conforme la va pegando. Repita para hacer dos abanicos.

2 Ponga un tallo sobre el otro y sosténgalos con alambre; cubra con cinta adhesiva para arreglos florales.

3 Haga un moño con puntas largas (pág. 74) y póngalo en medio de los abanicos, tapando los tallos con alambre. Coloque las puntas entre el follaje. Adorne con velas y demás ornamentos.

CÓMO HACER UN CENTRO DE MESA CON FESTÓN ARTIFICIAL

MATERIALES

- Festón artificial, 46 o 61 cm más largo que la longitud final deseada.
- Listón francés, unos 46 cm más largo que el festón.
- Alcachofas, granadas secas, piñitas, rajas de canela.
- Pintura dorada en aerosol, pintura dorada con base de cera.
- Alambre del 26, alicates de corte, cinta adhesiva para arreglos florales.

1 Acomode el festón en forma de S sobre la mesa; ajuste el largo si es necesario. Entreteja el listón en el festón, sin apretarlo.

2 Pinte las alcachofas con el aerosol; también las piñitas, si desea. Aplique la pintura dorada con base de cera en las granadas para darles brillo. Ponga alambre a las piñitas y a las rajas de canela como se indica en la página 66.

3 Ponga las alcachofas cerca del centro del arreglo. Fije las piñitas y las rajas de canela al festón. Coloque las granadas entre las piñitas y la canela. Distribuya las velas como desee.

ADORNOS PARA MESA

Los accesorios pequeños, como los portaservilletas y la cristalería decorada, añaden encanto al lugar de cada invitado. Fáciles de hacer, estos últimos toques embellecen su mesa para las fiestas.

Adornos, como los cornos franceses y los cordoncillos, se usan para hacer portaservilletas que cuestan poco y pueden obsequiarse a los invitados.

Portaservilletas de encaje *(pág. opuesta)* complementan el arreglo de una mesa al estilo antiguo.

El portaservilletas de ramitas *(pág. opuesta), adornado con acebo artificial, se hace rápidamente.*

Listones brillantes y ondulados *se usan para atar las servilletas y las copas, dando un toque festivo a su mesa.*

Los dibujos *(abajo), hechos con una plantilla y un esmerilador en crema, convierten vasos y platos comunes de vidrio en cristalería especial para fiestas.*

CÓMO HACER ACCESORIOS PARA LA MESA

Portaservilletas de encaje. Corte 51 cm de punta de encaje; cosa los extremos. Con una aguja de cañamazo, pase 81 cm de listón de 3 mm por la orilla recta del encaje. Meta la servilleta y frunza el encaje alrededor; haga un moño con el listón.

Portaservilletas de ramitas. Corte las ramitas de un festón artificial. Enróllelas alrededor de un cilindro (un tubo de cartón, por ejemplo) para darles forma de anillo, retorciendo juntos los extremos de las ramitas. Pegue el acebo con silicón.

1 Dibujos en la cristalería. Adquiera plantillas de dibujos y esmerilador en crema, en las tiendas de artículos para manualidades. Fije la plantilla con cinta adhesiva. Cubra el resto de la superficie con plástico.

2 Aplique el esmerilador sobre el dibujo, usando un pincel suave; espere 1 min o siga las instrucciones del fabricante. Enjuague para quitar todo el esmerilador; seque el área sin frotarla. Quite la plantilla, el plástico y la cinta.

ARMONÍA EN LA MESA

Ya sea que planee una reunión con los amigos para tomar chocolate y galletas, una cena formal con los compañeros de trabajo o una fiesta con la familia para celebrar la Navidad, el arreglo de la mesa le podrá dar un toque especial. Para que sea algo digno de recordar, coordine hasta el último detalle.

Un arreglo de estilo antiguo se usa para esta cena formal. Las tarjetas (pág. 117) en cada lugar dan uniformidad y combinan con las tarjetitas con los nombres de los invitados. Una borla destaca el candelero y el centro de mesa de abanicos de pino (pág. 57) luce un espléndido moño dorado. Los portaservilletas de encaje (pág. 59) contribuyen al aspecto romántico.

El espíritu de Santa Claus, San Nicolás o Papá Noel está presente con los sacos de regalos (pág. 92). Los pequeños se obsequian a los invitados y uno grande sirve de centro de mesa. Los manteles individuales con cenefas contrastantes (pág. 48) y los portaservilletas de ramitas (pág. 59) acentúan el aire festivo. Los Santa Claus pintados en rajas de canela (pág. 31) se usan para revolver el té.

El arreglo festivo de la mesa empieza con esta vajilla de estrellas y la cristalería con borde dorado. Los mantelitos y las servilletas se pintan en tonos metálicos que combinen con la vajilla (pág. 52), y el listón metálico transparente forma un elegante portaservilletas.

El centro de mesa de esferas rellenas de escarcha metálica (pág. 23) brilla con lucecitas que funcionan con pilas. Regalitos para los invitados, en cajas hechas con découpage (págs. 114-115), señalan el lugar de cada persona en la mesa.

Adornos para la casa

CORONAS

Pocas cosas hay más representativas de la Navidad que las coronas. Puede hacerlas usted mismo con follaje natural, deshidratado o artificial, o decorar las que compre ya hechas. Las de pino o eucalipto frescos esparcen una rica fragancia. En las tiendas de manualidades y en las florerías se consiguen otros tipos de corona, como las de heno o de varitas.

Usted puede arreglar toda la corona, limitarse a sólo una tercera parte para poner ahí el diseño o agregarle un único adorno. Resulta más atractiva si el centro de atención no es simétrico.

Escoja adornos cuyo tamaño vaya de acuerdo con el de la corona, pero que sean de distintas medidas para que haya un punto focal dominante, complementado con decoraciones más pequeñas. Armonice también el estilo del ornato conservando algo de contraste en cuanto a colores y texturas. En las páginas 66 a 69 encontrará varias sugerencias.

CÓMO HACER UNA CORONA DE PINO FRESCO

MATERIALES

- Ramas de pino.
- Alambre del 22 o del 24 para arreglos florales, alicates de corte, tijeras para podar.
- Colgador de alambre, para ropa.
- Listón y adornos varios.

1 Forme un círculo con el colgador. Separe las ramitas de pino. Fije con alambre tres ramitas en el colgador, con las puntas hacia arriba; coloque dos al frente y una atrás. Enrolle alambre en la base de las ramitas.

2 Siga poniendo ramitas, tapando con cada grupo de tres el alambre de las anteriores. Cuando termine de cubrir el colgador, corte unas puntas frondosas y fíjelas en el colgador, tapando el alambre de las últimas ramitas.

CÓMO HACER UNA CORONA DE EUCALIPTO

MATERIALES

- Corona de varas ya hecha.
- Eucalipto redondo (dólar) con tallos finos; dos o tres ramos serán suficientes para casi cualquier corona.
- Alambre del 22 o del 24 para arreglos florales, alicates de corte, tijeras para podar.
- Listón y los adornos que desee.

1 Corte las ramas en dos o tres, para que queden de 15 a 18 cm de largo. Fije con alambre la base (2.5 cm) de varias ramitas en la corona, enrollándolo alrededor de ésta; tape el frente y los lados de la corona.

2 Siga poniendo ramitas en el frente y en los lados de la corona; acomódelas en capas y fíjelas con alambre, trabajando en una sola dirección. Deje las ramitas de diferentes largos.

3 Levante las puntas de las ramitas con las que empezó y fije la última capa de ramitas debajo de aquéllas. Haga una lazada con alambre, para colgar la corona. Adorne ésta como prefiera.

CONSEJOS PARA DECORAR CORONAS

Pegue *las cintas de los moños con silicón, formando ondas.*

Haga *"racimos" juntando varios adornos. Enrólleles alambre y tape éste con cinta adhesiva.*

Separe *los ramos de flores deshidratadas sosteniéndolos sobre vapor por 1 o 2 min; retírelos del vapor y separe con cuidado los tallos.*

Ponga *alambre en las piñitas, enrollándolo en las capas inferiores.*

Enrolle *alambre en los tallos de las flores deshidratadas, para hacerlos resistentes. Envuélvalos con cinta adhesiva.*

Inserte *el alambre a lo largo de las rajas de canela; luego tuerza las puntas juntas por el medio de la raja. Recorte el alambre, dejando puntas de 15 cm para fijar las rajas de canela en la corona.*

Haga *una base para poner sus adornos: fije con alambre una esponja floral (oasis), cubierta con musgo, en la corona; decórela como desee.*

Cambie la forma de una corona hecha con un solo alambre y obtenga un bastón o un festón. Para abrir la corona, corte donde estaba unido el alambre.

Añada lustre a sus piñitas aplicándoles pintura café brillante, en aerosol.

Rocíe con nieve artificial la corona para que parezca tener pequeños copos.

Dé brillo a las varitas con nieve artificial o pintura metálica en aerosol.

Conserve un equilibrio cuando adorne la corona, dividiéndola en tres o cuatro secciones; distribuya equitativamente las decoraciones.

Ponga la corona sobre un listón ancho para añadirle color. Adorne el extremo superior del listón con un poco de follaje.

MÁS IDEAS PARA CORONAS

Los muñecos de nieve (pág. 26) dan un toque divertido a esta corona artificial. La ligera capa de nieve, los trineos miniatura y los bastoncitos de caramelo complementan el motivo de las fiestas invernales.

Una corona estilo antiguo hecha con eucalipto redondo (pág. 65) se adorna con un querubín nacarado sobre un moño de satín color pastel. El mismo tono se repite en los adornos que engalanan toda la corona.

El motivo musical de esta corona de pino natural (pág. 65) se logró con pequeños instrumentos musicales comprados y abanicos (pág. 19) hechos con papel pautado.

Los frutos secos son el principal adorno de esta corona de varas comprada. El nido del pajarito, ligeramente descentrado, es el foco de atención.

Oro y plata se combinan en esta corona. La pintura plateada en aerosol acentúa el follaje y un diáfano listón plateado se convierte en el punto focal. Los toques dorados se logran con los adornos pequeños.

El ramo de pino con follaje y piñitas se fija con alambre en forma asimétrica sobre una corona de parra comprada, en la que se enrolla holgadamente un listón delgado.

El dorado y el rojo metálico dan un efecto impactante a esta corona, enfatizado por el adorno lateral. La corona base, hecha de paja, se forró con listón metálico y se le enrolló un festoncito.

Las manzanas y las palomitas de maíz son el ornamento dominante de esta corona de pino fresco (pág. 65). Para continuar con los motivos naturales, se agregaron nueces y piñitas.

FESTONES

Graciosos festones añaden un toque de distinción a una habitación. Si están hechos con follaje fresco, deshidratado o artificial, los festones proclaman buen gusto y belleza.

Los festones naturales son rápidos y fáciles de hacer y, al confeccionarlos en casa, logrará que sean más tupidos. Cuando los haga, combine diversos follajes para dar variedad de color y textura. En los viveros puede conseguirlos recién cortados; suelen comprarse por peso. El follaje de cedro se adapta particularmente bien a interiores: no tira ramitas y conserva su color durante más tiempo que otros.

También puede lograr el aspecto de los festones frescos usando follaje deshidratado. Dura más que el fresco y puede usarlo más de un año. Si quiere un festón que sirva año tras año, prefiera uno artificial. Para darle aroma, adórnelo con piñitas perfumadas o insértele unas ramitas de pino fresco.

CÓMO HACER UN FESTÓN CON FOLLAJE FRESCO

MATERIALES

- Ramas de pino frescas.
- Una cuerda o soga angosta.
- Alambre del 22 para arreglos florales.
- Tijeras para podar.
- Alicates de corte.

2 Siga traslapando ramitas, para ocultar el alambre. Acomode unas puntas frondosas en el extremo del festón para tapar la base de las últimas ramitas.

1 Ate la cuerda a un punto alto y firme, como el gancho para colgar una maceta del techo. Corte el follaje en ramitas. Fije con alambre tres de ellas en la cuerda, poniendo dos al frente y una atrás; enrolle el alambre en la base de las ramitas.

3 Corte el alambre y la cuerda en los extremos del festón; haga una lazada para colgarlo, si desea.

MÁS IDEAS PARA DECORAR CON FESTONES

Los festones se usan tradicionalmente para adornar la repisa de la chimenea. Para fijarlos sin tener que clavarlos directamente, coloque una tablita de 3 cm de ancho a lo largo de la repisa y píntela en un color que combine. Asegure con clavos el festón en la tabla.

Una guirnalda cuelga en lo alto de la chimenea y a los lados lucen dos ramos de pino. Para hacerlos, corte un festón artificial de 3 m por la mitad. Doble cada tramo en dos y extienda el follaje; adorne cada ramo como desee.

Precaución: No deje el fuego encendido, ni siquiera de las velas, si no hay alguien presente. En las chimeneas, use siempre la rejilla de protección. (Aquí se quitó sólo para tomar la fotografía.)

Un festón en forma de arco cuelga sobre la chimenea en vez de una corona. Ate un listón ancho en las puntas del festón y úselo para colgarlo

Se utilizó festón fresco para decorar este barandal. Para proteger las superficies de madera, use estambre o cuerda en vez de alambre para hacer el festón.

MOÑOS NAVIDEÑOS

Radiantes moños con largas cintas suelen ser el toque final en el arreglo navideño. Use los tradicionales colores rojo y verde, u otros que vayan con la decoración de la habitación.

La clave para lograr un efecto lujoso está en ser generoso con el listón. El tamaño del moño debe estar en proporción con el del sitio que se quiera adornar. Por ejemplo, los festones grandes requieren moños grandes con largas cintas; para hacerlos, use listones anchos que tengan cierta rigidez.

Los listones se consiguen hechos de varias telas, como tafetán, muaré, satín y terciopelo. El listón que tiene alambre en la orilla —llamado listón francés— permite hacer hermosos moños. Las orillas del listón pueden doblarse en curvas y pliegues, lo que da un aire distinguido y elegante a los moños. Para hacer moños más caseros o rústicos, utilice papel corrugado.

Hay dos estilos de moño tan versátiles que satisfacen casi todas las necesidades de las fiestas: el múltiple y el sencillo.

El moño múltiple se puede hacer fácilmente de cualquier tamaño. Para calcular cuánto listón necesita, multiplique el diámetro deseado del moño por el número de lazadas que quiera. Agregue 15 cm a esa medida para la lazada central, más lo que se lleven las cintas que cuelgan y las adicionales si desea.

El moño sencillo se usa comúnmente en las coronas, pero también luce bien en cajas de regalo elegantes. Para un moño de 18 o 20 cm, necesitará 2 m 30 cm de listón.

Un listón de tafetán con dibujo escocés se usó para el enorme moño múltiple de este ramo de follaje, adornado con piñitas.

Dos tiras de listón francés, atadas como una sola, se utilizan en este moño múltiple.

Un diáfano listón metálico en moños múltiples engalana un par de candeleros.

Listón francés de tafetán, en forma de un moño sencillo, embellece esta caja de regalo navideña.

Papel corrugado, en vez de listón, se utilizó para hacer el moño sencillo de esta canasta de frutas.

Un moño múltiple de listón francés adorna esta hiedra, montada sobre una base de alambre para formar la corona.

CÓMO HACER UN MOÑO SENCILLO

MATERIALES

- Aproximadamente 2 m 50 cm de listón de 6 cm de ancho.
- Alambre del 22 o del 24 para arreglos florales, o alambre forrado si va a poner el moño en un paquete o sobre madera.

1 Corte 46 cm de listón y déjelo aparte para atarlo en el centro. Tome el resto del listón y, a 20 o 30 cm de la punta, doble y haga una lazada de 9 a 10 cm, con el derecho del listón hacia afuera.

2 Haga otra lazada hacia el lado opuesto, pasando el listón por abajo de la punta para que el derecho del listón siga quedando hacia afuera.

3 Siga formando lazadas que se abran un poco, hasta tener tres o cuatro de cada lado; deje que sobresalga un poco la otra punta.

4 Enrolle el alambre en el centro, apretando el listón. Sujételo por arriba, dé vuelta al moño y apriete bien el alambre, retorciéndolo.

5 Doble en tres la parte central del listón que apartó para el centro. Átelo en medio del moño, por atrás.

6 Separe las lazadas. Recorte las puntas como desee.

CÓMO HACER UN MOÑO MÚLTIPLE

MATERIALES

- Listón del ancho deseado. Calcule el largo como se indica en la página 74.
- Alambre del 22 o del 24 para arreglos florales, o alambre forrado si va a poner el moño en un paquete o sobre madera.

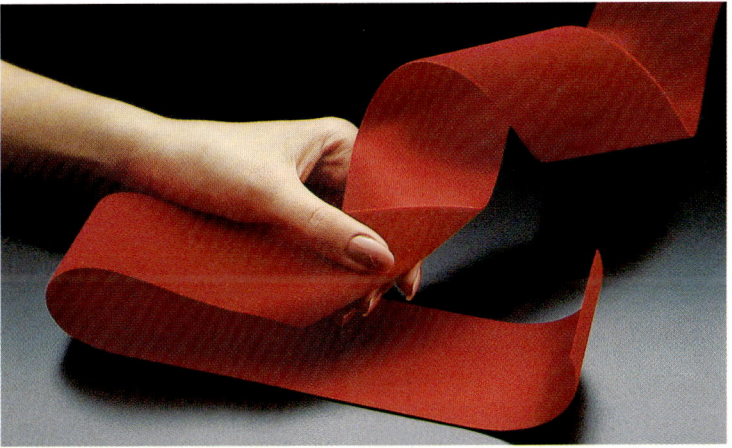

1 Ponga el pulgar y el índice donde quiera que empiece la punta que ha de colgar, con el derecho del listón hacia arriba. Doble el listón en diagonal hacia atrás, juntando por el revés, de modo que forme un ángulo recto.

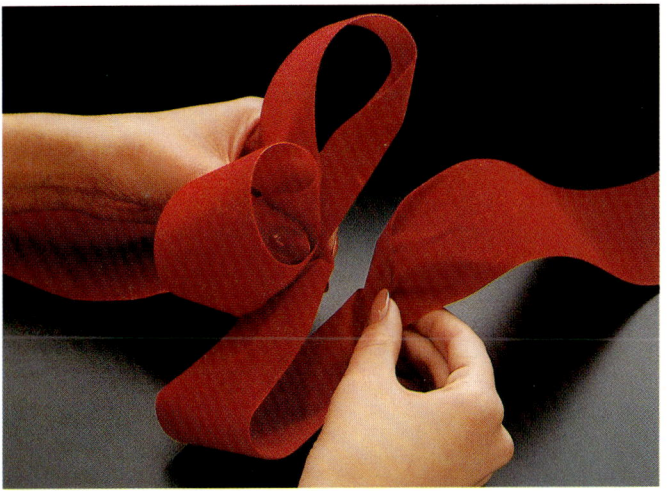

2 Pase el listón sobre el pulgar para hacer la lazada central; sostenga con los dedos. Dé media vuelta al listón por abajo de la lazada, con el derecho hacia arriba.

3 Forme la primera lazada. Dé media vuelta al listón y forme otra lazada en el lado opuesto.

4 Siga formando lazadas bajo las anteriores, alternando lados y dando vuelta al listón para que el derecho siempre quede hacia arriba; haga cada lazada un poco más grande que la anterior.

5 Una vez que haga la lazada final, atraviese el centro del moño con el alambre. Dóblelo y enróllelo alrededor de las lazadas, apretando bien el listón. Sosténgalo por arriba, dé vuelta al moño y apriete bien el alambre, retorciéndolo. Separe las lazadas.

BOTITAS

Las botitas de Navidad tienen un valor sentimental si están hechas a mano. Para que sean especiales, no es necesario que pase horas y horas haciéndolas. Unas botitas sencillas pueden convertirse en algo muy preciado si las adorna con recuerdos familiares, como pañuelos de encaje o partes de servilletas o tapetitos. O use retazos de sus telas favoritas para hacer originales botas acolchadas: dichas botas adquirirán un significado especial si las hace con telas antiguas o viejas prendas queridas.

Para que las botitas tengan un toque de elegancia, escoja telas como terciopelos, muarés y tapicería. Si las quiere de aspecto rústico, use pana y lana. Dé forma a las botitas con un relleno ligero.

CÓMO COSER UNA BOTITA FORRADA

MATERIALES

- 50 cm de tela.
- 50 cm de forro.
- Relleno ligero.
- Listón, cordoncillo o arillo de plástico para colgar.

INSTRUCCIONES PARA CORTAR

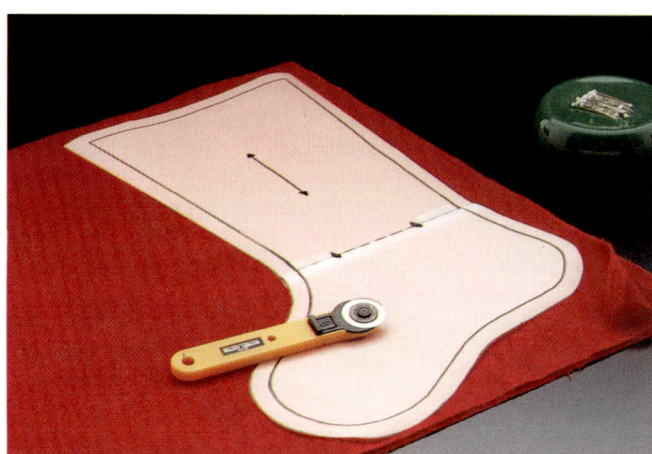

Copie en papel las piezas A y B del molde de botita de las páginas 309 y 310. Únalas con cinta adhesiva, haciendo coincidir las muescas y las líneas punteadas; complete el patrón añadiendo 15 mm para las pestañas. Corte dos tantos de la tela exterior, con los derechos juntos, y dos del forro. También corte dos botitas del relleno.

1 Prenda el adorno de encaje, si desea, con el derecho sobre el derecho del frente de la botita. Recórtelo al ras de la orilla e hilvánelo. Hilvane el relleno en el revés del frente y del reverso de la botita.

(Continúa)

CÓMO COSER UNA BOTITA FORRADA (CONTINUACIÓN)

2 Prenda el frente y el reverso de la botita con los derechos hacia dentro. Cosa a 15 mm de la orilla, dejando abierta la parte superior; haga una segunda costura en la pestaña. Recorte la pestaña junto a estas puntadas. Vuelva al derecho y planche.

3 Prenda las piezas del forro con los derechos juntos. Cosa a 2 cm de la orilla, dejando abierta la parte superior y unos 10 o 15 cm en la base de la bota. Haga una segunda costura más cerca de la orilla y recorte la pestaña junto a estas puntadas.

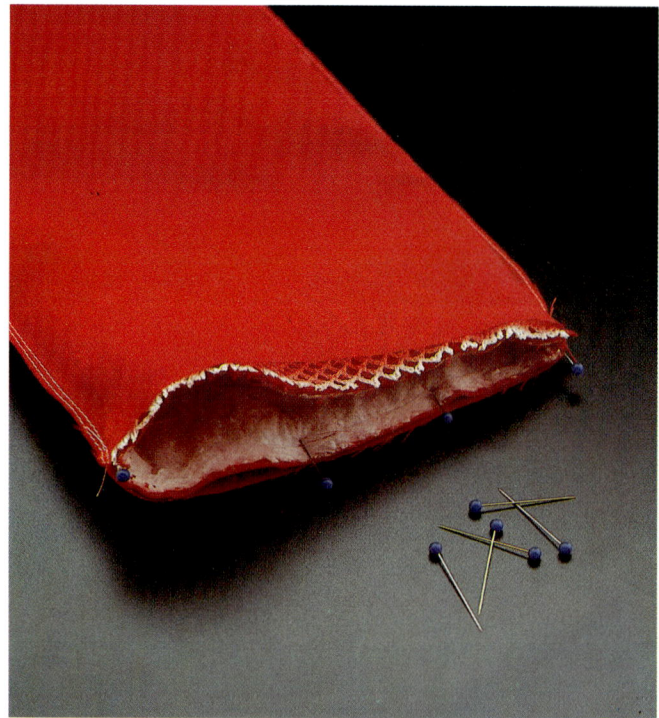

4 Coloque el exterior de la botita dentro del forro, con los derechos juntos. Prenda las orillas superiores, con los bordes al ras; cósalas. Vuelva el forro al derecho por la abertura del pie.

5 Cosa la abertura del forro. Meta el forro en la botita; planche ligeramente el borde superior. Cosa a mano el listón, cordoncillo o arillo para colgar. Haga un pespunte en la orilla superior, si desea.

CÓMO COSER UNA BOTITA ACOLCHADA

MATERIALES

- Retazos para el frente de la botita.
- 60 cm de tela que combine, para el reverso.
- 60 cm de forro.
- 60 cm de entretela termoadhesiva.
- Relleno.
- Papel de china.

INSTRUCCIONES PARA CORTAR

Haga el patrón de la botita (pág. 78), usando las piezas A y B de las páginas 309 y 310. Corte dos botitas del forro, con los derechos encontrados, y dos del relleno. Corte un frente de la botita de la entretela, con el lado que se funde hacia arriba. Corte los pedacitos de formas diversas. Corte un reverso de la botita, con el derecho hacia abajo.

1 Ponga la entretela sobre la tabla de planchar, con el lado que se funde hacia arriba. Acomode encima los retazos, con el derecho hacia arriba, traslapándolos. Pegue los retazos planchándolos.

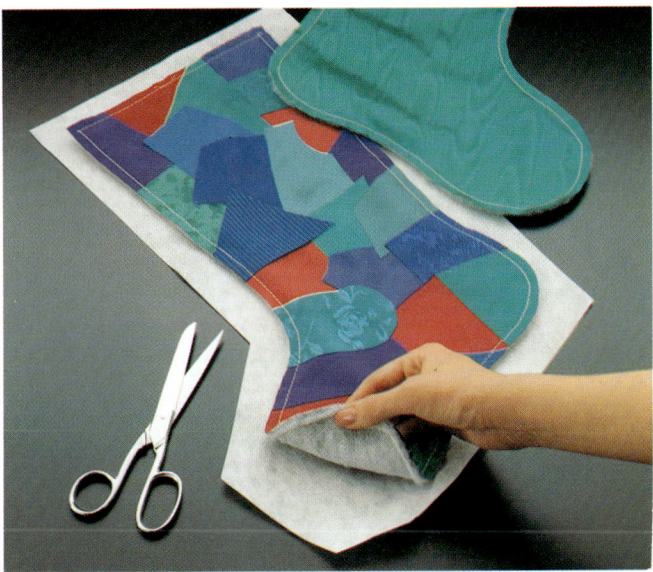

2 Por el revés, recorte la orilla emparejando los pedacitos y la entretela. Hilvane el relleno por el revés del frente y del reverso de la botita; ponga papel de china abajo del relleno del frente.

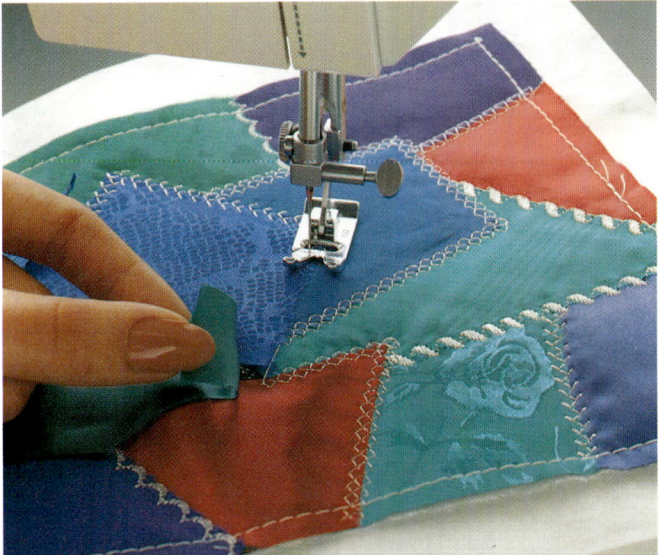

3 Cosa alrededor de los retazos del frente, uniendo todas las capas con puntadas decorativas que sean anchas, para cubrir bien las orillas. Si es necesario, recorte las orillas de las telas junto a estas costuras. Arranque el papel de china.

4 Si desea, agregue adornos como listones, encaje o botones, pegándolos o cosiéndolos. Complete la botita siguiendo los pasos 2 a 5 de la página opuesta.

Unos botones antiguos y unos listones largos convierten esta sencilla botita de tapiz en un recuerdo para atesorar.

El bordado con cuentas y el cordoncillo dorado dan elegancia a esta botita. El remate se une cosiéndolo a mano.

La botita de acolchados hecha con retazos de lana tiene un aspecto rústico; el hilo metálico le da brillo.

La funda a ganchillo crea una adorable botita. Aproveche la parte buena de algún viejo tapetito.

El encaje fruncido y los llamativos listones brindan un aire romántico a esta botita navideña.

La punta de encaje, el tafetán de muaré y los listones de seda se unen para hacer una botita plena de distinción.

ÁRBOLES DE CONO

Los árboles hechos con un cono son estupendos para decorar muebles del comedor y mesas laterales. En las tiendas de manualidades y en las florerías encontrará un amplio surtido de objetos con qué hacerlos. Escoja adornos naturales, piñitas, frutos, follaje deshidratado, listones u otros artículos, dependiendo del estilo que desee. Use una canasta boca abajo como base del árbol.

Los limones del arbolito (izquierda) pueden ser frescos o artificiales. El adorno se complementa con piñitas doradas, follaje, eucalipto y rajas de canela; el toque final se lo da un pajarito artificial, cerca de la punta. Puede variar el aspecto usando manzanas, peras u otras frutas en lugar de los limones.

Para un pino con adornos naturales (pág. 86), forme el árbol con ramas de pino deshidratadas, de diferentes tipos si las consigue, para darle textura. Decore con piñitas, frutillas y listón, además de follaje fino para darle un aspecto delicado. Puede usar follaje y frutillas artificiales en vez de naturales.

Para cualquiera de los dos arbolitos, use como base un cono de poliestireno; cúbralo con musgo o con heno para que sirva de fondo. Los adornos se clavan en el cono con alambre o con palillos, lo que permite reacomodarlos hasta lograr una presentación equilibrada. Distribuya los adornos en forma pareja, mas no en hileras. Empiece por la parte inferior y trabaje hacia arriba; recorte la punta lo que sea necesario. Véalo con frecuencia desde cierta distancia, por todos lados, para balancear la distribución y arreglar cualquier área que se vea vacía.

CÓMO HACER UN ARBOLITO CON LIMONES

MATERIALES

- Cono de poliestireno de 46 x 13 cm.
- Canasta con base de 13 cm.
- Heno o musgo.
- 18 a 20 limones medianos, naturales o artificiales.
- Unas 10 ramas de follajes diversos (incluya eucalipto redondo).
- 10 a 12 rajas de canela, como de 7 cm.
- 20 o más piñitas de varios tamaños; pintura metálica dorada, en aerosol.
- Pajarito artificial (opcional).
- Palillos de madera de 10 cm; palillos de madera de 8 cm, con alambre en un extremo.
- Alambre del 18; alicates de corte.
- Aplicador y barritas de silicón

1 Aplique silicón en la base del canasto boca abajo. Pegue el cono en la base. Pinche cada limón con la punta de un palillo de 10 cm, donde estaba el rabillo; encaje en ese hoyito el extremo plano del palillo (unos 5 cm).

2 Fije los limones en el cono insertando los palillos; acomódelos en espiral, enrollando antes un hilo como guía. Coloque heno o musgo alrededor de los limones, extendiéndolo para que apenas tape el poliestireno; péguelo con silicón.

3 Corte el follaje en ramitas de 5 a 15 cm de largo. Encájelas en el cono, las más largas en la parte inferior y las más cortas hacia la punta. Péguelas con silicón.

4 Ponga un palillo con alambre en la base de cada piñita, enrollando el alambre en las hileras inferiores de la piñita. Píntelas de dorado; para hacerlo más fácilmente, encaje los palillos en un trozo de poliestireno. Cuando estén secas, distribuya las piñitas en el arreglo.

5 Inserte alambre del 18 a lo largo de las rajas de canela. Enrolle juntas las puntas del alambre en la mitad de la raja. Corte las puntas del alambre: una corta y la otra de 5 o 7 cm. Use ésta para fijar la raja de canela en el cono.

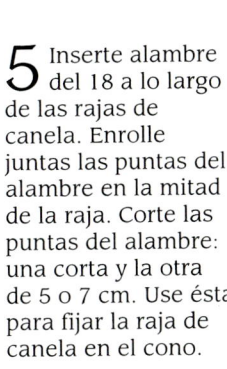

6 Corte el eucalipto redondo en ramitas de 7 a 10 cm de largo; arranque unas hojas para dejar limpio el tallo. Inserte las ramas en el cono, poniendo las más largas en la parte inferior. Encaje un palillo en el pajarito y acomódelo cerca de la punta del arreglo.

CÓMO HACER UN PINO CON ADORNOS NATURALES

MATERIALES

- Cono de poliestireno de 46 x 13 cm.
- Canasta con base de 13 cm.
- Heno o musgo.
- Follaje deshidratado o artificial.
- 20 o más piñitas de varios tamaños.
- 10 m de listón de 1 cm de ancho.
- Varios racimos de frutillas.
- Follaje fino deshidratado.
- Palillos de madera de 8 cm, con alambre en un extremo.
- Tijeras de poda, alicates de corte.
- Pegamento blanco; aplicador y barritas de silicón.

1 Aplique silicón en la base del canasto boca abajo; pegue el cono en la base. Extienda el musgo por el cono para que apenas tape el poliestireno; péguelo con puntos de silicón, sin aplicar mucho.

2 Corte en diagonal un tipo de follaje, en ramitas de 8 a 15 cm de largo. Inserte los tallos en el cono, poniendo las ramitas en ángulo para que queden hacia abajo; acomode las ramitas más largas en la parte inferior y las más cortas arriba.

3 Corte otro follaje en ramitas de 8 a 15 cm e intercálelas con las del primero. Haga lo mismo con diversas ramitas de los otros follajes.

4 Fije las piñitas en los palillos con alambre, como se indica en el paso 4 de la página 85. Distribúyalas en el árbol, las grandes abajo y las pequeñas hacia la punta.

5 Fije con alambre unos 20 racimos de frutillas en los palillos y acomódelos en el árbol. O, si el tallo es rígido, insértelos directamente en el cono.

6 Corte 15 o 20 ramas de follaje fino. Fíjelas en palillos con alambre y encaje éstos en el cono, en ángulo hacia abajo.

7 Corte tramos de 1 m de listón. Haga moños con tres o cuatro lazadas cada lado; deje dos puntas, una como 5 cm más larga que la otra. Fije cada moño en un palillo con alambre, enrollando éste por el medio del moño.

8 Dé dos vueltas por el centro del moño con la punta de listón más larga. Asegure el moño en el palillo, enrollando el alambre.

9 Coloque los moños en el árbol, encajando los palillos. Ponga un moño en la punta; recorte el palillo de éste, si es necesario, y péguelo con silicón.

ARTE EN MACETA

Los arbolitos artísticos son clásicos entre los arreglos florales. Por sus diferentes tamaños, resultan adecuados para decorar mesas, escritorios, esquineros y repisas de las chimeneas. Varios arbolitos juntos forman un atractivo centro de mesa.

La base de casi todos los árboles artísticos es una bola de poliestireno, en la que se encaja una rama o estaca, y se coloca en una maceta con yeso. Hágala usted mismo siguiendo las instrucciones que aparecen abajo. O cómprela ya hecha en tiendas de manualidades o en florerías; algunas bases compradas traen tela de alambre en lugar de la bola de poliestireno. Decore el arbolito con guías de parra, botones de rosa secos, pistaches pintados u otros adornos, como se ve en la página opuesta y en las siguientes.

CÓMO HACER UN ARBOLITO ARTÍSTICO

MATERIALES

- Una maceta de barro o de cerámica.
- Fieltro (opcional).
- Bola de poliestireno.
- Rama o palo pintado para el tronco; ramas adicionales, si desea.
- Yeso; recipiente desechable donde mezclarlo.
- Papel de aluminio grueso.
- Aplicador y barritas de silicón; cinta adhesiva.
- Pintura en aerosol que combine con los adornos si van a quedar descubiertas partes del poliestireno.
- Sierra, tijeras de poda, alambre para arreglos florales y alicates de corte (según el trabajo por desarrollar).
- Heno o musgo; adornos surtidos.

1 Rellene la maceta con dos capas de papel de aluminio; arrúguelo sin apretar, para permitir que se expanda el yeso al secarse; la orilla del papel debe quedar a unos 2 cm del borde de la maceta. Si desea, trace en el fieltro un círculo igual a la base de la maceta; córtelo y péguelo en la base de la maceta.

2 Pinte la bola de poliestireno, si desea. Encaje el tronco hasta la mitad del diámetro de la bola. Acomode el tronco en la maceta; córtelo si necesita ajustar la altura del arreglo. Quite la bola del tronco.

3 Prepare el yeso como indique el paquete. Viértalo en la maceta, llenándola hasta la orilla del papel de aluminio. Cuando empiece a fraguar, inserte el tronco cuidando que quede derecho. Sostenga el tronco con la cinta adhesiva como se muestra, hasta que el yeso esté duro.

4 Ponga silicón en el hoyo de la bola de poliestireno; encaje el tronco. Tape el yeso con heno o con adornos como los del árbol. Decore éste como desee (pág. 91).

MÁS IDEAS
PARA HACER
ÁRBOLES
ARTÍSTICOS

Use pistaches pintados para decorar un arbolito sin gastar mucho. Vaya trabajando áreas pequeñas: aplique silicón en la bola de poliestireno pintada y pegue rápidamente los pistaches por el extremo cerrado.

Unos botones de rosa miniatura secos son el adorno delicado y elegante de este arbolito. Para encajar los tallos fácilmente, haga hoyos con un palillo en la bola pintada y moje los tallos en pegamento blanco antes de insertarlos.

Las flores y las bayas brindan color y textura atractivos. Para esta creación artística se escogieron hortensias.

Los árboles ornamentales dobles son una variación del tipo básico. Para éste, que se coloca sobre el piso, se compró la base en una florería. Luego se decoró principalmente con granadas, naranjas y piñitas, pegadas con silicón.

Un listón francés transparente se enrolla holgadamente en el árbol de la página opuesta. Los botones de rosa y demás adornos se pegan con silicón o se encajan directamente en la bola de poliestireno.

SACO NAVIDEÑO

Estos sacos se hacen fácil y rápidamente con tela prealmidonada. A los grandes puede meterles casi cualquier cosa, desde plantas hasta delicias horneadas. Llene los sacos medianos con toallitas y tendrá accesorios para el baño. Los juguetes miniatura en sacos pequeños resultan ideales como regalo en el lugar de cada comensal o para ponerlos en una corona o en el árbol de Navidad. Cuando maneje tela prealmidonada, ponga papel encerado en la superficie sobre la que esté trabajando y dé forma a la tela como se indica en la página 28.

CÓMO HACER UN SACO DE SANTA CLAUS

MATERIALES

- Tela prealmidonada.
- Pintura acrílica del color deseado para el saco, líquida o en aerosol; pintura acrílica líquida para los bordes contrastantes; pinceles.
- Sellador acrílico transparente, en aerosol.
- Cordón o cinta de cuero; un poco de follaje, si desea.
- Papel encerado; esponja.

INSTRUCCIONES PARA CORTAR

Corte dos rectángulos de 38 x 76 cm de la tela prealmidonada para el saco grande, dos de 25 x 50 cm para el mediano o uno de 13 x 26 cm para el pequeño.

1 Saco grande o mediano. Junte los rectángulos de tela; marque un dobladillo de 3 cm en una de las orillas largas y desdóblelo.

2 Remoje rápidamente la capa superior de tela en agua fría. Póngala sobre la otra capa. Alise ambas capas y marque nuevamente el dobladillo para la parte de arriba del saco. Pase por todas las orillas una esponja húmeda.

3 Levante la tela por la orilla doblada, con los dedos mojados. Forme un cilindro con la orilla doblada hacia afuera. Traslape los lados 3 cm y presione para que sellen.

5 Ponga el saco sobre papel encerado y aplane el fondo. Llene el saco con papel encerado arrugado, para conservar la forma hasta que se seque. Con los dedos mojados, frunza un poco la boca del saco, sin manejar la tela demasiado. Deje secar.

4 Sostenga el cilindro por dentro y doble el tercio inferior para cerrar el fondo del saco.

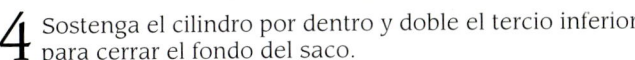

6 Aplique sellador acrílico en todo el saco. Píntelo; para evitar que pierda rigidez la tela, pinte primero el interior y déjelo secar antes de pintar el exterior. Aplique dos capas, si es necesario. Pinte el borde superior del saco en un color contrastante. Aplique sellador en todo el saco otra vez.

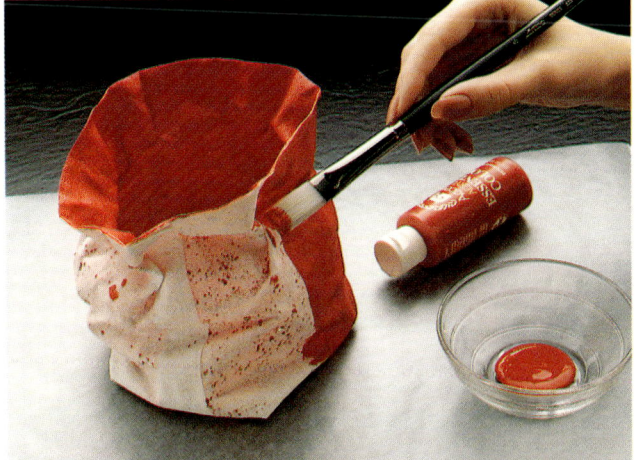

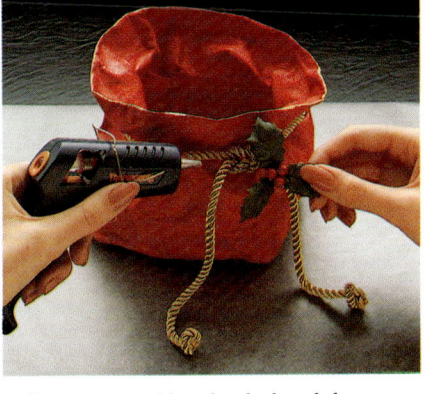

7 Ate el cordón alrededor del saco. Pegue unas hojitas sobre el nudo.

1 Saco pequeño. Marque un doblez de 2 cm en una orilla larga de la tela y desdoble. Remoje rápidamente la tela en agua fría; vuelva a marcar el doblez. Pase una esponja húmeda por todas las orillas.

2 Termine el saco siguiendo los pasos 3 a 7, detallados arriba. Si desea, llénelo con juguetes miniatura y cajitas de regalo; pegue éstos con silicón.

VIEJECITO NAVIDEÑO

Otro bello ornamento que puede hacer para las fiestas es este viejecito navideño. Se forma con tela prealmidonada y se adorna para darle un aire europeo. Este tipo de tela se consigue en las tiendas de manualidades; se remoja rápidamente en agua fría y se le da forma de inmediato, siguiendo los consejos de la página 28. Practique con pedazos de tela prealmidonada para familiarizarse con la técnica. La pátina se aplica después de pintar al viejecito, para lograr una figura navideña de aspecto antiguo.

Los colores tradicionales *de esta figura navideña son brillantes y alegres. El viejecito, de pie, sostiene un arbolito de Navidad.*

Quizá prefiera pintar la figura *con colores acordes con la decoración de su casa. En este caso, el viejecito se apoya en un bastón y carga un atado de leña.*

MATERIALES

- Tela prealmidonada.
- Un huevo de 8 cm y una esfera de 4 cm, ambos de poliestireno.
- Un cono de poliestireno de 30 x 10 cm.
- Plastilina floral; alambre del 18; alicates de corte.
- Lana natural o blanca, sin cardar.
- Pátina de aceite; pincel suave de 3 cm.
- Sellador acrílico transparente, en aerosol.
- Pinturas acrílicas; pinceles.
- Ligas, alfileres, pegamento blanco, papel encerado, bandeja, cuchillo, palillos redondos.
- Aplicador y barritas de silicón.
- Adornos varios.

INSTRUCCIONES PARA CORTAR

De la tela prealmidonada, corte un cuadro de 23 cm para la base, uno de 13 cm para la cara y dos de 10 cm para las manos; un rectángulo de 35 x 40 cm para la túnica, uno de 40 x 46 cm para la capa, dos de 15 x 18 cm para las mangas, uno de 21 x 33 cm para la capucha y uno de 13 x 18 cm para el morral.

CÓMO HACER UN VIEJECITO NAVIDEÑO

1 Con el cuchillo caliente, corte 6 mm de la punta del cono; déjela aparte para la nariz. Corte otros 4 cm del cono y tírelos. Si quiere que la figura quede inclinada, saque una tajada de la base del cono, de 1 cm en un lado disminuyendo hasta cero en el lado opuesto. Moje la tela para la base y envuelva el cono con ella; cuando esté seca, sosténgala con plastilina floral en medio de la bandeja. (Se muestra un cono adicional para mayor claridad.)

2 Para la cabeza, oprima el huevo de poliestireno contra el borde de una mesa, rodándolo con cuidado de un lado a otro, para que quede más hundido por el medio.

3 Suavice con los dedos los bordes hundidos para formar la parte alta de las mejillas. Haga rodar la zona de la frente para suavizarla.

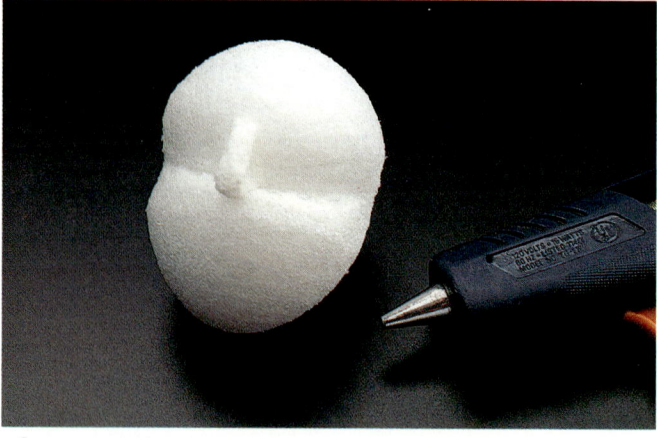

4 Comprima la punta del cono que había apartado para la nariz hasta hacer un triángulo; suavice los bordes. Póngalo de lado y péguelo con silicón en la cara.

5 Con el cuchillo caliente, corte la esfera de 4 cm por la mitad. De una de las mitades, corte en ángulo recto un trozo de 1 x 2 cm para formar la separación entre el pulgar y los demás dedos. Junte las mitades y corte la otra mitad de la misma forma.

6 Con el pulgar, oprima firmemente la mano de poliestireno para marcar la curvatura. Suavice todos los bordes rodando cada mano en una superficie dura y lisa, apretando con el pulgar. Comprima el poliestireno si desea manos más pequeñas.

7 Remoje la tela para la cara; céntrela sobre el huevo, con las esquinas arriba y abajo de la cabeza. Tire con suavidad de las orillas laterales hacia atrás de la cabeza, dejando que se marquen los rasgos faciales; restire la tela en la frente y prenda con alfileres para evitar que se arrugue al secar. Alise hacia atrás lo que sobre. Deje secar sobre papel encerado.

8 Remoje la tela para una mano; céntrela en el dorso, con las esquinas en la punta de los dedos y en la muñeca. Envuelva la tela hacia la palma, extendiendo la que sobre para la zona de la muñeca. Alise la tela cuanto sea posible sobre el dorso de la mano y entre los dedos y el pulgar. Retuerza la tela en la muñeca.

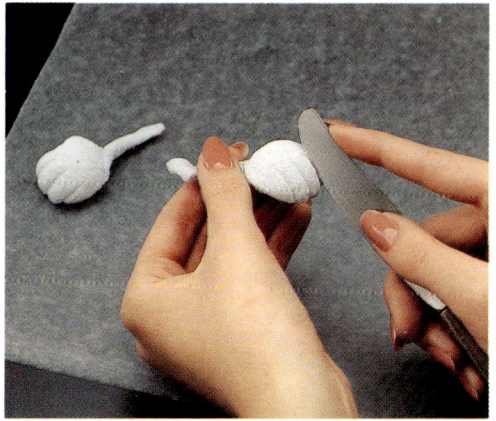

9 Con el borde romo de un cuchillo, marque tres líneas paralelas en el dorso de la mano para formar los dedos. Repita con la otra mano. Deje secar.

10 Aplique dos capas de sellador acrílico en la cabeza y en las manos; píntelas después de color carne. Ponga un toque de pintura coral en las mejillas y en la nariz, esfumando el color. Con lápiz, señale dónde van los ojos, según se indica en el paso 11.

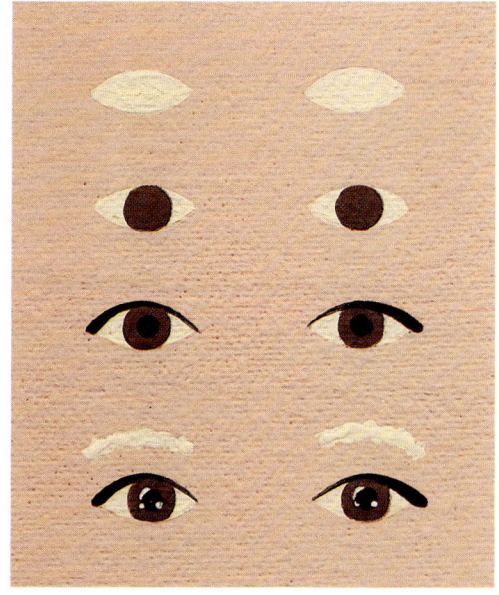

11 Pinte los ojos y las cejas. (El tamaño y la separación son reales.)

12 Remoje la tela para la túnica. Frunza uno de los lados cortos y acomódelo en el frente del cono desde arriba, sujetando la tela con una liga. Distribuya la tela para que cubra la mitad anterior del cono; doble la orilla en la base. Sostenga los pliegues con alfileres. Ponga otra liga a unos 10 cm de la punta, para señalar la cintura. Deje secar y luego quite las ligas. Aplique dos capas de sellador acrílico en la túnica; píntela del color que quiera.

(Continúa)

CÓMO HACER UN VIEJECITO NAVIDEÑO (CONTINUACIÓN)

13 Remoje la tela de la capa. Pliegue uno de los lados cortos; acomódelo sobre la parte de atrás del cono, desde arriba; sostenga la tela con una liga. Dé vuelta a los lados de la capa que caen sobre la túnica y doble la orilla de abajo. Distribuya los pliegues y sujételos con alfileres.

14 Encaje dos palillos en la punta del cono, póngales silicón y luego inserte la base de la cabeza.

15 Con un alambre de 46 cm, atraviese la punta del cono, de lado a lado, para hacer los hombros; péguelo con silicón. Forme los codos doblando el alambre a unos 8 cm de los hombros. Acomode los alambres de los brazos para que lleven los accesorios que desee. Recorte el alambre para que el brazo y el antebrazo tengan el mismo largo.

16 Encaje las puntas del alambre en las manos de poliestireno, por las muñecas; pegue con silicón.

17 Marque un dobladillo de 2 cm en uno de los lados cortos de la tela de una manga; ábralo. Remoje la tela, vuelva a hacer el dobladillo y doble la tela en el codo. Dé forma al brazo, dejando que la manga caiga un poco sobre la mano y cerrándola para que no se vea el alambre. Pliegue la manga en el cuello; con alfileres, acomode los pliegues y levante la tela para formar el hombro.

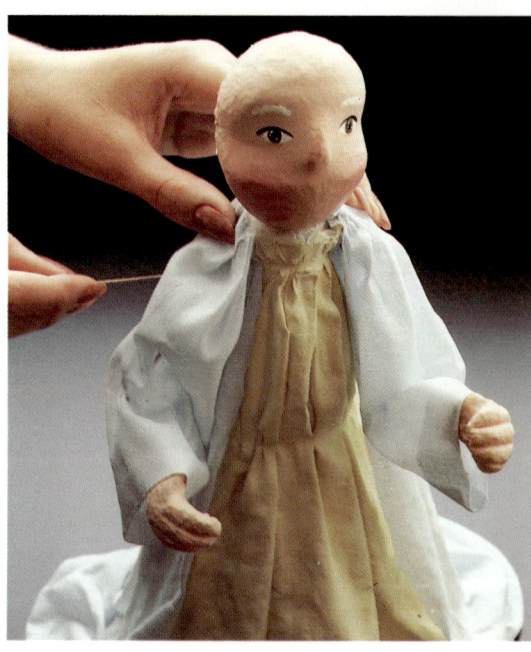

18 Marque un dobladillo de 2 cm en un lado largo de la capucha; ábralo. Remoje la tela y vuelva a hacer el dobladillo. Acomódela con el dobladillo hacia la cara; doble hacia adentro las esquinas del frente de la capucha y préndalas. Meta papel encerado entre la capucha y la cabeza para poner después el pelo.

19 Doble hacia adentro la orilla posterior de la capucha; préndala. Quite el papel encerado y los alfileres cuando se seque.

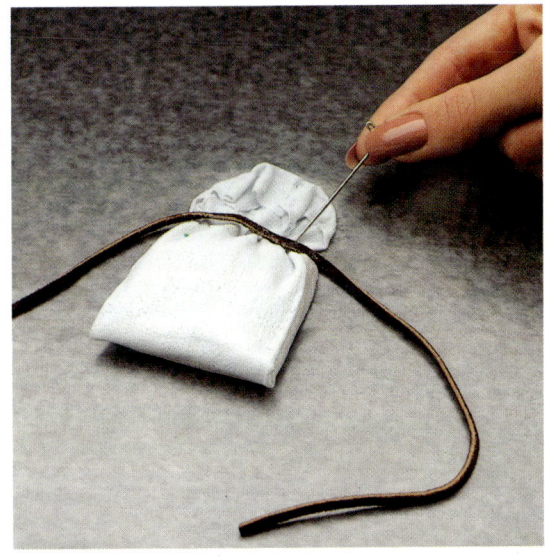

20 Remoje la tela del morral; póngala sobre papel encerado. Haga un cuadro de 5 cm con una toalla de papel doblada. Doble el largo de la tela sobre la toalla de papel. Doble hacia adentro las orillas laterales. Dé forma redondeada a la parte superior del morral y dóblela hacia abajo tapando el centro de un cordón de 40 cm. Deje secar.

21 Aplique dos capas de sellador acrílico en la capa y en el morral. Píntelos como desee, sin olvidar el interior de la capucha y de las mangas. Deje secar.

22 Aplique dos capas de sellador acrílico en la figura navideña y en el morral. Aplique la pátina con un pincel viejo. Cuando haya cubierto todo con pátina, quite el exceso con un trapo limpio, dejando la pátina en las áreas sumidas para mantener el contraste. Si al ir secando reaparece la pátina donde no la quiere, limpie con el trapo. Deje secar por completo.

23 Acomode la lana para formar el cabello, la barba y el bigote; péguelos a la cara con silicón.

24 Cuelgue el morral de un hombro, atando las puntas del cordón. Pegue con silicón el cinturón y demás accesorios. Aplique una capa ligera de sellador acrílico para proteger la figura terminada.

ALDEA NEVADA

Los recuerdos y los sueños se entrelazan para crear la escena invernal de esta aldea, que fascinará a chicos y a grandes con su iluminación propia. La base de las construcciones se hace con envases de leche, decorados para que sus exteriores tengan texturas diferentes. Puede poner cualquier figura o adorno a escala como accesorio del pueblito, incluso un tren eléctrico.

CÓMO HACER UNA CABAÑA

MATERIALES

- Envase de leche, de cartón, de 1 litro.
- Madera de balsa: pared ranurada para maquetas, de 3 mm; molduras para las esquinas; tiras de 2 x 6 mm para las tejas y contraventanas; moldura plana de 2 x 3 mm para el faldón; pieza de 2 mm de grueso para la puerta y de 3 mm para los escalones.
- Pinturas acrílicas; pinceles.
- Mica transparente y cinta adhesiva para gráficas blanca, de 1 mm, para las ventanas.
- Pasta polimérica para la chimenea; cuenta pequeña para el picaporte.
- Cinta adhesiva; papel de lija fino; regla metálica; cuchilla.
- Pegamento blanco; aplicador y barritas de silicón.

1 Abra el envase de leche por arriba; córtelo como se muestra. Marque líneas en los cuatro lados del envase, a 5 cm del doblez superior; corte por las líneas.

2 Pegue con cinta adhesiva la parte superior y los lados para formar el faldón, recortando las orillas de arriba para que se unan en el vértice. Lije los lados.

(Continúa)

CÓMO HACER UNA CABAÑA (CONTINUACIÓN)

3 Del resto del envase, corte dos piezas para el techo, cada una de 6 x 8 cm; péguelas con cinta por un lado largo y líjelas un poco. Corte con la cuchilla la tira de madera de 2 x 6 mm en piezas de 1 cm. Corte unas piezas por la mitad para usarlas en los extremos.

4 Pegue las tejas sobre el techo, con pegamento blanco, empezando en las orillas inferiores. Las filas inferiores deben sobresalir 3 mm. Siga pegando filas hasta llegar a la parte superior de cada lado, montando las tejas y traslapando las filas 3 mm.

5 Trace el contorno de las paredes y el faldón en el reverso de la pared ranurada; corte las piezas usando la cuchilla y la regla. Recorte las aberturas para las ventanas y puertas donde desee; corte la puerta a 6 mm de la orilla inferior para dejar espacio para los escalones.

6 Pegue con silicón la fachada a la cabaña. Corte las molduras de las esquinas al tamaño de la cabaña y péguelas en su lugar. Recorte las ventanas en el envase de leche; para la puerta, corte tres lados y doble el restante. Pinte la cabaña con pintura acrílica, como desee.

7 Corte las contraventanas y la puerta de la madera de balsa de 2 mm; píntelas y péguelas en su lugar. Pegue la cuenta como picaporte.

8 Corte trozos de la mica un poco más grandes que cada ventana. Con la cinta para gráficas, simule los vidrios y marcos. Péguelas por adentro del envase con cinta adhesiva.

9 Corte dos tiras de madera de balsa de 2 x 6 mm del largo del tejado. Pinte el tejado y las tiras con pintura acrílica diluida para que se vea el grano de la madera; pinte las orillas del tejado por abajo. Ponga algo pesado encima del tejado mientras se seca para evitar que se combe.

10 Pegue el tejado en su lugar. Pegue las tiras de madera de balsa a lo largo del tejado, encima de las filas superiores de tejas. Recorte la moldura plana para formar el vértice; píntela y péguela en su lugar.

11 Haga la chimenea con la pasta polimérica; dé la forma del tejado a la base de la chimenea. Con la cuchilla, márquele ladrillos.

12 Hornee la chimenea según las instrucciones del fabricante. Píntela y péguela en el tejado.

13 Corte una pieza de 2 x 2 cm y otra de 1 x 2 cm de la madera de 3 mm; péguelas para usarlas como escalones. Píntelos como quiera y péguelos abajo de la puerta.

VARIACIONES DE CASAS PARA LA ALDEA

Para dar variedad y colorido a la aldea nevada, puede hacer algunas de las casas de tamaños y formas diferentes. Alterne las fachadas de madera con otras de estuco o de ladrillo. Para los techos, puede usar terminados de madera o de teja de asfalto, en lugar de las tejas de madera.

CÓMO VARIAR EL TAMAÑO Y LA FORMA DE LAS CASAS

Una con cinta adhesiva partes de varios envases para hacer las casas de distintos tamaños y formas. Si quiere agregar una buhardilla, use el patrón de la página 311. Varíe los acabados como se muestra abajo y en la página opuesta.

CÓMO HACER UNA FACHADA DE ESTUCO

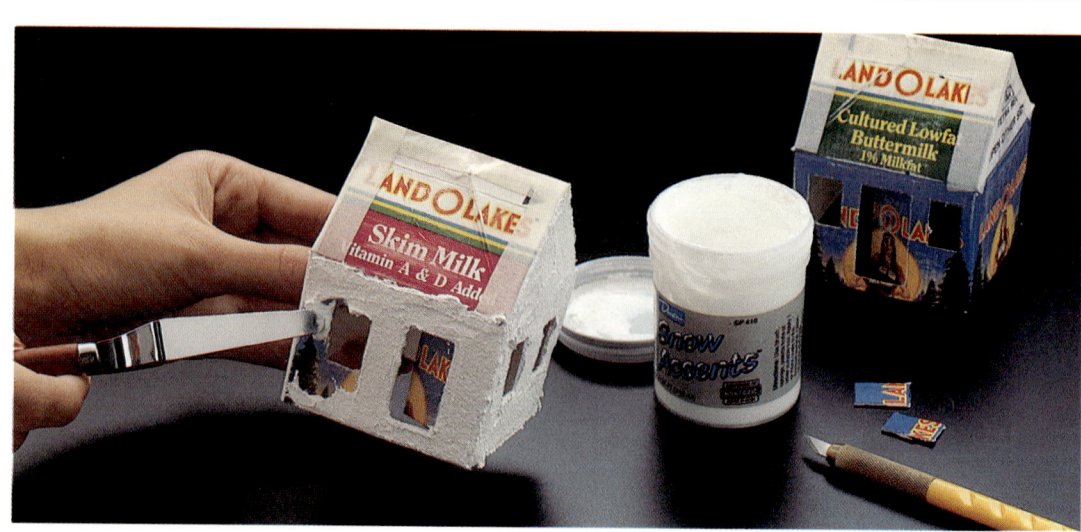

Aplique una o dos capas de nieve artificial a los lados de la casa, una vez que haya recortado las ventanas y las puertas.

CÓMO HACER UNA FACHADA DE LADRILLO

1. Aplane pasta polimérica sobre un papel de aluminio grueso hasta dejarla de 3 mm de espesor. Para alisarla, apoye los extremos del rodillo en dos tiras de madera de 3 mm.

2. Marque las dimensiones de la casita en la pasta. Corte con la cuchilla por las líneas marcadas, sin cortar el papel de aluminio. Quite la pasta que sobre. Señale dónde van las ventanas y las puertas. Marque hileras de 3 mm en la pasta y luego rayas verticales para simular ladrillos.

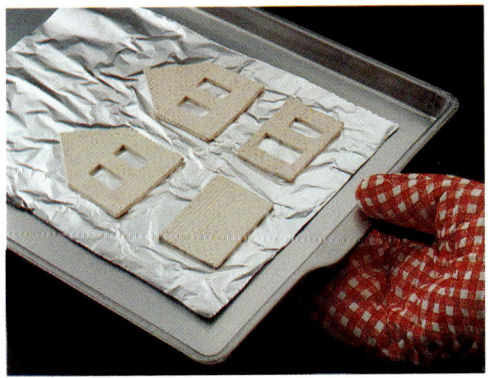

3. Recorte las ventanas y las puertas. Pase la pasta con el papel de aluminio a una bandeja y hornee.

4. Pegue con silicón las piezas de ladrillos en los muros de la casa. Recorte las ventanas y las puertas en el envase de leche. Pegue las molduras de las esquinas. Pinte los ladrillos y las molduras a su gusto.

CÓMO HACER TECHOS DE MADERA Y TEJADOS DE ASFALTO

Techo de madera. Marque el tamaño del techo por el revés de un cartón de 6 mm; agregue 1 cm al ancho y al largo para las salientes y los aleros. Corte las piezas usando la cuchilla y la regla. Corte una moldura de esquina al largo del techo. Pinte el techo y la moldura con pintura diluida. Marque las tejas con la cuchilla. Ponga algo de peso sobre el techo mientras se seca para evitar que se combe. Pegue la moldura en el vértice del techo.

Tejado de asfalto. Corte papel de lija del 60 en tiras de 6 mm; con estas tiras haga tejas de 6 mm x 1 cm. Corte algunas tejas por la mitad, a lo ancho, para usarlas en los extremos. Pegue las tejas como en el paso 4 de la página 102. Doble una tira de 6 mm del papel de lija por la mitad, a lo largo; péguela en el vértice del tejado, sobre la última hilera de tejas.

IGLESIA DE LA ALDEA

La iglesia de ladrillo, con su campanario, pórtico cubierto y vitrales en la ventana, es parte importante de la aldea. La construcción básica es igual a la de las casas de la página 101.

MATERIALES

- Tres envases de leche, de cartón.
- Madera de balsa: pared ranurada para maquetas, de 3 mm para el campanario y de 6 mm para el techo; molduras para las esquinas; moldura plana de 2 x 3 mm para el faldón y el campanario; tira de 5 mm de espesor para los escalones; tira de 2 mm de espesor para las puertas; palitos para columnas.
- 170 g de pasta polimérica para los ladrillos; papel de aluminio; rodillo; bandeja para hornear.
- Pinturas acrílicas; pinceles; mica transparente; cinta adhesiva para gráficas negra de 1 mm; pinturas para vitrales o marcadores de tinta indeleble.
- Dos cuentas pequeñas para picaportes; campana y cuenta para rematar el campanario.
- Cinta adhesiva; papel de lija fino; pegamento blanco; aplicador y barritas de silicón; cuchilla.

CÓMO HACER UNA IGLESIA

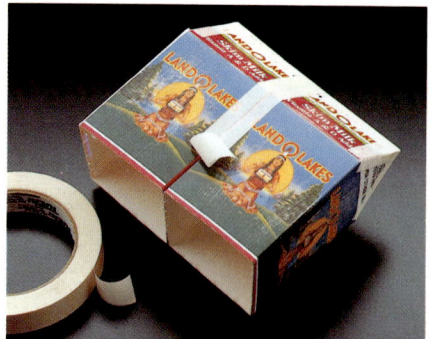

1 Siga los pasos 1 y 2 de la página 101, marcando las líneas a 9 cm del doblez; repita con otro envase. Pegue bien los envases con cinta adhesiva.

2 Del envase restante, corte una pieza de 16 cm 3 mm x 12 cm 5 mm para la torre; coloque un doblez del envase en el centro del rectángulo, a lo largo. Marque dos líneas, cada una a 3 cm de la orilla larga.

3 Doble la torre del campanario y péguela. Corte la pieza del capitel usando el patrón de la página 311; marque con cuchilla las líneas punteadas. Doble el capitel y péguelo.

4 Haga y pegue los ladrillos (pág. 105) a los muros de la iglesia, usando 4 cm de un palito ancho para marcar la forma de las ventanas; con la cuchilla, marque ladrillos alrededor.

5 Haga y pegue las ventanas como en el paso 8 de la página 103, usando la cinta negra. Si desea, decore las ventanas con pintura para vitrales o marcadores de tinta indeleble.

6 Pegue el tejado de madera (pág. 105). Pinte la moldura plana y péguela al frente y atrás de la iglesia, con la orilla a 9 cm de la base de la iglesia; recorte los extremos como el tejado. Corte moldura plana para formar el vértice; píntela y péguela.

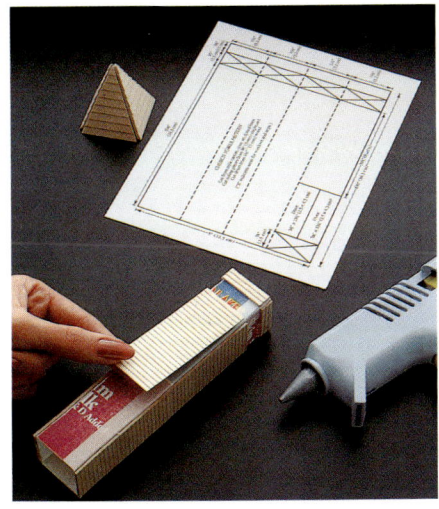

7 Corte la madera ranurada para la torre y el capitel, así como las puertas, con el patrón de las páginas 311 y 312. Péguelas con silicón.

8 Corte moldura para las aristas de la torre y el capitel; péguelas. Recorte las aberturas superiores; corte moldura plana y péguesela arriba y abajo. Corte dos tiras de 9 cm de moldura plana y péguelas atrás de la torre, abajo de las molduras de esquina.

9 Pinte la torre y el capitel. Márquele tejas con la cuchilla, si desea. Cuelgue la campana de un alambre y páselo por la punta del capitel; pegue el alambre y recorte el que sobre. Pegue el capitel a la torre y la cuenta como remate.

10 Pinte y pegue las puertas, con la orilla inferior a 2 cm de la base del campanario. Pegue las cuentas como picaportes. De la madera de 5 mm, corte tres pedazos de madera, de 4 x 4 cm, de 3 x 4 cm y de 3 x 4 cm. Forme con ellos los escalones, píntelos a su gusto y péguelos en su lugar.

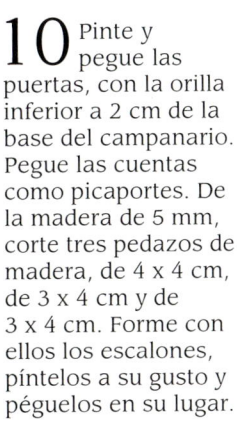

11 Corte dos cuadros de 3 cm de la madera ranurada para el tejado del pórtico; corte el frente usando el patrón de la página 311. Pegue y pinte las piezas. Marque tejas con la cuchilla. Corte dos palitos de 5 cm para las columnas; píntelos. Pegue el techo y las columnas del pórtico; apoye las columnas en el escalón superior. Pegue el campanario enfrente de la iglesia.

CONSEJOS PARA EL PAISAJE DEL PUEBLITO

Base para el paisaje. Corte un tablero de poliestireno al tamaño deseado. Envuélvalo con relleno para acolchar y pegue éste por abajo con cinta adhesiva.

Estanque para patinar. Recorte el relleno según la forma que quiera dar al estanque. Pegue en el hueco papel de aluminio o un espejo, para simular el hielo. Con una pluma de tinta blanca, trace rayas que parezcan huellas de patines, si desea.

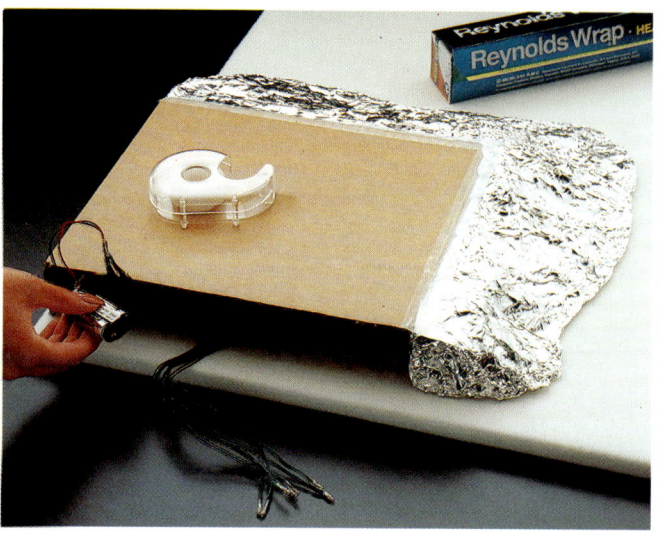

1 Colina. Forme una loma con una caja y papel de aluminio arrugado. En la caja puede meter las pilas para los foquitos.

2 Cubra la colina con relleno para acolchar. Añada piedritas reales o hechas de pasta (página opuesta), musgo y árboles, como desee. Péguelos con silicón.

1 Iluminación. Utilice foquitos que funcionen con pilas; esconda éstas en la colina (vea arriba). Tire de los cables hasta las casas y corte el relleno para sacarlos.

2 Una varios foquitos con cinta y péguelos al techo por adentro de las casas.

Setos y arbustos. Use trozos de festón artificial para los setos. Haga los arbustos enrollando un trozo de festón en el dedo o, con unos alicates, corte la punta de unos pinos miniatura.

Caminos empedrados. Aplane pasta polimérica hasta que tenga 3 mm de espesor. Corte con la cuchilla los bloques de piedra. Con un palillo, señale las divisiones del empedrado. Hornee la pasta, según las instrucciones del fabricante; píntela. Acomode los bloques sobre el relleno para formar los caminos.

Nieve y carámbanos. Rocíe con nieve artificial todo el tablero, cuidando de ocultar los cables de la iluminación y dando los toques finales a techos, setos y demás objetos que haya colocado para decorar. Compre carámbanos especiales para decorados miniatura y péguelos en los aleros de las construcciones.

Envoltura de regalos

CAJAS DE REGALOS

Para que sus regalos dejen un recuerdo imborrable, empiece con una envoltura espectacular. Las cajas en sí mismas serán preciadas para guardar objetos como cartas, o pueden usarse otra vez para envolver los regalos del siguiente año.

Las cajas redondas se pueden convertir en tambores antiguos que esconden un regalo. O use las cestas con tapa para envolver sus obsequios, decorándolas en forma especial; así dará un regalo adicional.

Las cajas hechas con *découpage* (arte de decorar superficies con recortes) tienen el atractivo de antaño. Las cajas se conservarán durante años si aplica base para *découpage* al papel para envolver. Use cajas rígidas, no de las que se doblan, y papel de envoltura grueso. Los papeles delgados pueden reforzarse aplicándoles sellador acrílico transparente en aerosol. Para las cajas poco profundas, quizá sea suficiente forrar sólo la tapa. Si las cajas son más hondas, con tapas angostas, forre ambas.

Los abanicos de encaje de papel sirven para decorar las cajas hechas con *découpage*. Para que se puedan guardar las cajas de regalo que llevan estos abanicos, hágalos desprendibles poniéndoles cinta Velcro®.

CÓMO HACER UNA CAJA DE REGALO EN FORMA DE TAMBOR

MATERIALES

- Caja redonda de madera; la tapa de otra caja (opcional).
- Pinturas acrílicas; pátina de aceite; pinceles.
- Cordones y trencillas para simular los detalles del tambor.
- Pegamento blanco.
- Dos cuentas de madera grandes y dos palitos que se puedan insertar en ellas, como baquetas.

1 Pegue la tapa adicional en la base de la caja. Pegue una cuenta en la punta de cada palito para formar las baquetas; deje secar. Píntelas, al igual que la caja. Cuando estén secas, aplique la pátina siguiendo las instrucciones del fabricante.

2 Pegue el cordón a los lados de la caja para simular los detalles del tambor. Pegue las baquetas en su lugar, sobre la tapa. Pegue la trencilla en el borde inferior de la caja y en el superior de la tapa; cubra las puntas del cordón con un adorno.

CÓMO HACER UNA CAJA DE REGALO CON UNA CESTA

MATERIALES

- Cesta de mimbre con tapa.
- Pintura acrílica y pátina de aceite, si desea; pinceles.
- Aplicador y barritas de silicón.
- Adornos varios, como miniaturas y adornos naturales.

1 Pinte la cesta y aplíquele la pátina, si desea.

2 Decore la tapa a su gusto; pegue los adornos con silicón.

CÓMO HACER UNA CAJA DE REGALO CON *DÉCOUPAGE*

MATERIALES

- Cajas de regalo.
- Papel para envolver.
- Base para *découpage;* pincel o esponja.
- Pintura acrílica metálica o nacarada (opcional); sellador.
- Adornos varios: objetos naturales, recortes decorativos, listones, trencillas, tapetitos, pegamento con purpurina (diamantina) y pegamento blanco.

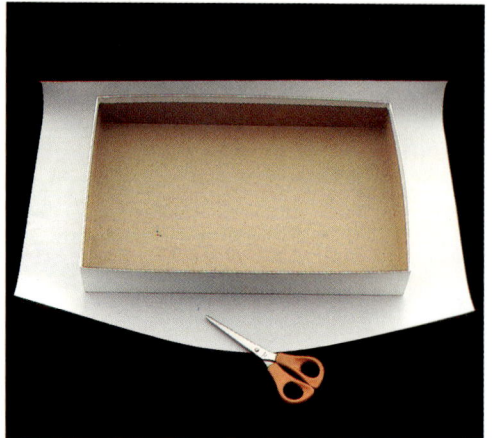

1 Corte el papel para envolver de modo que sobresalga de 3 a 5 cm de la caja.

2 Extienda la base para *découpage* sobre el reverso del papel para envolver. Deje secar por 1 min para evitar que se formen burbujas al envolverlo.

3 Centre la caja sobre el reverso del papel para envolver. Déle vuelta y alise el papel con la yema de los dedos para eliminar cualquier burbuja.

4 Dé vuelta a la caja otra vez y alise el papel en los dos lados largos. Corte el papel de la orilla a la esquina de la caja; dóblelo hacia adentro. Recorte el papel restante de los lados al ras de la caja.

5 Corte el papel de los extremos hacia la esquina; doble las lengüetas, quitando el exceso, si desea. Péguelas a los lados cortos de la caja.

6 Alise el papel en los lados cortos de la caja y en el interior. Deje secar completamente la caja.

7 Pegue el adorno que prefiera a la caja, usando la base para *découpage*; deje secar.

8 Enfatice el recorte con pegamento con purpurina o con pintura metálica o nacarada, si desea; aplique la pintura con pincel y pinceladas circulares, o con toques de una esponja natural humedecida en pintura.

9 Aplique una capa ligera de la base sobre toda la superficie de la caja; deje secar. Puede aplicar más capas, si desea. Para eliminar las huellas del pincel, lije suavemente entre capa y capa con papel de lija fino.

10 Asegure los adornos más pesados, como los naturales, con pegamento blanco y después aplique sellador acrílico.

CÓMO HACER UNA CAJA DE REGALO CON ABANICOS DE PAPEL

MATERIALES

- Cajas de regalo.
- Papel para envolver.
- Base para *découpage*; pincel o esponja aplicadora.
- Círculos de Velcro®.
- Materiales para los abanicos, enlistados en la página 19.
- Listón para moño, si desea.

1 Haga una caja con *découpage* (pág. opuesta y paso 9, arriba). Haga unos abanicos de papel (pág. 19).

2 Pegue con cinta Velcro® los abanicos y el moño a la caja.

TARJETAS ANTIGUAS

Los tapetitos de encaje de papel, ya sean redondos o cuadrados, pueden doblarse y decorarse para crear tarjetas extraordinarias, etiquetas para regalo y adornos para sus cajas. Para que tengan un aspecto antiguo, pégueles calcomanías y recortes de antaño; se consiguen en papelerías y tiendas de regalos. O fabrique las suyas, fuera de lo común, con recortes de tarjetas de Navidad o papeles para envolver. Los tapetitos de papel y los medallones dorados los encuentra sin dificultad en papelerías y tiendas de artículos de decoración para pasteles.

MATERIALES

- Tapetitos de papel redondos, de 20, 25 o 30 cm.
- Tapetitos de papel cuadrados, de 20 o 25 cm, que tengan un cuadro liso en medio.
- Recortes o calcomanías.
- Aplicador y barritas de silicón o pegamento blanco.
- Adornos varios: listones, plumas, decoraciones doradas, papel metálico de colores y pegamento con purpurina (diamantina).

CUATRO MANERAS DE DOBLAR LAS TARJETAS ESTILO ANTIGUO

Doble el tapetito redondo por la mitad con el revés hacia adentro, y luego ambos lados hacia el centro.

Doble el tapetito redondo por la mitad, con el revés hacia adentro, y luego en tres. Doble los tercios exteriores por la mitad hacia afuera para que las orillas dobladas queden en el centro.

Doble dos esquinas opuestas del tapetito cuadrado hacia el centro. Si desea, doble las puntas hacia atrás.

Doble las cuatro esquinas hacia el centro, como si fuera un sobre.

CONSEJOS PARA ADORNAR LAS TARJETAS ANTIGUAS

Pegue dos tiras de 15 a 20 cm de listón de seda al tapetito, como se muestra. Pegue un recorte, previamente cortado por la mitad, en el tapetito, ocultando el extremo pegado de cada listón.

Refuerce el papel para envolver rociándole cuatro o cinco capas de sellador acrílico por ambos lados. Recorte el motivo deseado y péguelo al tapetito.

Corte papel metálico de color y péguelo en el centro del tapetito cuadrado para dar un fondo decorativo al recorte.

Adorne las tarjetas con hojitas y medallones dorados, o pégueles sellos pequeños y calcomanías.

Haga tarjetas en tercera dimensión montando los recortes en tiras de papel grueso, dobladas en tres o cuatro, en forma de Z o de M.

Resalte los diseños con purpurina (diamantina).

Rotule la tarjeta en una pequeña "bandera" de papel o de listón. O agregue una etiqueta para regalo a los adornos.

Pegue medallones o trozos de tapetito bajo los recortes, para darles un marco interesante. También puede decorarlos con plumas.

MÁS IDEAS PARA ENVOLVER REGALOS

Las tarjetas en relieve se hacen con un sello y tinta y polvo para relieve. Recorte la parte superior del diseño con una cuchilla, si desea, antes de doblar las tarjetitas para regalo.

Las bolsas para regalo pueden personalizarse con aplicaciones recortadas de telas y pegadas con adhesivo en aerosol. También puede decorar sus bolsas con un diseño a base de perforaciones.

Los adornos que se ponen en lugar de moños resultan un obsequio adicional. Este paquete luce un ramillete de encaje (pág. 21).

Los sacos de Santa Claus (pág. 92) son una envoltura creativa si va a regalar dulces o plantas.

Utilice sellos para crear su propio papel para envolver. Use marcadores indelebles para agregar detalles a los diseños de los sellos.

Los portaservilletas (pág. 58) sirven para decorar el cuello de una botella o el asa de una cesta.

Las borlas y los medallones dan un toque de elegancia a sus moños.

Una corona artificial, en la orilla de esta canasta, le da un toque festivo.

Ideas navideñas a granel

GALLETAS Y ADORNOS CON CARAMELOS

¿No tiene tiempo para hornear galletas? Las galletas de paquete o de pastelería le ofrecen un buen adelanto. Báñelas con caramelo derretido, y sea creativo añadiendo azúcar coloreada, nueces picadas o grageas multicolores. Para una tarde de entretenimiento familiar, haga que participen también los niños. Prepare golosinas fáciles y festivas con nueces, caramelos, chocolate derretido en el horno de microondas y glaseado.

A. Galletas rápidas para fiesta .... pág. 127
B. Galletas navideñas con nueces .... pág. 127
C. Pestiños de chocolate .... pág. 127
D. Coronas de mantequilla .... pág. 126
E. Regalitos de sabor .... pág. 128
F. Cucuruchos rellenos .... pág. 129
G. Muñequitos de jengibre .... pág. 129
H. Galletas con adornos de fruta .... pág. 128
I. Chocolates con cerezas .... pág. 132
J. Chocolates con pasitas y nueces .... pág. 132
K. Chocolate con almendras .... pág. 133
L. Chocolates con caramelo y arroz inflado .... pág. 132

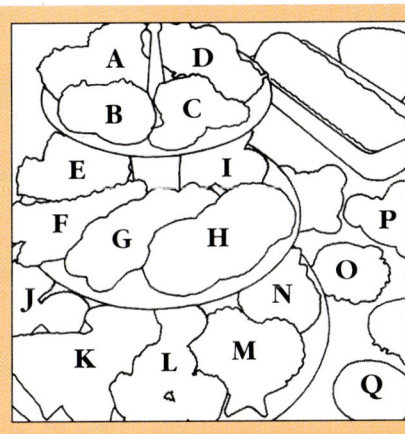

M. Figuras navideñas de chocolate .... pág. 134
N. Muñequitos de nieve .... pág. 130
O. Galletas de Santa Claus .... pág. 131
P. Galletas de osito .... pág. 130
Q. Galletas de duendecillo .... pág. 131

CÓMO HACER UN GLASEADO

Glaseado de vainilla. En un tazón, revuelva 200 g de azúcar glass cernida, 7 cucharadas de agua y 1/2 cucharadita de extracto de vainilla hasta obtener una pasta suave. Puede sustituir el agua con zumo de limón o de naranja. Si no está suficientemente firme, agregue más azúcar, y si está muy espeso, añada agua. Rinde 1 taza.

Glaseado de chocolate. En una cacerola, ponga a hervir 1 taza de azúcar glass cernida en 1/2 taza de agua. Deje enfriar. Derrita 175 g de chocolate para repostería y viértalo en la mezcla anterior. Cocine a baño María, a fuego bajo, revolviendo durante 5 min. Retire del fuego y añada 1/2 cucharadita de aceite vegetal. Deje enfriar, removiendo suavemente.

CORONAS DE MANTEQUILLA

- 60 g de glaseado de vainilla o de chocolate
- 12 galletas de mantequilla de 5 cm con agujero en el centro
- Azúcar coloreada, verde o roja
- Caramelos de canela, rojos
- 12 piezas de regaliz (orozuz), en tiras de 10 cm

1 docena de galletas

Besos navideños: *Siga la receta de las coronas de mantequilla, pero omita los caramelos de canela y el regaliz. Coloque un chocolatito en el centro de cada galleta.*

1 Cubra una bandeja para hornear con papel encerado. Prepare el glaseado como se indica en la página 125 y caliéntelo a baño María.

2 Sumerja la parte superior de las galletas en el glaseado. Coloque las galletas, con el glaseado hacia arriba, en la bandeja preparada.

3 Decore cada galleta con azúcar coloreada y caramelos de canela. Forme moños con el regaliz y péguelos con el glaseado en cada galleta. Deje reposar, o refrigere, hasta que se endurezca el glaseado. Guarde en un lugar fresco y seco.

GALLETAS RÁPIDAS PARA FIESTA

- 125 g de glaseado de vainilla o de chocolate
- 12 galletas de 6 cm de diámetro
- Grageas de colores

1 docena de galletas

1. Cubra una bandeja para hornear con papel encerado. Prepare el glaseado como se indica en la página 125 y caliéntelo a baño María.

2. Sumerja la mitad de cada galleta en el glaseado. Colóquelas en la bandeja preparada. Espolvoree con grageas la mitad glaseada de cada galleta. Deje reposar, o refrigere, hasta que se endurezca. Guarde en un lugar fresco y seco.

GALLETAS NAVIDEÑAS CON NUECES

- 60 g de glaseado de vainilla o de chocolate
- 12 galletas de vainilla de 4 cm de diámetro
- 1/3 taza de nueces o de cacahuates, picados

1 docena de galletas

1. Cubra una bandeja para hornear con papel encerado. Prepare el glaseado como se indica en la página 125 y caliéntelo a baño María.

2. Sumerja la mitad de cada galleta en el glaseado. Coloque las galletas en la bandeja preparada. Espolvoree con las nueces picadas la parte glaseada de las galletas. Deje reposar, o refrigere, hasta que se endurezca el glaseado. Guarde en un lugar fresco y seco.

PESTIÑOS DE CHOCOLATE

- 60 g de glaseado de chocolate
- 36 pestiños (pretzels) pequeños
- Grageas de colores
- 60 g de glaseado de vainilla

3 docenas de pestiños

1. Cubra una bandeja para hornear con papel encerado. Prepare el glaseado de chocolate como se indica en la página 125 y caliéntelo a baño María. Sumerja en el glaseado la mitad de cada pestiño. Coloque los pestiños en la bandeja preparada. Espolvoree con grageas la parte glaseada de cada pestiño. Deje reposar, o refrigere, hasta que se endurezca el glaseado.

2. Repita con el glaseado de vainilla, sumergiendo la mitad de pestiño que no tenga decoración. Omita las grageas de colores. Guarde en un lugar fresco y seco.

REGALITOS DE SABOR

- 125 g de glaseado de vainilla
- 1 paquete de 284 g de galletas rellenas de crema
- Colorante vegetal
- 24 bolas (chochitos) de plata

2 docenas de galletas

1. Cubra una bandeja para hornear con papel encerado. Prepare el glaseado como se indica en la página 125 y caliéntelo a baño María. Con una cuchara, ponga un poco de glaseado sobre 24 galletas. Cubra cada galleta con otra. Presione para que se peguen como sándwich. Coloque las galletas en la bandeja preparada.

2. Pinte el resto del glaseado con el colorante vegetal. Con una cuchara, coloque el glaseado en una bolsa sellable de 1 litro para congelar. Comprima el glaseado hacia una esquina de la bolsa y selle. Con unas tijeras, haga un cortecito en la esquina de la bolsa. Oprima la bolsa para que salga un hilo de glaseado y "dibuje" una cinta y un moño en cada galleta. Coloque una bola de plata en el centro de cada moño. Deje reposar, o refrigere, hasta que se endurezca. Guarde en un lugar fresco y seco.

GALLETAS CON ADORNOS DE FRUTA

- 12 galletas de azúcar de 6 cm de diámetro
- 4 laminillas de fruta con azúcar ("cueritos") (de 15 g cada una)

1 docena de galletas

1. Acomode 6 galletas de azúcar en un plato de servir. Desenrolle 2 laminillas de fruta. Corte figuras navideñas con un cortador de galletas o con tijeras. Coloque un recorte en cada galleta.

2. Meta las galletas en el horno de microondas en Alta, de 30 seg a 1 min, o hasta que se calienten, girando una vez el plato. (Tenga cuidado de que no se quemen.) Dé unas palmaditas suaves a los adornos para que se adhieran a la superficie de las galletas calientes. Repita con las galletas y laminillas de fruta restantes. Enfríe completamente. Guarde en un lugar fresco y seco.

CUCURUCHOS RELLENOS ➡

- 1 taza de salsa (betún) para pasteles, lista para usarse
- 1 paquete de 156 g de cucuruchos (barquillos)
- 60 g de glaseado de vainilla o de chocolate
- Azúcar coloreada, verde o roja (opcional)
- Grageas de colores (opcional)

2 docenas de galletas

1. Cubra una bandeja para hornear con papel encerado. Coloque la salsa en una bolsa sellable de 1 litro para congelar. Comprímala hacia una esquina y selle. Haga un cortecito en la esquina. Rellene los cucuruchos con la salsa, por ambos extremos, y colóquelos en la bandeja.

2. Prepare el glaseado como se indica en la página 125 y caliéntelo a baño María. Pase el glaseado a otra bolsa sellable de 1 litro para congelar. Comprímalo hacia una esquina y selle. Haga un cortecito en la esquina. Aplique el glaseado sobre los cucuruchos, en zigzag o haciendo otras figuras decorativas. Espolvoree la azúcar coloreada y las grageas. Deje reposar, o refrigere, hasta que se endurezca el glaseado. Guarde en un lugar fresco y seco.

MUÑEQUITOS DE JENGIBRE

- 125 g de salsa (betún) para pasteles, lista para usarse
- Colorante vegetal, rojo o verde (opcional)
- 20 galletas de jengibre en forma de muñeco
- 10 tiras de regaliz (orozuz), de 10 cm
- Caramelos de canela, rojos

10 galletas

1. Cubra una bandeja para hornear con papel encerado. Mezcle la salsa con el colorante vegetal.

2. Con una cuchara, coloque una pequeña cantidad de salsa en la parte posterior de 10 galletas. Coloque las galletas, con el lado cubierto hacia arriba, en la bandeja preparada. Doble las tiras de regaliz por la mitad para formar lazos. Coloque 1 lazo en el extremo superior de cada galleta, con las puntas cortadas sobre la salsa de la galleta.

3. Junte dos galletas, con el lado derecho hacia arriba, y oprima suavemente para que se peguen como sándwich. Decore un lado, usando la salsa restante para adherir los caramelos de canela como ojos, nariz y botones. Deje reposar, o refrigere, hasta que se endurezca la salsa. Guarde en un lugar fresco y seco.

GALLETAS DE OSITO

- 125 g de salsa (betún) para pasteles, lista para usarse
- 12 galletas redondas, de almendra o de coco
- Coco rallado
- 12 caramelos de canela, rojos
- 12 caramelos *marshmallow* (malvaviscos) miniatura, aplanados, y 6 grandes, cortados en cuartos
- 24 chispas de chocolate en miniatura
- Azúcar coloreada, roja
- 12 gominolas (gomitas) grandes, cortadas por la mitad a lo largo
- 12 chocolatitos confitados

1 docena de galletas

1. Cubra una bandeja para hornear con papel encerado. Unte con la salsa la parte superior de las galletas. Coloque las galletas, con el lado cubierto hacia arriba, en la bandeja.

2. Espolvoree el coco en las galletas. Para formar la nariz, pegue con la salsa un caramelo de canela en el centro de cada caramelo *marshmallow* aplanado, y pegue éste en cada galleta. Pegue las chispas de chocolate como ojos. Adhiera un cuarto de caramelo *marshmallow* a cada lado de la galleta, para las orejas. Extienda un poco de salsa en cada oreja y espolvoree la azúcar coloreada.

3. Con salsa, una dos mitades de gominolas y forme la corbata de moño; coloque un chocolate confitado en el centro de cada moño. Deje reposar, o refrigere, hasta que se endurezca la salsa. Guarde en un lugar fresco y seco.

MUÑEQUITOS DE NIEVE

- 125 g de salsa (betún) para pasteles, blanca, lista para usarse
- 12 galletas redondas, de almendra o de coco, de 5 cm de diámetro
- Coco rallado
- 12 caramelos de canela, rojos
- 12 pasitas, cortadas por la mitad
- 12 tiras de regaliz (orozuz) rojo, de 2 cm de largo
- 12 tiras de regaliz (orozuz) negro, de 1 cm de largo
- 1/4 taza de azúcar
- 1 rollo grande de regaliz (orozuz) negro

1 docena de galletas

1. Cubra una bandeja para hornear con papel encerado. Unte con la salsa la parte superior de cada galleta. Coloque las galletas, con el lado cubierto hacia arriba, en la bandeja preparada.

2. Espolvoree el coco en cada galleta. Utilice la salsa restante para adherir un caramelo de canela como nariz, las mitades de pasitas como ojos y el regaliz rojo como boca. Use el regaliz negro para hacer la boquilla de la pipa.

3. Para el sombrero y la cazoleta de la pipa, espolvoree 1 cucharadita de azúcar en un pedazo de papel encerado. Desenrolle el regaliz negro y colóquelo sobre el papel encerado. Córtelo en forma de sombrero y de cazoleta de pipa. Péguelos con salsa en cada galleta. Repita para los muñequitos de nieve restantes. Deje reposar, o refrigere, hasta que se endurezca la salsa. Guarde en un lugar fresco y seco.

GALLETAS DE SANTA CLAUS →

- 125 g de salsa (betún) para pasteles, blanca, lista para usarse
- 12 galletas de azúcar de 6 cm
- Azúcar coloreada, roja o verde
- Coco rallado
- 6 gominolas (gomitas)
- 36 caramelos de canela, rojos

1 docena de galletas

1 Cubra una bandeja para hornear con papel encerado. Unte con la salsa la parte superior de cada galleta. Coloque las galletas, con la salsa hacia arriba, en la bandeja.

2 Decore cada Santa Claus con azúcar coloreada, roja o verde, para hacer el sombrero, y con coco para la barba. Use la mitad de una gominola para la borla del sombrero, y los caramelos de canela para los ojos y la nariz. Deje reposar, o refrigere, hasta que se endurezca la salsa. Guarde en un lugar fresco y seco.

GALLETAS DE DUENDECILLO ↑

- 125 g de salsa (betún) para pasteles, blanca, lista para usarse
- 12 galletas de azúcar de 6 cm
- Azúcar coloreada, roja o verde

- 12 caramelos *marshmallow* (malvaviscos) miniatura
- 24 chispas de chocolate
- 12 caramelos de canela, rojos

- 12 gominolas (gomitas) rojas, cortadas por la mitad
- 12 tiras de regaliz (orozuz) rojo

1 docena de galletas

1 Cubra una bandeja para hornear con papel encerado. Sumerja la mitad de cada galleta en la salsa, para formar el sombrero.

2 Coloque las galletas en la bandeja preparada. Espolvoree el sombrero con azúcar coloreada. Con el resto de la salsa adhiera un caramelo *marshmallow* para la borla del sombrero y las chispas de chocolate para los ojos.

3 Pegue un caramelo de canela como nariz, las gominolas en mitades como mejillas y una tira de regaliz como boca. Deje reposar, o refrigere, hasta que se endurezca la salsa. Guarde en un lugar fresco y seco.

← CHOCOLATES CON CEREZAS

- 1 taza de chispas de chocolate o 1 tablilla de 170 g de chocolate blanco para repostería, partida
- 20 moldes de papel pequeños
- 20 cerezas, rojas o verdes

20 chocolates

1 Coloque los moldes en una bandeja para hornear. Coloque las chispas en un tazón pequeño. Métalo en el horno de microondas en Media, de 4 a 5 min, o hasta que el chocolate esté brillante y se pueda revolver con facilidad.

2 Con una cuchara, reparta el chocolate en los moldes, llenándolos hasta tres cuartas partes. Coloque una cereza en el centro de cada molde. Deje reposar, o refrigere, hasta que se endurezca el chocolate. Tape y guarde en el refrigerador.

← CHOCOLATES CON CARAMELO Y ARROZ INFLADO

- 20 moldes de papel pequeños
- 10 caramelos, partidos en cuartos
- 1 taza de chispas de chocolate o 1 tablilla de 170 g de chocolate blanco para repostería, partida
- 1/4 de taza de arroz inflado

20 chocolates

1 Coloque los moldes de papel en una bandeja para hornear. Ponga dos caramelos en cada molde. Coloque las chispas de chocolate en un tazón pequeño. Métalo en el horno de microoondas en Media, de 4 a 5 min, o hasta que el chocolate esté brillante y se pueda revolver con facilidad.

2 Con una cuchara, reparta uniformemente el chocolate sobre los caramelos; llene los moldes. Espolvoree el arroz. Deje reposar, o refrigere, hasta que se endurezca el chocolate. Tape y guarde en el refrigerador.

← CHOCOLATES CON PASITAS Y NUECES

- 20 moldes de papel pequeños
- 1/3 taza de pasitas
- 20 nueces, en mitades a lo largo
- 1 taza de chispas de chocolate o 1 tablilla de 170 g de chocolate blanco para repostería, partida

20 chocolates

1 Coloque los moldes de papel en una bandeja para hornear. En cada molde, ponga 6 pasitas y una mitad de nuez. Coloque las chispas de chocolate en un tazón pequeño. Métalo en el horno de microondas en Media, de 4 a 5 min, o hasta que el chocolate esté brillante y se pueda revolver con facilidad; revuelva una o dos veces.

2 Con una cuchara, reparta uniformemente el chocolate sobre las pasitas y las mitades de nuez; llene los moldes. Coloque una mitad de nuez sobre cada chocolatito. Deje reposar, o refrigere, hasta que se endurezca el chocolate. Tape y guarde en el refrigerador.

Chocolates con cacahuates: *Siga la receta anterior, pero sustituya las pasitas y la mitad de nuez por 4 cacahuates tostados en cada molde. Decore cada chocolate con 4 mitades de cacahuate.*

Chocolates con avellanas: *Siga la receta anterior, pero sustituya las pasitas y la mitad de nuez por 3 avellanas en cada molde. Decore cada chocolate con una avellana entera.*

CHOCOLATE CON ALMENDRAS

- 625 g de chocolate blanco para repostería, en trozos
- 250 g de almendras confitadas
- 125 g de almendras sin piel

1 kg

Chocolate con nueces: Siga la receta del chocolate con almendras, pero en vez de éstas, utilice 2 tazas de nueces picadas.

1 Cubra una bandeja para hornear con papel de aluminio. En un recipiente, meta el chocolate en el microondas en Media, hasta que se pueda revolver fácilmente. Agregue las almendras y revuelva.

2 Extienda el chocolate sobre la bandeja, hasta que quede de 5 mm a 1 cm de grosor. Deje reposar, o refrigere, hasta que se endurezca. Rompa en trozos. Guarde en un lugar fresco y seco.

FIGURAS NAVIDEÑAS DE CHOCOLATE ➠

- 3 tablillas de 114 g cada una de chocolate dulce, en trozos
- 2 tablillas de 170 g cada una de chocolate blanco para repostería, en trozos
- Azúcar coloreada

750 g

Figuras de chocolate con menta: *Siga la receta, pero sustituya el chocolate dulce por 340 g de chispas de chocolate semiamargo con menta.*

Figuras crujientes: *Siga la receta, pero espolvoree uniformemente arroz inflado sobre el rectángulo de chocolate dulce y omita la azúcar.*

Figuras de chocolate con nueces: *Siga la receta, pero espolvoree uniformemente una taza de nueces picadas sobre el chocolate dulce derretido y omita la azúcar coloreada.*

1 Con un lápiz, trace un rectángulo de 35 x 23 cm en papel encerado. Coloque el papel encerado en una bandeja de 40 x 25 cm.

2 Coloque los trozos de chocolate en un recipiente de 2 litros. Métalo en el horno de microondas en Media, de 3 a 5 min, o hasta que el chocolate esté brillante y se revuelva con facilidad; revuelva dos veces.

3 Extienda el chocolate uniformemente hasta cubrir el rectángulo de 35 x 23 cm en la bandeja preparada. Meta en el congelador durante 5 min o hasta que se endurezca.

4 Coloque los trozos de chocolate blanco en un recipiente. Métalo en el horno de microondas en Media, de 3 a 5 min, o hasta que el chocolate esté brillante y se pueda revolver con facilidad; revuelva dos veces. Enfríe ligeramente. Extienda sobre el otro chocolate.

5 Espolvoree en la capa de chocolate blanco la azúcar coloreada. Coloque en el congelador 5 min o hasta que se endurezca. Saque del congelador. Deje reposar 10 min o hasta que se descongele ligeramente.

6 Haga las figuras deseadas con cortadores de galletas, de metal, o con un cuchillo filoso. Colóquelas en un plato de servir, sin encimarlas. Tape con envoltura autoadherible transparente. Enfríe hasta que se endurezcan.

PLACAS DE NOMBRE O ETIQUETAS PARA REGALOS

- Figuras navideñas de chocolate (pág. opuesta)
- 60 g de glaseado de vainilla o de chocolate

42 plaquitas o etiquetas

1. Prepare las figuras navideñas de chocolate. Con un cuchillo filoso corte rectángulos de 8 x 3 cm, o haga figuras con cortadores de galleta, de metal. Para las etiquetas, haga un agujero en un extremo. Prepare el glaseado (pág. 125). Páselo a una bolsa sellable de 1 litro para congelar. Comprima el glaseado hacia una esquina y cierre la bolsa. Corte una esquina.

2. Oprima la bolsa y, con el glaseado, escriba los nombres de los invitados sobre la parte espolvoreada con azúcar. Deje reposar, o refrigere, hasta que se endurezca el glaseado. Envuelva cada plaquita o etiqueta con plástico transparente. Utilice las placas de nombre en la mesa durante la cena de Navidad. Ate las etiquetas con una cinta y péguelas en los regalos.

ADORNOS CON REPOSTERÍA

Durante siglos, la decoración con repostería ha simbolizado el espíritu de generosidad de las celebraciones navideñas. El horno de microondas lo ayuda a continuar con esta tradición en un estilo contemporáneo. Cree decoraciones comestibles para engalanar su casa o darlas como regalos.

CESTA DE ENCAJE, DE CHOCOLATE

- 60 g de glaseado de chocolate
- 120 g de glaseado de vainilla

1 cesta

1 Invierta un plato pequeño no muy hondo (alrededor de 12 cm). Cubra con papel de aluminio. Extiéndalo bien para eliminar arrugas. Coloque el plato en el congelador durante 30 min por lo menos o toda la noche.

2 Prepare el glaseado de chocolate (pág. 125) y caliéntelo a baño María hasta que se pueda revolver. Con una cuchara, páselo a una bolsa sellable de 1 litro para congelar. Comprima el glaseado hacia una esquina de la bolsa y selle.

3 Con unas tijeras, haga un cortecito en la esquina de la bolsa. Saque el plato del congelador. Adorne el plato con el glaseado formando un encaje. Meta el plato en el congelador por 10 min.

4 Prepare el glaseado de vainilla y caliéntelo a baño María hasta que se pueda revolver. Con una cuchara, páselo a una bolsa sellable de 1 litro para congelar. Comprima el glaseado hacia una esquina de la bolsa y selle.

5 Con unas tijeras, haga un cortecito en la esquina de la bolsa. Aplique el glaseado blanco sobre la primera capa, formando otro encaje. Congele durante 10 min. Repita con los 60 g restantes del glaseado blanco.

6 Saque el plato y retire cuidadosamente el papel de aluminio. Llene la cesta con bombones, dulces o galletas. Las cestas son frágiles, así que manéjelas con cuidado. Guarde en un lugar fresco y seco, lejos del calor directo.

COFRE DEL TESORO, DE CHOCOLATE

- 500 g de chocolate blanco para repostería, en trozos
- 125 g de chocolate dulce, en trozos
- 125 g de glaseado de vainilla (pág. 125)
- Azúcar coloreada (opcional)

1 cofre

1 Forre una bandeja de 40 x 25 cm con papel encerado. En un tazón de 2 litros, meta el chocolate blanco en el horno de microondas en Media, de 3 a 5 min, o hasta que se pueda revolver; revuelva una o dos veces.

2 Extienda el chocolate uniformemente sobre la bandeja hasta 1 cm de la orilla. Meta en el congelador durante 10 min o hasta que se endurezca. Deje reposar a temperatura ambiente antes de cortarlo.

3 Con un cuchillo de 20 cm, corte 6 rectángulos: dos de 12 x 15 cm (fondo y tapa), dos de 12 x 5 cm (lados cortos), dos de 15 x 5 cm (lados largos).

4 Prepare el glaseado y páselo a una bolsa. Corte la esquina de la bolsa. Coloque un rectángulo de 12 x 15 cm sobre papel encerado. Aplique chocolate derretido en los bordes. Coloque los lados del cofre en posición vertical sobre los bordes del fondo, aplicando más chocolate derretido para fijar las esquinas. Meta en el congelador durante 10 min para que se endurezca la unión.

5 Coloque el chocolate dulce en un recipiente. Meta en el horno de microondas en Media, por 4 min o hasta que se pueda revolver con facilidad. Páselo a otra bolsa. Haga un cortecito en la esquina. Aplique el chocolate en los lados, como se muestra. Antes de que se endurezcan, espolvoree los bordes con azúcar coloreada.

6 Haga la tapa aplicando chocolate alrededor del rectángulo restante. Escriba mensajes navideños o haga dibujos en la cubierta. Deje reposar, o refrigere, hasta que se endurezca. Llene el cofre con dulces. Coloque la tapa. Los cofres son frágiles, así que manéjelos con cuidado. Guarde en un lugar fresco y seco, lejos del calor directo.

ÁRBOLES DECORADOS !

1. Cubra una bandeja para hornear con papel encerado. Prepare el glaseado de vainilla o de chocolate (pág. 125) y caliéntelo a baño María hasta que se revuelva con facilidad.

2. Coloque 8 cucuruchos (barquillos) boca abajo en la bandeja preparada. Cubra el exterior de los cucuruchos con el glaseado. Decore como se indica a la derecha. Deje reposar, o refrigere, hasta que se endurezca el glaseado.

Árbol con palomitas y caramelos: *Adhiera palomitas de maíz y caramelos rojos oprimiéndolos ligeramente sobre el glaseado antes de que se endurezca. Coloque en la punta una palomita de maíz.*

Árbol con gominolas: *Adhiera mitades de gominolas (gomitas) al azar. Coloque en la punta una gominola aplanada y cortada en forma de estrella.*

Árbol con bolas de plata: *Esparza bolas (chochitos) de plata sobre el cono. En la punta, coloque un lazo hecho con una tira de regaliz (orozuz) o una gominola en forma de estrella.*

Árbol con nieve: *Cubra los cucuruchos con el glaseado como se indica a la izquierda. Deje reposar, o refrigere, hasta que se endurezca. Prepare 125 g de glaseado de un color contrastante y caliente a baño María hasta que se revuelva con facilidad. Vierta el glaseado contrastante sobre cada árbol. Espolvoree azúcar coloreada, roja o verde.*

CORONAS ESCARCHADAS

- 375 g de glaseado de vainilla
- 1/2 taza de cereal inflado, con sabor a fruta
- Azúcar coloreada, verde o roja (opcional)
- 12 gominolas (gomitas) grandes, cortadas por la mitad, a lo largo
- 12 chocolatitos confitados

1 docena de coronas

1 Cubra dos bandejas para hornear con papel encerado. Prepare el glaseado como se indica en la página 125 y caliente 250 g a baño María hasta que se revuelva con facilidad. Agregue el cereal y revuelva para que se cubra. Con una cuchara, coloque 1/12 parte de la mezcla en una de las bandejas. Déle forma de corona de 8 cm. Espolvoree el azúcar coloreada. Repita con la mezcla restante, colocando las coronas en las bandejas preparadas.

2 Ponga a baño María el glaseado restante hasta que se derrita, revolviendo una vez. Con una cuchara, páselo a una bolsa sellable para congelar. Comprima hacia una esquina de la bolsa y ciérrela. Con unas tijeras, haga un cortecito en la esquina de la bolsa. Decore las coronas con el glaseado; reserve un poco para pegar dos mitades de gominola como lazadas de un moño en la base de cada corona. Pegue un chocolate confitado en la unión de las gominolas. Deje reposar las coronas, o refrigérelas, hasta que se endurezcan. Cuelgue en un lugar fresco y seco.

Galletas de coronas con fideos:
Siga la receta anterior, pero sustituya 250 g de glaseado blanco por 250 g de glaseado de chocolate, y el maíz inflado por cinco tazas de fideos chinos para chow mein. Omita las gominolas grandes y los chocolates. Decore con caramelos rojos como bayas y mitades de gominolas como hojas.

CENTRO DE MESA DE RENOS

- 500 g de glaseado de vainilla
- 20 galletas de jengibre, hechas en casa, en forma de renos, de unos 6 cm
- 10 galletas de vainilla
- 1 taza de coco rallado
- 2 tiras de regaliz (orozuz) rojo, de 95 cm de largo
- 1 caramelo de canela, rojo

1 Corte una base de cartón grueso en forma de S alargada, que mida 60 cm de largo y 6 cm de ancho. Forre la base con papel de aluminio.

2 Cubra una bandeja para hornear con papel encerado. Prepare el glaseado como se indica en la página 125 y caliente a baño María 125 g. Extienda una pequeña cantidad de glaseado en la parte posterior de 10 galletas. Colóquelas en la bandeja, con el lado glaseado hacia arriba. Cubra cada galleta con otra y presione ligeramente como sándwich. Deje reposar o refrigere hasta que se endurezca el glaseado.

3 Use el resto del glaseado para pegar los renos sobre las galletas de vainilla: pegue 5 renos con las patas delanteras abajo y 5 con las patas traseras abajo. Sostenga los renos en posición vertical hasta que se endurezca el glaseado, para que queden derechos.

4 Caliente a baño María el resto del glaseado y extiéndalo uniformemente sobre la base forrada. Coloque las galletas de extremo a extremo en la base. Espolvoree el coco. Deje reposar hasta que se endurezca.

5 Forme un moño uniendo las tiras de regaliz. Colóquelo debajo de la boca del primer reno y continúe entrecruzando el regaliz entre los renos. Ate el extremo para fijarlo. Use glaseado para pegar el caramelo rojo como nariz en el primer reno.

CENTRO DE MESA DE GOMINOLAS

- 250 g de glaseado de vainilla
- 610 g de gominolas (gomitas) grandes

1 corona

1 Cubra con papel de aluminio la base de un molde de 25 cm para rosca, con fondo removible. Prepare el glaseado como se indica en la página 125 y caliéntelo a baño María hasta que se revuelva con facilidad.

2 Vierta el glaseado en el fondo del molde preparado. Coloque encima las gominolas alternando colores. Deje reposar, o refrigere, hasta que se endurezca el glaseado. Saque la corona del molde. Quite el papel de aluminio.

3 Ponga una vela de 5 cm en el centro. Coloque en un lugar fresco y seco, lejos del calor directo.

BASTÓN DE PESTIÑOS

- 500 g de glaseado de vainilla
- 20 pestiños *(pretzels)* grandes
- Colorante vegetal, rojo y verde

1 bastón

1. Cubra una bandeja para hornear con papel encerado. Prepare el glaseado como se indica en la página 125 y caliente 380 g a baño María hasta que se revuelva con facilidad. Sumerja 6 pestiños, uno a la vez, en el glaseado. En la bandeja preparada, acomode los pestiños en forma de bastón.

2. Sumerja 6 pestiños más, uno a la vez, en el glaseado. Acomódelos sobre la primera capa, ocultando las uniones. Sumerja el resto de los pestiños, uno por uno, en el glaseado y acomode sobre la segunda capa, empezando como en la primera.

3. Ponga a baño María 60 g del glaseado restante hasta que se revuelva con facilidad. Pinte ligeramente con el colorante vegetal rojo. Páselo a una bolsa sellable de 1 litro para congelar. Comprima el glaseado hacia una esquina de la bolsa y ciérrela. Con unas tijeras, haga un cortecito en la esquina de la bolsa. Decore el bastón de pestiños con el glaseado. Repita con los restantes 60 g de glaseado y el colorante verde. Deje reposar, o refrigere, hasta que se endurezca. Póngale un moño grande. Colóquelo en un lugar fresco y seco, lejos del calor directo y de la luz solar.

CORONA DE FRUTOS SECOS

- 6 tazas de frutos secos con cáscara (unos 875 g)
- 2 cucharadas de manteca vegetal, separadas
- 1 taza de miel de maíz
- 1/2 taza de agua

1 corona

Nota: *La colocación de los frutos secos en el molde requiere de dos personas y debe hacerse con rapidez antes de que se endurezca la miel. La receta no se recomienda para hornos de menos de 600 vatios.*

1 Coloque los frutos secos en un tazón grande. Forre con papel de aluminio un molde de rosca de 6 1/2 tazas y engráselo con una cucharada de manteca. Engrase, aparte, una hoja de papel de aluminio con la otra cucharada de manteca.

2 Mezcle los otros ingredientes en un recipiente de 8 tazas. Inserte un termómetro para dulces. Meta el recipiente en el microondas en Alta, de 15 a 20 min, o hasta 155°C (Punto de hebra dura, pág. 148).

3 Retire el termómetro. Vierta la miel inmediatamente sobre los frutos secos, revolviendo para que se cubran. Colóquelos en el molde. Presione para comprimir la mezcla de nueces en el molde. Enfríe 10 min.

4 Desmolde con cuidado en la hoja de papel de aluminio. Presione para darle forma de corona. Deje reposar 24 h antes de decorarla. Si desea, fíjele un moño con alambre. Úsela como centro de mesa o cuélguela en un lugar fresco y seco, lejos del calor directo y de la luz del sol.

REGALOS HECHOS EN LA COCINA

Nada expresa mejor el afecto por un amigo que un regalo personal preparado en su cocina. Esta sección incluye conservas caseras, dulces y nueces de sabores exclusivos, y *potpourri* perfumado para aromatizar la casa. Empaque su regalo en un recipiente bonito o práctico, como una copa para vino, un tarro para café, un frasco decorativo o un cesto.

Elabore etiquetas decorativas trazando la figura de un cortador de galletas sobre una cartulina. Use marcadores de colores para decorarlas. Incluya instrucciones para usar y guardar. Colóquelas justo después del sellado final.

CHUTNEY DE PERA CON CURRY

- 1 taza de azúcar morena
- 1/4 taza de vinagre de manzana
- 1 1/2 cucharaditas de curry
- 1/2 cucharadita de sal
- 1/2 cucharadita de canela
- 2 peras grandes, picadas
- 1 naranja grande, pelada y picada
- 1/2 taza de pimiento verde, picado
- 1/2 taza de pimiento rojo, picado
- 1/2 taza de pasitas
- 1/2 taza de almendras, rebanadas finamente

Dos frascos de 250 ml

1. En una cacerola de 2 litros mezcle la azúcar, el vinagre, el curry, la sal y la canela. Meta en el horno de microondas en Alta, de 1 a 3 min, o hasta que se disuelva la azúcar, revolviendo una vez. Agregue lo demás, excepto las almendras. Meta en el horno, en Alta, de 30 a 50 min, o hasta que esté a punto de jarabe y la fruta muy tierna; revuelva dos o tres veces. Añada las almendras.

2. Pase el chutney a 2 frascos esterilizados de 250 ml. Tape y refrigere 2 semanas como máximo. Sirva como condimento con cordero, cerdo o pollo.

3. Para regalo, decore las tapas con tela y listón. Incluya etiquetas decorativas con una lista de los ingredientes e instrucciones para servir y guardar.

ADEREZO DE ZANAHORIA

- 2 tazas de zanahorias picadas
- 1 taza de pepino picado, pelado y sin semillas
- 3/4 taza de apio picado
- 3/4 taza de azúcar
- 3/4 taza de vinagre blanco
- 2 cucharaditas de sal
- 1/2 taza de cebolla picada
- 2 cucharaditas de semillas de mostaza
- 1/2 cucharadita de jengibre
- 1/2 taza de pimiento rojo y 1/2 de pimiento verde, picados
- 1/8 cucharadita de clavos de olor, en polvo

Tres frascos de 250 ml

1. Coloque todo en una cacerola de 2 litros. Mezcle bien y tape. Meta en el horno de microondas en Alta, 15 min; revuelva una o dos veces. Destape y deje en el horno, en Alta, de 20 a 25 min más, revolviendo una o dos veces.

2. Pase el aderezo a 3 frascos esterilizados de 250 ml. Refrigere por 1 mes como máximo. Sirva como condimento con asado de cerdo, jamón o salchichas.

3. Para regalo, decore las tapas con tela y listón. Incluya etiquetas decorativas con una lista de ingredientes e instrucciones para servir y guardar.

GELATINA ENVINADA

- 2 3/4 tazas de vino espumoso rosado
- 85 ml de pectina líquida
- 1/2 cucharadita de cardamomo en polvo
- 1/4 cucharadita de pimienta de Jamaica, en polvo
- 3 1/2 tazas de azúcar
- Parafina para sellar

Nueve copas de 125 ml

1. En un recipiente de 8 tazas combine todos los ingredientes, excepto la azúcar y la parafina. Meta en el horno de microondas, en Alta, de 8 a 12 min, o hasta que hierva, revolviendo cada 4 min. Hierva 1 min. Gradualmente, incorpore la azúcar hasta que se mezcle.

2. Meta otra vez en el horno de 3 a 6 min o hasta que vuelva a hervir la mezcla, revolviendo cada 2 min para impedir que se derrame. Hierva 1 min. Elimine la espuma de la parte superior.

3. Vierta la mezcla en 9 copas para vino de 125 ml, esterilizadas, hasta 1 cm del borde.

4. En una cacerola pequeña derrita la parafina a fuego medio. (La parafina no se derrite en el horno de microondas.) Mientras la gelatina está caliente, cubra con 3 mm de parafina. Cuando se enfríe, añada otros 3 mm de parafina para el sellado final. No refrigere por más de 1 mes.

MELCOCHA DE NUEZ

- 1 taza y 1 cucharada de mantequilla o margarina
- 1 1/4 tazas de nueces picadas
- 2 tazas de azúcar
- 2 cucharadas de miel de maíz, clara
- 2 cucharadas de agua
- 1/8 cucharadita de cremor tártaro
- 1 cucharadita de vainilla
- 340 g de chispas de chocolate semiamargo

1 1/4 kg

1 Forre con papel de aluminio una bandeja de 40 x 25 cm. Engrase el papel con 1 cucharada de mantequilla. Esparza en la bandeja 1 taza de nueces en una capa uniforme.

2 En un recipiente de 8 tazas meta la mantequilla restante en el horno de microondas, en Alta, de 1 a 2 min, o hasta que se derrita. Agregue la azúcar, la miel de maíz, el agua y el cremor tártaro. Meta otra vez en el horno, en Alta, por 4 min. Mezcle bien. Inserte un termómetro para dulces, especial para microondas, y hornee nuevamente en Alta, de 5 a 8 min, o hasta que el termómetro registre 143°C (Punto de hebra suave, derecha). Quite el termómetro.

3 Incorpore la vainilla. Vierta lenta y uniformemente sobre las nueces que están en la bandeja. Inmediatamente, extienda encima la mitad de las chispas de chocolate. Deje reposar 1 min. Extienda la otra mitad de las chispas sobre la melcocha. Esparza las nueces restantes. Enfríe completamente. Rompa en trozos. Guarde en un recipiente hermético.

4 Para regalo, coloque la melcocha en una bombonera o en un plato de cristal. Cubra con envoltura autoadherible transparente. Decore con cintas. Incluya una etiqueta decorativa con la lista de los ingredientes.

NOTA: Esta receta no es recomendable para hornos con menos de 600 vatios.

CÓMO PROBAR EL PUNTO DE CARAMELO

Si no tiene termómetro para dulces, especial para microondas, llene una taza con agua muy fría. Deje caer 1/2 cucharadita de la mezcla en la taza y espere unos segundos. Después sienta la miel con los dedos.

Punto de hebra suave: La miel se separa en hebras suaves y no quebradizas (fotografía).

Punto de hebra dura: La miel se separa en hebras duras y quebradizas.

DELICIAS DE AVELLANA

- 2 cucharadas de mantequilla o margarina, separadas
- 1/2 taza de azúcar granulada
- 1/2 taza de azúcar morena
- 1/2 taza de miel de maíz, clara
- Una pizca de sal
- 3/4 taza de avellanas picadas
- 2 cucharaditas de extracto de limón
- 1 cucharadita de bicarbonato de sodio

500 g

1. Cubra con papel de aluminio una bandeja para hornear. Engrase con 1 cucharada de mantequilla. En un recipiente de 8 tazas mezcle bien las azúcares, la miel de maíz y la sal. Meta en el horno de microondas en Alta, por 5 min. Agregue las avellanas.

2. Inserte un termómetro para dulces, para horno de microondas. Deje en Alta de 3 a 6 min, o hasta 150°C (Punto de hebra dura, pág. opuesta), revolviendo cada 2 min. Quite el termómetro. Incorpore rápidamente la cucharada de mantequilla restante, el extracto de limón y el bicarbonato hasta que la mezcla esté clara y espumosa.

3. Extienda en la bandeja preparada hasta que quede de 5 mm de grosor. Enfríe completamente. Rompa en trozos. Guarde en un recipiente hermético.

4. Para regalo, acomode los trozos en una copa para coñac o en una bombonera de cristal. Cubra con envoltura autoadherible transparente. Decore con un moño. Incluya una etiqueta con los ingredientes.

Delicias de cacahuate: *Siga la receta anterior, pero sustituya las avellanas por 1 taza de cacahuates naturales sin cáscara, y el extracto de limón por 1 1/2 cucharaditas de extracto de vainilla. Siga el procedimiento anterior. Después de agregar los cacahuates, deje en Alta de 5 a 10 min, o hasta que el termómetro registre 150 °C, revolviendo cada 2 min. Continúe como se indica.*

PASTELILLOS DE MENTA

- 1 cucharada de manteca vegetal
- 85 g de queso de nata (queso crema)
- 1 lata (397 g) de leche condensada azucarada
- 1/4 cucharadita de extracto de menta
- 1 a 2 gotas de colorante vegetal verde
- 510 g de chispas de chocolate semiamargo
- 1 cucharada de mantequilla o margarina
- 1/2 cucharadita de extracto de vainilla
- Azúcar coloreada, verde

1 kg aproximadamente

1. Forre con papel de aluminio un molde para tarta, de cristal refractario. Engrase con margarina. En un tazón mediano ponga el queso de nata en el horno de microondas, en Alta, de 15 a 30 seg, o hasta que se suavice. Agregue 2 cucharadas de leche, el extracto de menta y el colorante. Bata con batidora eléctrica a velocidad baja hasta que se suavice la mezcla.

2. En un recipiente de 8 tazas mezcle el resto de la leche, las chispas de chocolate y la mantequilla. Meta en el horno de microondas en Media, de 2 a 4 min, o hasta que la mezcla esté brillante y se revuelva con facilidad; revuelva dos veces. Agregue la vainilla.

3. Vierta en el molde para tarta. Empareje con una espátula. A cucharadas, deje caer la mezcla de queso de nata sobre el chocolate. Use una espátula para formar rizos decorativos en el chocolate. Espolvoree la azúcar. Enfríe hasta que esté firme. Corte en cuadros. Guarde en un lugar fresco y seco.

4. Para regalo, deje los pastelillos en el molde. Cubra con envoltura autoadherible transparente. Decore con cintas. Incluya una etiqueta decorativa con la lista de ingredientes e instrucciones para guardar.

MEZCLA PARA TÉ DE FRAMBUESA

- 1 1/4 tazas de azúcar
- 1 taza de té instantáneo sin endulzar
- 2 paquetes (6 g cada uno) de refresco en polvo, sin endulzar, con sabor a frambuesa

Para una ración:

- 1 taza de agua caliente
- 2 a 3 cucharadas de la mezcla de té

16 raciones

1 En un tazón mediano, ponga todos los ingredientes. Guarde en un recipiente hermético por 6 meses como máximo.

2 Para una ración, coloque el agua caliente en un tarro grande. Meta en el horno de microondas, en Alta, de 1 a 2 min o hasta que esté muy caliente. Agregue la mezcla de té y revuelva.

Mezcla para té de fresa: Siga la receta anterior, pero sustituya el refresco en polvo, de frambuesa, por uno de sabor a fresa.

CÓMO ENVOLVER PARA REGALO LA MEZCLA DE TÉ

1 Forre tarros para café con bolsas pequeñas de plástico. Llene cada bolsa con la mezcla de té. Cierre la bolsa con una cinta.

2 Ate palitos de caramelo en el asa, para revolver. Incluya una etiqueta con los ingredientes e instrucciones para servir y guardar.

MEZCLA PARA BEBIDA DE FRESA

- 2 1/2 tazas de leche sin grasa, en polvo
- 2 tazas de caramelos *marshmallow* (malvaviscos) miniatura, de colores
- 1 taza de saborizante de fresa, para leche
- 1/2 taza de azúcar glass
- 1/3 taza de suero de leche
- 1/3 taza de sustituto de nata (crema), en polvo

Para una ración:
- 3/4 taza de agua caliente
- 1/3 taza de mezcla para bebida de fresa

16 raciones

1. Mezcle todos los ingredientes. Guarde en un recipiente hermético durante 6 meses como máximo.

2. Para una ración, sirva agua caliente en un tarro grande. Meta en el microondas, en Alta, hasta que esté muy caliente. Agregue la mezcla y revuelva.

3. Para regalo, coloque la mezcla en bomboneras de cristal. Decore con cintas y moños. Incluya una etiqueta decorativa con la lista de ingredientes e instrucciones para servir y guardar.

Malteada de chocolate caliente:
Sustituya los caramelos marshmallow de colores por caramelos marshmallow naturales, el saborizante de fresa por uno de chocolate y el suero de leche por leche malteada instantánea, en polvo.

CAFÉ CON SABOR A CACAO Y CANELA

- 2 tazas de azúcar
- 1 1/2 tazas de café instantáneo
- 1 taza de sustituto de nata (crema), en polvo
- 1/2 taza de cacao
- 1/2 cucharadita de canela en polvo

Para una ración:
- 1 taza de agua caliente
- 2 a 3 cucharadas de la mezcla de café

40 raciones

1. En un tazón mediano, mezcle todos los ingredientes. Guarde en un recipiente hermético durante 6 meses como máximo.

2. Para una ración, sirva agua caliente en un tarro grande para café. Meta en el horno de microondas, en Alta, de 1 a 2 min, o hasta que el agua esté muy caliente. Agregue la mezcla de café y revuelva.

3. Para regalo, coloque la mezcla de café en bomboneras de cristal. Decore con cintas y moños. Incluya una etiqueta decorativa con la lista de ingredientes e instrucciones para servir y guardar.

SALSA DE FRAMBUESA

- 2 paquetes (340 g cada uno) de frambuesas congeladas, sin endulzar
- 1 naranja grande
- 1 taza de azúcar
- 3/4 taza de miel de maíz, clara
- 1/4 taza de licor de frambuesa

Dos frascos de 500 ml

1 En un recipiente, meta las frambuesas en el microondas en Alta, de 5 a 8 min, o hasta que se descongelen, revolviendo una vez.

2 Con un cuchillo filoso, corte tiras largas de cáscara de naranja. Corte en tramos de 2 cm. Guarde la naranja para otro uso.

3 Coloque la cáscara de naranja, la azúcar y la miel de maíz en un recipiente de 4 tazas. Mezcle bien. Meta en el horno en Alta, de 4 a 5 min, revolviendo una vez. Agregue esta mezcla y el licor a las frambuesas. Revuelva bien.

4 Vierta en 2 frascos esterilizados de 500 ml. Tape y refrigere 1 mes como máximo. Sirva sobre fruta fresca, helado o bizcochos.

5 Para regalo, decore las tapas de los frascos con tela y listón. Incluya etiquetas con ingredientes e instrucciones para servir y guardar.

SALSA DE MANTEQUILLA Y RON ↑

- 1 1/2 tazas de azúcar morena
- 1/2 taza de mantequilla o margarina
- 1/4 taza de miel de maíz, oscura
- 1 1/2 tazas de nata líquida (media crema)
- 2 cucharadas de ron

Tres frascos de 250 ml

1 En una cacerola de 2 litros mezcle la azúcar, la mantequilla y la miel de maíz. Meta en el horno de microondas, en Alta, de 3 a 6 min, o hasta que se disuelva la azúcar y hierva la mezcla, revolviendo después de cada minuto. Incorpore los ingredientes restantes.

2 Vierta la salsa en 3 frascos esterilizados de 250 ml. Tape y refrigere 1 mes como máximo. Para recalentar 1 taza (250 ml) de salsa, destape el frasco y meta en el horno de microondas en Alta, de 1 a 2 min, o hasta que la mezcla esté tibia y se suavice, revolviendo cada 30 seg. Sirva sobre helado o bizcochos.

3 Para regalo, decore las tapas de los frascos con tela y listón. Incluya etiquetas decorativas con la lista de ingredientes e instrucciones para servir, calentar y guardar.

SALSA ORIENTAL DE JENGIBRE

- 1/2 taza de pimiento verde, finamente picado
- 2 cucharaditas de raíz de jengibre fresca, rallada
- 2 cucharadas de aceite vegetal
- 1 taza de mermelada de albaricoque (chabacano)
- 1 taza de salsa *catsup*
- 1/3 taza de vinagre
- 2 cucharadas de salsa de soja (soya)
- 2 cucharaditas de aceite de sésamo (ajonjolí)

Tres frascos de 250 ml

1 En una cacerola de 2 litros mezcle el pimiento, el jengibre y el aceite. Meta en el horno de microondas, en Alta, de 2 a 4 min, o hasta que esté tierno el pimiento, revolviendo una vez. Incorpore los demás ingredientes. Meta nuevamente en el horno de 9 a 12 min, o hasta que la salsa se empiece a espesar, revolviendo dos veces.

2 Vierta la salsa en 3 frascos esterilizados de 250 ml. Tape y refrigere por 1 mes como máximo. Sirva con costillitas de cerdo, con pollo o con pescado.

3 Para regalo, decore las tapas con tela y listón. Incluya etiquetas con lista de ingredientes e instrucciones para servir, calentar y guardar.

SALSA DE CHOCOLATE CON MENTA ↑

- 1 taza de chispas de chocolate semiamargo
- 1/4 taza de mantequilla o margarina
- 2 cucharadas de miel de maíz, clara
- 1 taza de nata montada (crema batida)
- 1/2 taza de caramelos de menta, triturados finamente

Dos frascos de 250 ml

1 En una cacerola de 2 litros mezcle las chispas de chocolate, la mantequilla y la miel de maíz. Meta en el horno de microondas en Media, de 4 a 5 min, o hasta que se derrita la mezcla, revolviendo dos o tres veces. Con un batidor de globo, añada la nata montada. Meta en el horno por 1 min. Incorpore los caramelos.

2 Vierta en 2 frascos esterilizados de 250 ml. Tape y refrigere por 1 mes como máximo. Para recalentar 1 taza (250 ml) de salsa, destape el frasco y meta en el horno de microondas en Alta, de 1 a 2 min, o hasta que la mezcla esté tibia y tersa, revolviendo cada 30 seg. Sirva sobre helado o tarta de queso.

3 Para regalo, decore las tapas de los frascos con tela y listón. Incluya etiquetas decorativas con la lista de ingredientes e instrucciones para servir, calentar y guardar.

FRUTOS SECOS AL JEREZ

- 1/4 taza de jerez seco
- 2 cucharadas de miel de maíz, clara
- 1/4 cucharadita de pimienta de Jamaica, en polvo
- 340 g de frutos secos, salados

375 g

1 Cubra con papel de aluminio una bandeja para hornear. En un tazón mediano, combine todos los ingredientes, excepto los frutos secos. Mezcle bien. Agregue los frutos secos. Revuelva para que se cubran. Con una cuchara, distribuya uniformemente en un molde para tarta, de cristal refractario. Meta en el horno de microondas en Alta de 6 a 9 min, o hasta que se absorba el líquido y la mezcla de nueces esté glaseada, revolviendo cada 2 min.

2 Extienda los frutos secos sobre la bandeja preparada. Enfríe completamente. Tape y guarde en un lugar fresco y seco hasta 2 semanas como máximo.

NUECES CON SABOR A ROMERO

- 1 cucharada de mantequilla o margarina
- 2 cucharadas de salsa inglesa tipo Worcestershire
- 3/4 cucharadita de hojas de romero secas, restregadas
- 1/2 cucharadita de aderezo de limón y pimienta
- 227 g de nueces, en mitades

250 g

1 Cubra una bandeja para hornear con toallas de papel. En un molde para tarta, de cristal refractario, meta la mantequilla en el horno de microondas en Alta, de 45 seg a 1 min, o hasta que se derrita. Agregue los demás ingredientes, excepto las nueces. Revuelva bien.

2 Añada las nueces, revolviendo para que se cubran de mantequilla. Meta otra vez en el horno de 4 a 6 min, o hasta que se absorba la mantequilla, revolviendo cada 2 min. Extienda sobre la bandeja para que se enfríen. Tape y guarde en un lugar fresco y seco hasta 2 semanas como máximo.

3 Para regalo, coloque las nueces en un bote con tapa o en un recipiente de cristal y tape con envoltura autoadherible transparente. Decore con cintas. Incluya una etiqueta decorativa con la lista de ingredientes e instrucciones para guardar.

PASTA NAVIDEÑA DE QUESO

Pasta de queso:
- 4 rebanadas de tocino
- 1/2 taza de mantequilla o margarina, cortada en cubos
- 85 g de queso de nata (queso crema), cortado en cubos
- 2 tazas de queso Cheddar, finamente desmenuzado
- 2 tazas de queso suizo, finamente desmenuzado
- 1 cucharadita de semillas de alcaravea
- 1/2 cucharadita de cebolla en polvo
- Una pizca de ajo en polvo

Muñeco de nieve:
- 2 palitos de pestiños *(pretzel)*
- 3 alcaparras
- 3 granos de pimienta negra
- 1 pimiento rojo
- 1 aceituna verde rellena de pimiento
- 1 galleta redonda

Bota de Santa Claus:
- Almendras rebanadas
- 5 granos de pimienta negra
- Tiras de pimiento rojo

2 pastas de queso (375 g cada una)

1. Coloque el tocino en una rejilla para asar. Cubra con una toalla de papel. Meta en el microondas en Alta, hasta que se dore y esté crujiente. Enfríe y desmenuce.

2. Mezcle la mantequilla y el queso de nata en un tazón. Meta en el horno de microondas en Media, 3 min o hasta que se suavice, revolviendo una vez. Agregue los demás ingredientes de la pasta. Mezcle bien. Divida la pasta en dos.

3. Divida la mitad de la pasta en tres porciones. Forme una bola con cada porción; la cabeza y la parte superior del cuerpo más pequeñas que la base. Ponga las bolas una encima de la otra en una bandejita.

4. Forme los brazos con palitos de pestiños. Use las alcaparras como botones y los granos de pimienta para los ojos y la nariz. Corte una tira de pimiento para la boca.

5. Corte una tira de pimiento de 1 cm para la bufanda. Corte la parte superior e inferior de la aceituna y use un palillo de madera para fijarla en la galleta, como sombrero. Coloque en la cabeza del muñeco. Tape y refrigere hasta por 1 semana como máximo.

6. Haga la bota con la mitad restante de pasta. Adorne la parte superior de la bota con las almendras rebanadas. Use los granos de pimienta y el pimiento como cordones y moño. Tape y refrigere por 1 semana como máximo.

↑ *POTPOURRI* DE ESPECIAS Y CÍTRICOS

- 1 naranja
- 1 limón
- 1 lima
- 1/3 taza de agua
- 1/4 taza de clavos de olor, enteros
- 2 cucharadas de pimienta de Jamaica, entera
- 2 rajitas de canela, en trocitos
- 4 hojas de laurel secas, restregadas

1 taza

1 Con un cuchillo filoso, corte tiras largas de cáscara de naranja, de limón y de lima. Corte las tiras en tramos de 2 cm. Guarde la fruta para otro uso.

2 Coloque las cáscaras en una sola capa en un plato cubierto con una toalla de papel. Vierta el agua en 1 taza para medir de 250 ml. Coloque el agua junto al plato en el horno de microondas. Enciéndalo en Alta de 4 a 5 min, o hasta que se empiecen a secar las cáscaras, dándoles vuelta con los dedos cada minuto.

← POTPOURRI CON ESENCIA DE MADERA

- 1/2 taza de agujas de pino frescas
- 1/4 taza de bayas de enebro
- 2 cucharadas de hojas de romero secas, restregadas
- 1 cucharada de semillas de apio
- 1 cucharada de semillas de alcaravea
- 6 hojas de laurel secas

1 taza

1 En una bolsa de plástico ponga todos los ingredientes. Cierre bien y sacuda para que se mezclen.

2 Para regalo, coloque el *potpourri* seco en una bolsa de plástico y ciérrela con una cinta. Coloque en una sartén de cerámica. Incluya una etiqueta con la lista de ingredientes e instrucciones de uso.

3 Para perfumar la habitación, coloque 1 taza de agua caliente y 1 cucharada de *potpourri* en una sartén de cerámica. Meta en el horno de microondas en Alta, de 2 a 3 min, o hasta que hierva. Saque y deje reposar. Cuando se enfríe, vuelva a meterla en el horno una o dos veces más.

3 Pase las cáscaras a otra toalla de papel. Deje secar al aire por 24 h. Coloque las cáscaras en una bolsa de plástico pequeña. Agregue los demás ingredientes. Cierre bien la bolsa. Sacuda para que se mezclen.

4 Para regalo, coloque el *potpourri* seco en una bolsa de plástico pequeña. Cierre la bolsa con una cinta. Coloque en una sartén de cerámica. Incluya una etiqueta decorativa con la lista de ingredientes e instrucciones de uso.

5 Perfume la habitación colocando 1 taza de agua caliente y 1 cucharada de *potpourri* seco en una sartén de cerámica. Meta en el horno de microondas en Alta, de 2 a 3 min, o hasta que hierva. Saque del horno. Deje reposar el *potpourri*. Cuando se enfríe, meta nuevamente en el horno una o dos veces más.

FLORES SECAS

El horno de microondas acelera el secado de flores frescas. Simplemente cubra las flores con un agente secador como gel de sílice, meta en el horno de microondas brevemente y deje reposar 12 h. El gel de sílice absorbe la humedad y conserva la flor en su forma natural; además, puede usarse varias veces.

Corte las flores en la mañana temprano o al atardecer. Escoja capullos frescos que no estén completamente abiertos. No use flores que ya estén abiertas o que tengan pétalos magullados o marchitos.

Las flores de colores vívidos —rojo, anaranjado, amarillo, azul, púrpura o rosa intenso— conservan mejor el color. Las flores de color rojo oscuro pueden verse negras al secarse; úselas en *potpourri*. Las blancas y las de color pastel tomarán un tono castaño.

Después de secarlas, rocíe las flores con fijador para cabello en aerosol o acrílico en aerosol, que se consigue en tiendas de artículos para artesanías. El gel de sílice, el alambre y la cinta para arreglos florales se consiguen en tiendas de decoración o en florerías.

Tipo de flor	Cantidad	Tamaño del recipiente	Gel de sílice	Horno de microondas (Alta)
Claveles, grandes	2	1 1/2 litros	6 tazas	120 a 180 seg
Claveles, pequeños	4	1 1/2 litros	6 tazas	90 a 150 seg
Crisantemos, medianos	3	1 1/2 litros	6 tazas	120 a 150 seg
Narcisos	1	taza para medir de 500 ml	2 tazas	120 a 150 seg
Margaritas, grandes	2	1 1/2 litros	4 tazas	90 a 120 seg
Margaritas, pequeñas	4	1 1/2 litros	4 tazas	90 a 120 seg
Rosas, miniatura	4	1 1/2 litros	6 tazas	120 a 150 seg
Tulipanes	1	taza para medir de 500 ml	2 tazas	150 a 180 seg

HOJAS SECADAS EN HORNO DE MICROONDAS

- Flores (pág. opuesta)
- Tijeras
- Gel de sílice
- Pincel pequeño
- Fijador para cabello, o acrílico, en aerosol
- Alambre para arreglos florales
- Cinta para arreglos florales
- Hojas de seda (opcional)

1 Recorte los tallos de las flores a 1 cm de la base. Coloque una tercera parte del gel de sílice en un plato.

2 Acomode las flores en el plato, con los capullos hacia arriba. Esparza cuidadosamente por encima el resto del gel a fin de que se llenen los espacios entre los pétalos y se cubran las flores.

3 Coloque el plato en el microondas. Junto al plato, ponga una taza con 125 ml de agua. Deje en el horno en Alta, el tiempo que se indica en el cuadro (pág. opuesta), girando el plato una vez.

4 Deje que las flores reposen en el gel durante 12 h para que se complete el secado. Con cuidado, desprenda el sílice y saque las flores secas. Sacuda suavemente para eliminar el exceso de gel. Use un pincel de cerdas finas para quitar cualquier residuo de gel.

5 Como protección, rocíe las flores con fijador para cabello, en aerosol. Deje que las flores se sequen completamente. Enrolle alambre en los tallos de las flores.

6 Envuelva el alambre con cinta para arreglos florales. Si desea, coloque hojas de seda en el tallo y cubra el alambre con cinta.

CORONA DE FLORES SECAS ↑

- Flores secas surtidas (pág. 158)
- Florecitas de nube
- Alambre para arreglos florales, muy delgado
- Cinta para arreglos florales
- 1 corona de ramitas (se consiguen en tiendas de decoración)
- Fijador para cabello, o acrílico, en aerosol
- Listón (opcional)

1 corona

1 Enrolle alambre en las flores secas y en manojos pequeños de florecitas de nube. Fije con la cinta. Ensarte las flores y la nube en la corona, con la nube por abajo. Retuerza juntos los alambres y sujételos o ensártelos alrededor de la parte posterior de la corona.

2 Rocíe las flores con fijador para cabello, o acrílico, en aerosol. Deje secar. Decore con listón. Cuelgue la corona con alambre.

CESTA DE FLORES SECAS

- Flores secas surtidas (pág. 158)
- Alambre para arreglos florales
- Cinta para arreglos florales
- Esponja floral
- Cesta decorativa
- Fijador para cabello, o acrílico, en aerosol

1 Con la cinta, sujete el alambre en los tallos de las flores secas. Corte la esponja floral para que se ajuste al fondo de la cesta. Acomode las flores insertando los tallos en la esponja.

2 Rocíe las flores con fijador para cabello, en aerosol. Deje secar.

POTPOURRI

- 1 frasco grande con tapa
- 3 o 4 frascos o recipientes decorativos pequeños, con tapa
- 1/2 taza de sal no yodada
- 1 cucharada de pimienta de Jamaica, entera
- 1 cucharada de clavos de olor
- 1 cucharada de bayas de enebro
- 1 cucharada de ralladura de naranja, seca
- 4 rajas de canela, partidas
- 4 tazas de pétalos de flores secas (use rosas principalmente; pág. 158)
- 1 botellita de 7 ml de aceite con esencia de lavanda y de rosas (se consigue en tiendas de decoración o en droguerías)

1 En un tazón pequeño mezcle bien la sal, la pimienta, los clavos, las bayas de enebro, la ralladura de naranja y las rajas de canela. Coloque dos tazas de pétalos en un frasco grande. Rocíe con la mitad del aceite de lavanda y de rosas. Esparza con una cuchara la mezcla de sal sobre los pétalos. Coloque el resto de los pétalos sobre la mezcla de sal y rocíe con el aceite restante. Cierre herméticamente el frasco. Sacuda suavemente para mezclar.

2 Coloque una etiqueta con la fecha en el frasco. Deje que el *potpourri* se añeje en el frasco tapado de 4 a 6 semanas, sacudiendo el frasco una vez por semana. Reparta la mezcla en frascos o recipientes decorativos.

3 Deje abierto el frasco de 1 a 2 h para aromatizar una habitación. Rinde alrededor de 2 1/2 tazas.

CONSEJOS: Exhiba las flores secas en un frasco decorativo transparente. Tape el frasco herméticamente.

Para sachets, *corte cuadros de 15 cm de una tela de algodón y coloque 2 cucharaditas de* potpourri *en el centro de cada uno. Junte las esquinas y ate firmemente con un listón angosto. Úselos para perfumar armarios o cajones.*

FIGURAS DE MASA

Elabore etiquetas para regalo exclusivas o decore el árbol de Navidad con adornos hechos en el horno de microondas.

MASA PARA ADORNOS

- 3 tazas de harina de trigo
- 3/4 taza de sal
- 3/4 cucharadita de alumbre en polvo
- 1 1/4 tazas de agua

1 En un tazón mezcle bien la harina, la sal y el alumbre. Agregue agua y forme una bola con la masa. Amásela sobre una superficie enharinada durante 5 min o hasta que esté suave. Si está demasiado dura, rocíe con agua; si está muy húmeda, añada más harina. Trabaje con pequeñas porciones a la vez. Guarde el sobrante en un recipiente hermético.

2 Forme las figuras que desee (págs. 164 y 165). Decórelas con trocitos de masa en forma de hojas o moños. Haga un agujero de 5 mm cerca de la parte superior del adorno, para colgarlo o para atarlo al regalo. Meta en el microondas como se indica en la página 164, por el tiempo que se especifica en la página 165.

CÓMO HACER ADORNOS DE MASA

1. Rocíe un molde para tarta, de cristal refractario, con aceite para cocinar, en aerosol. Prepare la masa (pág. 162). Coloque los adornos en el molde.

2. Meta en el microondas en Media, como se indica en la página opuesta o hasta que la parte superior de los adornos se sienta seca; gire el molde y revise los adornos cada 2 min.

3. Ponga a enfriar los adornos en una rejilla. Deje reposar durante 24 h hasta que se sequen completamente. Pinte con acuarelas o pintura acrílica.

ADORNOS HECHOS CON CORTADOR

1. Prepare la masa (pág. 162). Sobre una superficie enharinada, extienda la masa con el rodillo hasta que tenga un grosor de 5 mm. Sumerja los bordes de los cortadores de galletas en aceite vegetal. Haga figuras con cortadores de 6 a 10 cm.

2. Decore las figuras de masa o únalas para formar un adorno de 12 cm. Para pegar las figuras, humedézcalas con un pincel mojado en agua. Salen 40 adornos de 6 a 8 cm, o 24 de 9 a 10 cm.

164

ADORNOS EN HORNO DE MICROONDAS

Cantidad	Diámetro	Tiempo en el horno de microondas (Media)
4 adornos con cortador	6 a 8 cm	5-10 min
3 adornos con cortador	9 a 10 cm	5-10 min
1 adorno con cortador	12 cm	5-10 min
2 adornos retorcidos o trenzados		6-10 min
2 adornos de osito		6-8 min

ADORNOS DE OSITO

1 Prepare la masa como se indica en la página 162. Sobre una superficie ligeramente enharinada, extienda la masa con el rodillo hasta que tenga un grosor de 5 mm. Moje los bordes de los cortadores metiéndolos en aceite vegetal. Corte un círculo de 8 cm para el cuerpo, otro de 5 cm para la cabeza y 7 de 2 cm para 4 patas, 2 orejas y 1 hocico.

2 Amase y dé forma a 15 círculos de 1 cm para usar 12 como dedos en las patas y para los ojos y la nariz. Salen 16 adornos.

ADORNOS RETORCIDOS O TRENZADOS

1 Prepare la masa como se indica en la página 162. Con la mano, enrolle la masa en tiras de 5 mm de grosor y 20 cm de largo. Haga 2 tiras para retorcer o 3 para trenzar.

2 Humedezca un extremo de cada tira y oprima juntos los extremos humedecidos. Retuerza o trence. Forme una corona o un bastón de caramelo. Decore con pedacitos de masa en forma de hojas, bayas o moños. Salen 16 adornos.

ADORNOS DE MASA AROMÁTICA

- Tabla enharinada
- Rodillo
- Cortadores de galletas
- Granos de pimienta de Jamaica y clavos de olor, enteros
- Pincel
- Exprimidor para ajos
- Palillos de madera
- Pajilla (popote)
- Aceite para cocinar, en aerosol
- 1 molde (25 cm) para tarta, de cristal refractario

Masa:
- 2 3/4 tazas de harina de trigo
- 3/4 taza de sal
- 1/4 taza de canela en polvo
- 1 cucharada de pimienta de Jamaica, en polvo
- 1 cucharada de clavos de olor, en polvo
- 3/4 cucharadita de alumbre en polvo
- 1 1/4 tazas de agua

1. En un tazón, mezcle todos los ingredientes secos para la masa. Agregue agua. Mezcle bien para preparar la masa. Déle forma de bola. Amase en una tabla enharinada, durante 5 min o hasta que la masa esté suave. (Si está demasiado dura, salpique con más agua; si está pegajosa, agregue harina.)

2. Trabaje con pequeñas porciones de masa a la vez. Extienda la masa hasta que tenga un grosor de 5 mm. Corte figuras con cortadores de galletas de 6 a 10 cm. Decore las figuras con clavos y especias, o con pedacitos de masa (humedezca la masa con el pincel mojado en agua y adhiera a la figura). Guarde la masa sobrante en una bolsa de plástico.

3. Pase cantidades pequeñas de masa por el exprimidor para ajos, para darles textura de "cabello" o de "piel" a las figuras de animales o de personas, o use un palillo de madera para detalles. Con una pajilla, haga un agujero de 8 mm, para colgarlas.

4. Rocíe el molde para tarta con aceite para cocinar, en aerosol. Coloque 4 figuras de 6 a 8 cm, o 3 de 9 a 10 cm, en el molde. Meta en el horno de microondas en Media, de 5 a 8 min, o hasta que la parte superior de las figuras se sienta seca; gire el molde y revise los adornos cada 2 min.

5. Coloque las figuras en una rejilla y deje secar durante 24 h. Pase un listón angosto por los agujeros y haga un nudo. Si desea, rocíe ligeramente las figuras con aceite para cocinar, en aerosol, para darles una apariencia más brillante.

ADORNO DE PARED

- 5 adornos de masa aromática (6 cm; pág. 167)
- 5 rajas de canela
- 1 m de listón (de 1 a 2 cm de ancho)
- Listón adicional para el moño

1 adorno de pared

1 Desde el reverso del primer adorno inserte el listón y páselo sobre la raja de canela. Vuelva a pasar el listón por el agujero, hacia atrás del adorno. Continúe insertando el listón por los demás adornos y enlazando las rajas de canela, dejando un espacio de 8 cm entre cada adorno.

2 En el último adorno, deje colgando un tramo de listón de 8 a 10 cm. Corte el extremo del listón en ángulo o con muescas decorativas. Haga un moño con el listón adicional y cóselo en la parte superior del adorno.

MASA PARA MODELAR

- 1 caja de 454 g de bicarbonato de sodio
- 1 taza de maicena
- 1 1/4 tazas de agua fría
- Colorante vegetal

1 En un tazón ponga el bicarbonato y la maicena. En una taza mezcle el agua y el colorante. Vierta el agua sobre los ingredientes secos. Revuelva hasta que esté tersa la mezcla.

2 Meta en el horno de microondas en Alta, de 4 a 8 min, o hasta que la mezcla se endurezca un poco, pero aún se pueda revolver, revolviendo cada minuto. Cubra la masa con una toalla húmeda hasta que se enfríe. Amase hasta que se suavice. Guárdela en recipientes herméticos.

ALDEA DE GALLETAS

Deleite a los pequeños y a los jóvenes de corazón con esta encantadora aldea de galletas. Haga una construcción o una aldea completa. Use la imaginación para crear sus propios diseños.

PASOS BÁSICOS

Ladrillos de galletas de canela. Corte cada galleta a lo largo de las perforaciones para tener 4 ladrillos. Los planos requieren ladrillos enteros, de tres cuartos, de mitades y de cuartos. Corte los ladrillos para los planos deseados (págs. 174, 176 y 178) antes de derretir el "mortero".

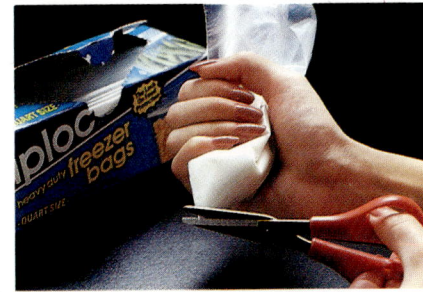

Mortero de glaseado. Prepare glaseado blanco (pág. 125) y derrita a baño María 60 g cada vez, puesto que se endurece al enfriarse. Pase el glaseado a una bolsa sellable de 1 litro para congelar. Comprima el glaseado hacia una esquina y selle la bolsa. Con unas tijeras, haga un cortecito en la esquina.

(Continúa)

PASOS BÁSICOS (CONTINUACIÓN)

Base de galletas de canela. En una bandeja para hornear cubierta de papel encerado, acomode 10 galletas enteras, en 2 filas de 5, con espacios de 3 mm entre cada una. Aplique el mortero entre las galletas. Júntelas y espere a que se endurezca.

1 Muros y techos. Haga los muros y techos como se muestra en las páginas 174, 176 y 178, colocando ladrillos en bandejas cubiertas con papel encerado. Aplique el mortero entre los ladrillos. Júntelos y espere a que se endurezca.

2 Corte los extremos superiores de los muros como se muestra en las páginas 174, 176 y 178. Decore los techos trazando figuras con el mortero o pegue gominolas en gajos (gajos de agar), de colores.

1 Construcciones. Decore los muros y los techos antes de ensamblarlos. (Vea en las págs. 175, 177 y 179 ideas para decorar.) Coloque la base de galletas sobre un cartón grueso. Aplique mortero a lo largo del borde inferior de un muro lateral. Coloque sobre la base. Sosténgalo en su lugar hasta que se endurezca.

2 Aplique mortero a lo largo de un lado y en la base de la pared contigua. Sostenga hasta que se endurezca. Continúe con los demás muros. Aplique mortero en la unión de los muros.

Soportes para el techo. Aplique una línea gruesa de mortero, del largo del muro de apoyo, en el interior de cada tablero del techo. Aplique a 4 cm desde la parte inferior para la cabaña y a 1 cm desde la parte inferior para la iglesia. Espere a que se endurezca.

1 Fije el techo. Aplique mortero a lo largo del borde superior y de los lados de los muros. Coloque en su lugar los tableros decorados del techo, apoyándolos en el borde superior del muro. Espere a que se endurezca.

2 Aplique mortero en la parte del techo donde se unen los tableros. Si lo desea, pegue caramelos de menta. Espere a que se endurezca.

Arbustos y árboles. Use una gominola (gomita) grande como base. Adhiera gominolas pequeñas multicolores a la base, usando palillos. Decore cucuruchos (barquillos) como árboles (pág. 140). Coloque junto a las construcciones.

1 Aldeanos. Use caramelos redondos para los rostros. Utilice mortero para pegar bolas (chochitos) de plata para los ojos y tiras pequeñas de regaliz (orozuz) para la boca. Para el cabello, pase una gominola grande por un exprimidor para ajos. Dé forma al cabello. (El cabello se endurecerá con el aire.)

2 Corte a 5 cm de la punta de un cucurucho. Recorte la punta. Descarte el extremo grande. Con mortero, adhiera la cabeza a la punta del cucurucho. Sujete hasta que empiece a endurecerse. Antes de decorar el cuerpo, espere a que se endurezca completamente.

3 Forme la ropa con mortero. Antes de que se endurezca, decore con azúcar y grageas de colores. Forme los brazos con mortero. Corte laminillas de fruta con azúcar en trozos pequeños para formar el manguito, la bufanda y la hebilla del cinturón.

CABAÑA DE GALLETAS

- 28 galletas de canela, enteras
- 750 g de glaseado blanco (pág. 125)
- Varias bolsas sellables de 1 litro para congelar
- Caramelos macizos de colores
- Gajos de agar, de colores
- Azúcar coloreada, verde y roja
- Galletas rellenas de crema
- Caramelos pequeños con sabor a frutas
- Regaliz (orozuz) rojo
- Regaliz (orozuz) rojo, en tiras
- Caramelos de canela, rojos
- Caramelos redondos de menta
- Bolas (chochitos) de plata
- Gominolas (gomitas) grandes, de colores
- Gominolas (gomitas) pequeñas, de colores
- Grageas de colores
- Caramelos *marshmallow* (malvaviscos), blancos

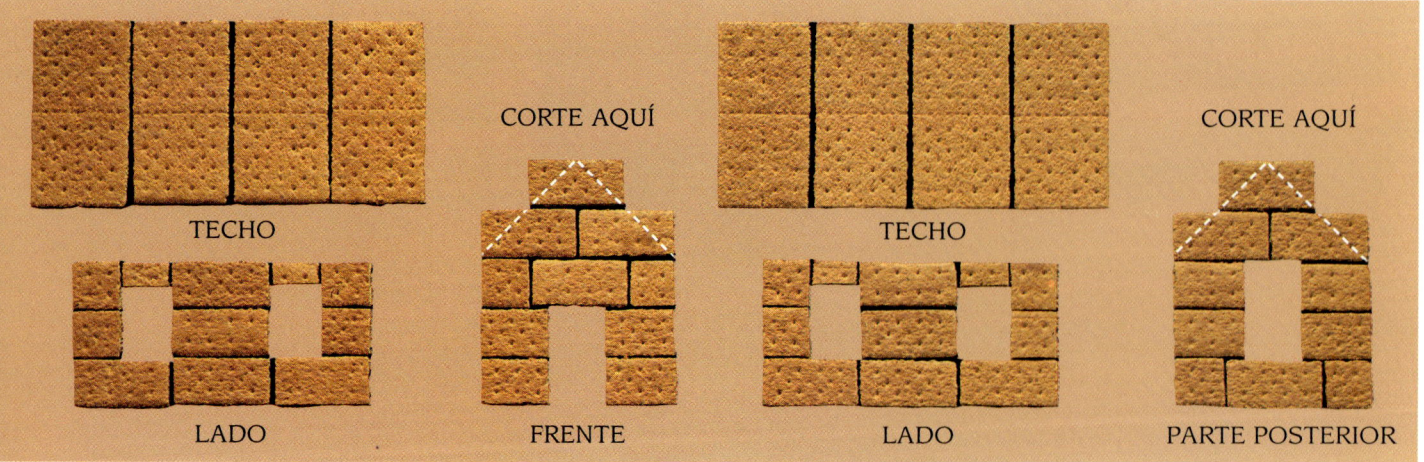

Plano de la cabaña. Ensamble la base, los muros y el techo como se indica en Pasos básicos, páginas 172 y 173.

1 **Decoración de ventanas.** Llene las ventanas con caramelos macizos de colores. Aplique mortero alrededor de los caramelos para formar los vidrios de las ventanas.

2 Aplique mortero sobre las galletas rellenas de crema, en diseño cruzado. Espolvoree las grageas de colores. Fije la contraventana con mortero y adhiera piezas de regaliz como macetero.

1 **Puerta.** Use un ladrillo como puerta. Aplique mortero para pegar un caramelo redondo como corona. Forme un moño con una tira de regaliz y péguelo con mortero debajo de la corona. Ponga un punto de mortero con una bolita de plata como picaporte. Espere a que se endurezca.

2 Aplique mortero a lo largo de un lado de la puerta; péguela en el marco. Sujétela en su lugar hasta que se empiece a endurecer el mortero. Espere a que se endurezca completamente.

Aceras. Aplique mortero en una tira ancha (5 cm) desde el frente de la puerta hasta el extremo de la base. Coloque caramelos redondos en el mortero, como piedras. Adorne con caramelos de canela alrededor de las piedras.

Carámbanos. Derrita los caramelos *marshmallow* en el microondas (30 seg); pegue en la orilla del techo. Tire hacia abajo para formar carámbanos. Espere a que se endurezcan.

GENERAL STORE

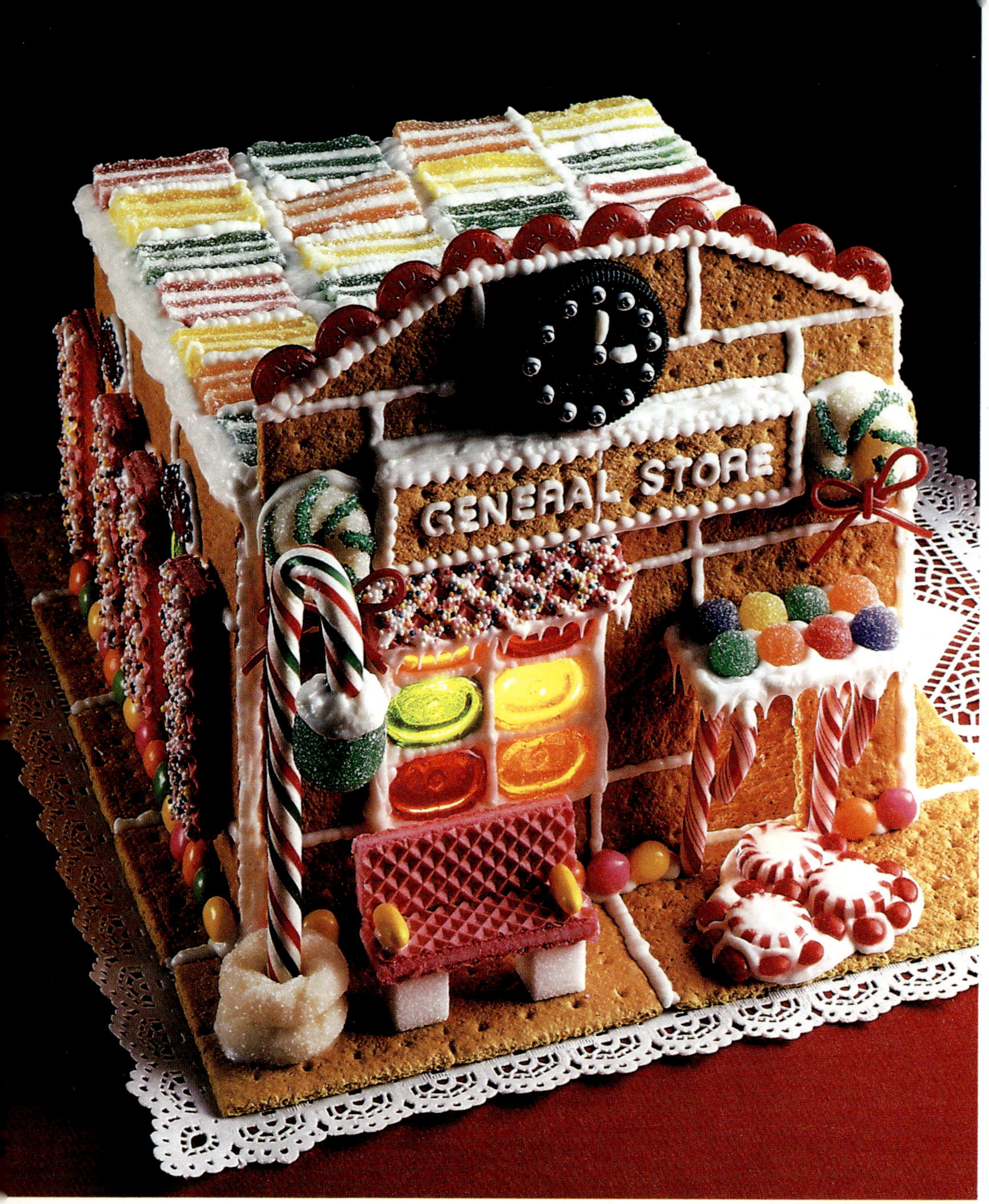

TIENDA DE GALLETAS

- 28 galletas de canela, enteras
- 750 g de glaseado blanco (pág. 125)
- Varias bolsas sellables de 1 litro para congelar
- Galletas rellenas de crema
- Caramelos macizos de colores
- Caramelos macizos rojos, con agujero en el centro
- Bastones de caramelo, pequeños y grandes
- Caramelos de menta redondos
- Cubos de azúcar
- *Donuts* (donitas) de azúcar, blancas y verdes
- Gominolas (gomitas) pequeñas y grandes, de colores
- Regaliz (orozuz) rojo, en tiras
- Bolas (chochitos) de plata
- Caramelos de canela, rojos
- Galletas sándwich de chocolate
- Gominolas en tiras (tiras de agar), de colores

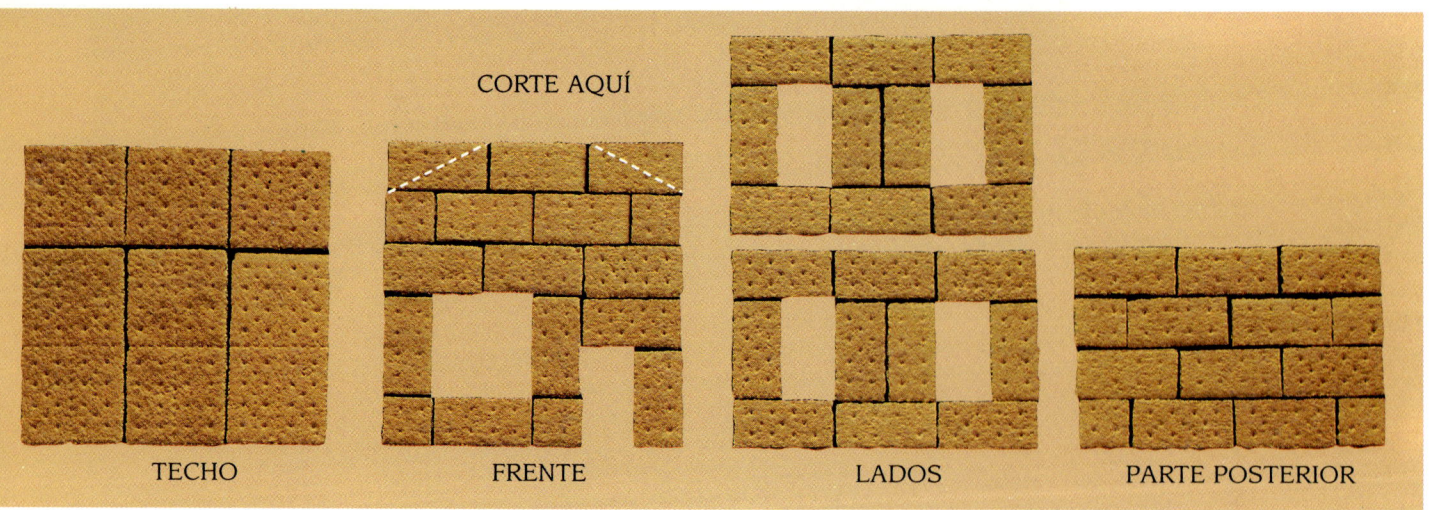

CORTE AQUÍ
TECHO
FRENTE
LADOS
PARTE POSTERIOR

Plano del almacén. Ensamble la base, los muros y el techo como se indica en Pasos básicos, páginas 172 y 173.

Decoración del techo. Extienda una capa uniforme de mortero sobre la parte superior del techo ya ensamblado. Coloque armónicamente gominolas en tiras sobre la parte superior del techo. Espere a que se endurezca. Pegue el techo como se indica en la página 173.

1 Toldo. Cubra con mortero la cara de un ladrillo. Adhiera mitades de gominolas pequeñas, o espolvoree azúcar coloreada. Espere a que se endurezca.

2 Aplique una línea gruesa de mortero a lo largo de una de las orillas del toldo. Coloque éste sobre la puerta, con el borde con mortero contra el muro. Sosténgalo con un objeto pesado o sujételo hasta que se endurezca. Use mortero para adherir un bastón de caramelo en cada lado del toldo, como apoyo.

1 Farol. Haga un hoyo pequeño en la parte superior de una gominola grande. Ponga una cantidad pequeña de mortero en el hoyo. Inserte el extremo curvo de un bastón de caramelo grande en el hoyo. Colóquelo de lado hasta que se endurezca.

2 Apile 2 o 3 *donuts* de azúcar como base del farol. Inserte el extremo recto del bastón de caramelo. Con mortero, pegue el farol en la base de galletas. Sujete en su lugar hasta que se empiece a endurecer el mortero.

Banco. Use 2 galletas rellenas de crema para hacer el banco. Pegue el respaldo en el asiento con mortero. Adhiera 2 cubos de azúcar como patas y dos caramelos alargados como brazos. Espere a que seque. Coloque en la base, frente al almacén.

IGLESIA DE GALLETAS

- 33 galletas de canela, enteras
- 500 g de glaseado blanco (pág. 125)
- Varias bolsas sellables de 1 litro para congelar
- Caramelos de colores
- Gominolas (gomitas) grandes, de colores
- Tiras de regaliz (orozuz) rojo
- Gajos de agar, de colores
- Bastoncitos de caramelo
- Caramelos de menta redondos
- Grageas de colores
- Caramelos *marshmallow* (malvaviscos), blancos

Plano de la iglesia. Ensamble la base, los muros y el techo como se indica en Pasos básicos, páginas 172 y 173.

Vidrieras de colores. Forme las ventanas con caramelos macizos de colores. Con mortero, llene los espacios alrededor de los caramelos. Aplane unas gominolas, córtelas por la mitad y pegue una mitad sobre cada ventana para formar un arco. Use más mortero para pegar bastones de caramelo como repisones.

Escalones. Apile escalonadamente 4 gajos de agar. Péguelos con un poco de mortero. Debajo de los escalones, coloque caramelos de menta redondos como apoyo. Rompa bastones de caramelo del largo deseado para hacer las barandillas. Pegue con mortero. Sujete en su lugar hasta que se sequen. Adhiera las hojas de la puerta como se indica en la página 175.

Campana. Haga un hoyo pequeño en la parte superior de una gominola grande. Aplique un poco de mortero en el hoyo. Inserte un extremo de una tira de regaliz de 4 cm para hacer la cuerda de la campana. Espere a que se endurezca. Aplique mortero alrededor de la parte inferior de la gominola para formar la campana. Espere a que se endurezca.

1 Campanario. Corte 2 galletas de canela por la mitad, a lo ancho, para el techo y los muros del campanario. Para el techo, sujete 2 mitades de galleta en ángulo recto.

2 Aplique mortero donde se tocan las galletas. Mientras esté aún fresco, inserte el extremo de la cuerda de la campana en la unión del techo. Sujete hasta que se endurezca.

3 Pegue los muros con mortero; sujete hasta que se endurezca. Pegue el campanario; sujete hasta que esté firme. Forme carámbanos con caramelos *marshmallow* derretidos.

Menús para cenas navideñas

CENA DE PAVO

Si tendrá muchos comensales, prepare un pavo entero en el horno convencional y los platos adicionales en el de microondas. Haga gran parte de los preparativos con anticipación; así evitará las prisas de última hora.

Para pocos comensales, guise un pavo deshuesado en el horno de microondas. Es posible hacer un pavo entero de menos de 5 kg en el horno de microondas, pero el pavo deshuesado requiere de poca vigilancia, es más fácil de trinchar y no tiene desperdicio.

Si el plato principal es pavo silvestre, no siga las recetas del pavo y del relleno sino la de *Pavo silvestre al horno* (págs. 202-203).

Pavo
pág. 184
o
Pavo deshuesado con hierbas
pág. 184

Relleno de arroz con salchichas
págs. 234-235

Ensalada Waldorf de fresas
pág. 247

Puré de patata con Gravy de pavo
págs. 218, 185

Guisantes con cebollitas a la crema, en Cazuelitas de pan
pág. 215

Panecillos y mantequilla

Tarta de calabaza con naranja
pág. 257

183

PAVO

- Un pavo entero, de 7 a 9 kg, descongelado
- Sal y pimienta
- 2 cucharadas a 1/4 taza de mantequilla o margarina

16 a 20 raciones

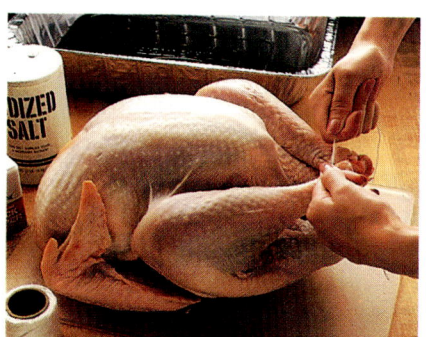  

1 Caliente el horno a 160°C. Lave el pavo y séquelo con toallas de papel. Salpimiente la cavidad ligeramente. Ate bien las piernas con hilo; oculte las puntas de las alas. Colóquelo en una bandeja grande para hornear.

2 Ponga la mantequilla en una taza de medir de vidrio, en el horno de microondas, en Alta, de 45 a 90 seg, hasta que se derrita. Barnice el pavo con ella. Salpimiéntelo por fuera. Coloque un termómetro para carne en el muslo; tape con papel de aluminio.

3 Calcule el tiempo total de cocción de 45 a 65 min por kilo. Hornee hasta que el termómetro marque 85°C en la parte interior del muslo. Quite el papel de aluminio en los últimos 30 min. Déjelo reposar, cubierto con el papel de aluminio, de 15 a 20 min antes de trinchar. Aparte el jugo y la grasa para hacer el gravy (pág. 185).

PAVO DESHUESADO CON HIERBAS

- 1 pavo entero, deshuesado, de 2 1/2 a 3 kg
- 3 dientes de ajo, cortados en cuartos
- 3/4 cucharadita de mejorana seca, restregada
- 3/4 cucharadita de romero seco, restregado
- 3/4 cucharadita de salvia seca, restregada
- 1/4 cucharadita de pimienta

8 a 10 raciones

1 Hágale al pavo 12 cortes de 2 cm. Inserte un pedacito de ajo en cada uno. En un tazón pequeño, mezcle los demás ingredientes. Espolvoréelos uniformemente sobre el pavo.

2 Coloque el pavo en una bolsa para hornear. Átela, sin apretar, con hilo de nylon. Póngala en un refractario cuadrado de 3 litros. Inserte un termómetro para carne, especial para microondas. Cocine en Alta durante 10 min.

3 Déjelo en Media, de 45 min a 1 h 15 min más, o hasta que el termómetro marque 85°C en varios puntos internos; dé vuelta al pavo cada 30 min. Déjelo reposar, en la bolsa, de 15 a 20 min antes de trinchar. Aparte el jugo para hacer el gravy (pág. 185).

GRAVY DE PAVO

- 2 tazas de la grasa y el jugo que apartó
- 1/4 taza de harina
- 1/4 cucharadita de sal
- Una pizca de pimienta

2 tazas

1 Cuele el jugo y la grasa en una taza de medir de un litro. Agregue agua o caldo de pollo, si se necesita, para completar 2 tazas.

2 Ponga los demás ingredientes en un tazón. Añada un poco del jugo y la grasa a la harina condimentada. Revuelva hasta que la mezcla esté tersa. Incorpórela al jugo y a la grasa restantes, revolviendo con un batidor hasta que esté uniforme.

3 Meta en el horno de microondas, en Alta, de 6 a 8 min, o hasta que el gravy quede espeso y burbujeante; revuelva dos o tres veces.

CENA DE GANSO

Prepare ganso asado para la cena de Navidad. Mientras está cocinándose, haga en el microondas las *Patatas crujientes al horno*. El *Relleno integral de frutas* complementa el delicioso sabor del ganso, y la *Ensalada caliente de col y manzana* es un acompañamiento excelente.

Si va a servir ganso silvestre como plato principal, sáltese la siguiente receta y utilice la de *Ganso asado, con manzanas al horno* (pág. 207).

Ganso asado
pág. 187

Relleno integral de frutas   **Ensalada caliente de col y manzana**
pág. 234   pág. 217

Ensalada marinada de judías verdes   **Panecillos y mantequilla**
pág. 246

Patatas crujientes al horno
pág. 219

Pastel de tronco de Navidad
pág. 268

GANSO ASADO

- 1 ganso entero, de 3 a 4 kg
- Sal y pimienta

6 a 8 raciones

 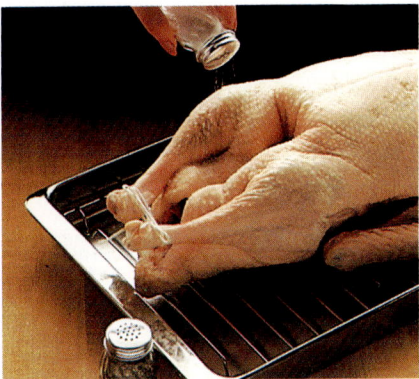

1 Caliente el horno a 160°C. Lave el ganso y séquelo con toallas de papel. Salpimiente la cavidad. Ate bien las piernas con hilo; oculte las puntas de las alas. Coloque, con la pechuga hacia arriba, sobre una rejilla en una bandeja para hornear.

2 Salpimiente el ganso por fuera. Calcule el tiempo total de cocción en 50 min por kilo. Ase hasta que el jugo salga claro y se puedan mover las piernas fácilmente; bañe el ganso con el jugo y la grasa que suelte. Deseche la grasa excedente.

CENA DE GALLINAS CORNISH

La pequeña gallina Cornish es ideal para cenas navideñas de dos a cuatro personas. Puede prepararse en el horno convencional o en el de microondas. Sírvalas sobre *Arroz con arándanos* para una presentación diferente de las tradicionales guarniciones preparadas durante estas fiestas.

Gallinitas Cornish glaseadas con jalea de grosella
págs. 190-191

Arroz con arándanos
pág. 217

Ensalada de lechuga y brécol
pág. 246

Batatas rellenas
pág. 220

Panecillos y mantequilla

Pastel de queso con calabaza
pág. 264

GALLINITAS CORNISH GLASEADAS CON JALEA DE GROSELLA

- 1/4 taza de jalea de grosella
- 1 cucharada de jerez seco
- Una pizca de canela en polvo
- 2 gallinitas Cornish (500 g cada una)
- 1/4 cucharadita de sal
- Una pizca de pimienta

2 raciones

Gallinitas Cornish para cuatro:
Siga esta receta, duplicando las cantidades de los ingredientes. Ase en un horno convencional (pág. 191) o en el de microondas (pág. 191), siguiendo las instrucciones, pero en éste, ase las gallinitas en Alta de 22 a 32 min, dándoles vuelta dos veces.

1 Glaseado de grosella. Mezcle bien la jalea, el jerez y la canela en una taza de medir.

2 Cocine en el horno de microondas, en Alta, hasta que la jalea se derrita; revuelva una vez.

1 Preparación de las gallinitas. Quite los menudillos (menudencias). Enjuague las cavidades de las aves con agua fría. Séquelas con toallas de papel.

2 Espolvoree sal y pimienta en las cavidades. Ate las piernas con hilo.

1. **Gallinitas Cornish glaseadas, en horno convencional.** Caliente el horno a 180°C. Coloque las aves, con la pechuga hacia arriba, sobre una rejilla en una bandeja para hornear.

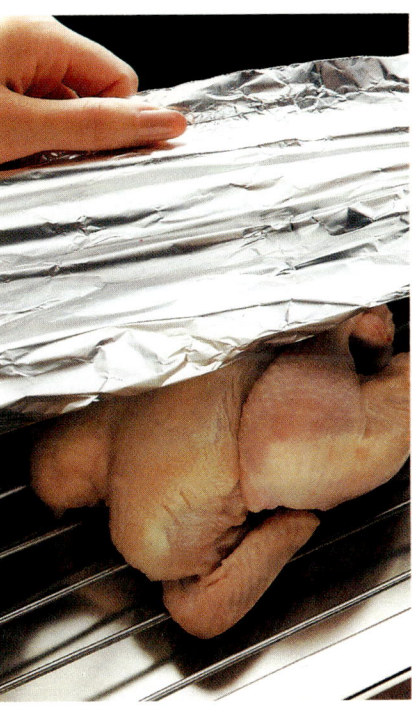

2. Cubra ligeramente con papel de aluminio. Hornee durante 1 h. Prepare el glaseado (pág. 190).

3. Barnice las gallinitas con el glaseado. Ase, destapadas, durante 30 min o hasta que queden doradas.

1. **Gallinitas Cornish glaseadas, en horno de microondas.** Coloque las aves, con la pechuga hacia arriba, en una rejilla para asar. Déjelas a un lado. Prepare el glaseado (pág. 190) y barnice las aves con la mitad de éste.

2. Cubra las aves con papel encerado. Cocine en Alta de 12 a 17 min, o hasta que se puedan mover las piernas fácilmente y el jugo salga claro; dé vuelta a las aves una vez y barnícelas una vez con el glaseado restante.

3. Deje reposar las aves, cubiertas holgadamente con papel de aluminio, durante 5 min.

CENA DE JAMÓN GLASÉ

Utilice el horno de microondas para preparar un jamón para 8 o 10 personas. Cuando se asa en el horno de microondas un jamón pequeño sin hueso, queda muy jugoso. Para más de 10 personas, es más fácil asar un jamón grande en el horno convencional.

Jamón glasé
pág. 192-193

Gelatina con perlas de melón
pág. 249

Batatas confitadas
pág. 221

Patatas navideñas a la crema
pág. 218

Panecillos y mantequilla

Copa de frutas
pág. 263

JAMÓN GLASÉ

En horno convencional:
- 1 taza de azúcar morena
- 1/4 taza de mostaza en polvo
- 1/4 taza de jugo de manzana o de naranja
- 1 jamón entero, cocido, deshuesado, de 4 a 5 kg
- Clavos de olor enteros

16 a 20 raciones

En horno de microondas:
- 1/2 taza de azúcar morena
- 2 cucharadas de mostaza en polvo
- 2 cucharadas de zumo de manzana o de naranja
- 1 jamón entero, cocido, deshuesado, de 2 a 2 1/2 kg
- Clavos de olor enteros

8 a 10 raciones

Preparación del jamón. Haga cortes en forma de rombitos, de 2 cm y 5 mm de profundidad. Ponga un clavo en el centro de cada rombito.

Glasé. Mezcle bien todos los ingredientes, excepto el jamón y los clavos. Haga cortes superficiales al jamón y condiméntelo (vea a la derecha). Siga las instrucciones para el método de cocción que haya escogido.

1 En horno convencional. Prepare el glasé (vea arriba). Caliente el horno a 160°C. Inserte en el jamón un termómetro para carne. Calcule el tiempo total de cocción de 25 a 35 min por kilo. Coloque el jamón, con los cortes hacia arriba, sobre una rejilla en una bandeja para hornear.

2 Barnice el jamón con el glasé durante los últimos 30 min. Ase el tiempo que falta, o hasta que la temperatura interna sea de 60°C, y bañe una vez con el jugo que suelte.

3 Decore el jamón con cuartos de rodajas de naranja durante los últimos 10 min, si desea. Fíjelos con clavos de olor, en líneas diagonales. Bañe el jamón con el jugo que haya escurrido y vuélvalo a poner en el horno. Déjelo reposar 10 min.

1 **En horno de microondas.** Ponga el jamón, con los cortes hacia arriba, en un refractario de 3 litros. Cubra el lado cortado con envoltura autoadherible transparente para microondas. Inserte un termómetro para carne, especial para microondas. Ase en Media durante 30 min.

2 Prepare el glasé (pág. 192). Barnice el jamón con él. Ase en Media de 10 a 15 min, o hasta que la temperatura interna sea de 55°C.

3 Decore el jamón con cuartos de rodajas de naranja (pág. 192) durante los últimos 5 min, si desea. Déjelo reposar, cubierto holgadamente con papel de aluminio, 10 min antes de trincharlo. (La temperatura interna aumentará de 2 a 5°C durante el tiempo de reposo.)

CENA DE CORONA DE CERDO

Como requiere de mucha vigilancia, es mejor preparar la *Corona de cerdo* en un horno convencional y ponerle un relleno hecho en el de microondas. Sirva con *Ensalada de brécol y coliflor,* decorada con rodajas de limón, si desea.

Corona de cerdo, **con Fruta glaseada**
pág. 195   pág. 229

Relleno de arroz con salchichas   **Batatas al jerez**
pág. 234   pág. 220

Ensalada de brécol y coliflor
pág. 216

Ensalada de fresa y aguacate   **Panecillos y mantequilla**
pág. 246

Pastel de queso con cerezas y pistaches
pág. 265

CORONA DE CERDO, AL HORNO

- 1 1/2 cucharaditas de semillas de hinojo, machacadas
- 1 1/2 cucharaditas de cebolla en polvo
- 1 cucharadita de sal
- 1 cucharadita de pimienta
- 1 lomo de cerdo con costillas (4 kg), preparado como corona
- Aceite vegetal

8 a 10 raciones

1 Mezcle todo, excepto la carne y el aceite. Unte bien la corona con esto. Cubra y refrigere 12 h. Caliente el horno a 160°C. Coloque la carne sobre una rejilla, en una bandeja para hornear. Cubra las puntas de las costillas con papel de aluminio.

2 Barnice la carne con un poco de aceite. Inserte un termómetro para carne. Calcule el tiempo total de cocción en 45 min por kilo. Ase hasta que la temperatura interna sea de 72°C. Deje reposar 10 min antes de trinchar.

CENA DE LOMO DE CERDO

El lomo de cerdo se puede asar en un horno convencional o en uno de microondas. Prepare *Moros y cristianos* en el horno de microondas hasta con dos días de anticipación. Acompañe con *Manzanas con naranja y cilantro*.

Lomo de cerdo con especias, con Gravy de crema
pág. 197

Ensalada de col al limón
pág. 247

Manzanas con naranja y cilantro
pág. 229

Moros y cristianos
pág. 214

Panecillos y mantequilla

Carlota de naranja
pág. 261

LOMO DE CERDO CON ESPECIAS

- 1 cucharadita de sal sazonada
- 1/4 cucharadita de pimentón
- 1 lomo de cerdo, de 1 1/2 a 2 1/2 kg

6 a 10 raciones

1 En horno convencional.
Caliente el horno a 160°C. En un tazón, combine la sal y el pimentón. Frote el lomo por todas partes con esta mezcla. Colóquelo, con la parte más grasosa hacia arriba, sobre una rejilla en una bandeja para hornear.

2 Inserte en el lomo un termómetro para carne. Calcule el tiempo total de cocción de 65 a 75 min por kilo. Hornee hasta que la temperatura interna sea de 72°C.

3 Deje reposar la carne 10 min antes de trinchar. Cuele y aparte el jugo y la grasa que hayan escurrido, para hacer el gravy (vea abajo).

1 En horno de microondas.
En un tazón, mezcle la sal y el pimentón. Frote el lomo con esta mezcla. Colóquelo, con la parte más grasosa hacia abajo, sobre una rejilla para hornear. Calcule el tiempo total de cocción en 45 min por kilo.

2 Divida el tiempo en dos. Hornee el lomo en Media la primera mitad del tiempo total de cocción. Déle vuelta para que la parte más grasosa quede arriba. Inserte un termómetro para carne, especial para microondas.

3 Hornee en Media durante la segunda mitad del tiempo, o hasta que la temperatura interna sea de 70°C. Cubra holgadamente con papel de aluminio y deje reposar 10 min. Cuele y aparte el jugo y la grasa que hayan escurrido, para el gravy (vea abajo).

GRAVY DE CREMA

- 2/3 taza del jugo y la grasa que apartó
- 1/3 taza de nata líquida (media crema) o de leche
- 2 cucharadas de harina
- Una pizca de sal
- Una pizca de pimienta

1 taza

1 Cuele el jugo y la grasa en una taza de medir de medio litro. Si es necesario, agregue agua para completar 2/3 de taza. Añada la nata líquida. Coloque los demás ingredientes en un tazón pequeño. Incorpore un poco del jugo y de la grasa a la mezcla de harina; revuelva hasta que esté bien mezclado todo.

2 Añada esta mezcla al jugo y a la grasa restantes, revolviendo con un batidor para quitar los grumos. Cocine en el microondas, en Alta, de 3 a 5 min, o hasta que la mezcla esté espesa y burbujeante; revuelva dos veces.

CENA DE ENTRECOT

De acuerdo con el tiempo de que disponga o de sus preferencias, puede hacer el entrecot de buey (res) en el horno convencional o en el de microondas. La *Tarta estilo Yorkshire*, que se hace en un horno convencional para que tenga corteza, puede prepararse mientras se está cocinando la carne en el de microondas o mientras está reposando un asado cocinado en un horno convencional.

Entrecot a la pimienta
pág. 199

Tarta estilo Yorkshire
págs. 226-227

Panecillos y mantequilla

Gelatinas de cereza con dátiles
pág. 248

Coles de Bruselas a la mostaza
pág. 214

Delicia de fresas con amareto
pág. 261

ENTRECOT A LA PIMIENTA

- 2 cucharaditas de pimienta negra, triturada o molida gruesa
- 3/4 cucharadita de ajo en polvo
- 1/2 cucharadita de sal (opcional)
- 1 entrecot de buey (res), deshuesado, de 2 a 3 kg

8 a 12 raciones

Grado de cocción en horno convencional	Temperatura interna
Semicruda (a la inglesa)	51°C
Término medio	57°C
Bien cocida	65°C

1 En horno convencional. Caliente el horno a 160°C. En un tazón pequeño, mezcle todos los ingredientes, excepto la carne. Frote ésta por todas partes con la mezcla de especias.

2 Ponga la carne, con la parte más grasosa hacia arriba, sobre una rejilla en una bandeja grande para hornear; inserte un termómetro para carne. Calcule el tiempo total de cocción de 55 a 75 min por kilo.

3 Hornee hasta que el termómetro marque el grado de cocción deseado (vea arriba). Deje reposar la carne de 15 a 20 min antes de trinchar.

1 En horno de microondas. En un tazón pequeño, mezcle todos los ingredientes, excepto la carne. Frote ésta por todas partes con la mezcla. Póngala, con lo más grasoso hacia abajo, en una rejilla para asar. Calcule el tiempo total de cocción en 30 min por kilo. Divida ese tiempo en dos.

2 Hornee, en Alta, por 5 min. Cocine en Media el tiempo que reste de la primera mitad. Dé vuelta para que lo más grasoso quede arriba. Inserte un termómetro para carne, especial para microondas.

3 Cocine en Media durante la segunda mitad del tiempo de cocción o hasta que la temperatura interna sea de 52°C. Deje reposar la carne, cubierta holgadamente con papel de aluminio, 10 min antes de trinchar. (La temperatura interna aumentará de 2 a 5°C durante el tiempo de reposo.)

CENA DE CORDERO

Si desea servir una cena elegante para dos personas, divida en dos un costillar de cordero, átelo y áselo en el horno de microondas. Puede preparar las *Calabazas con jengibre* en el microondas desde antes y recalentarlas mientras la carne está reposando. Para cuatro comensales, haga este platillo con dos costillares, en un horno convencional.

Costillar de cordero, marinado en vino
págs. 200-201

Gelatina de limón con verduras
pág. 248

Patatas y castañas a la Dijon
pág. 221

Calabazas con jengibre
pág. 213

Panecillos y mantequilla

Tartaletas de nuez
pág. 258

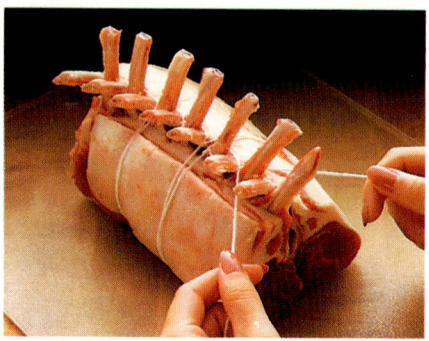

Cómo atar costillares de cordero. Colóquelos con los huesos hacia arriba y con los lados cóncavos enfrentados. Entrecruce las puntas y átelos con hilo como se muestra.

COSTILLAR DE CORDERO, MARINADO EN VINO

En horno convencional:
- 2 costillares de cordero, de 625 g cada uno (unas 8 costillas), con las puntas sin carne
- 1 taza de vino rosado
- 2 dientes de ajo, picados
- 1 cucharadita de romero seco

4 raciones

En horno de microondas:
- 1 costillar de cordero, de 625 g (unas 8 costillas), con las puntas sin carne, partido en dos
- 1/2 taza de vino rosado
- 1 diente de ajo, picado
- 1/2 cucharadita de romero seco

2 raciones

Coloque en una bolsa los costillares de cordero atados (vea arriba). Agregue los demás ingredientes. Ate la bolsa con hilo de nylon. Refrigere toda la noche, dando vuelta a la bolsa varias veces.

1 En horno convencional. Caliente el horno a 160°C. Ponga los costillares de cordero sobre una rejilla, en una bandeja grande para hornear. Inserte un termómetro para carne. Calcule el tiempo total de cocción en 45 min por kilo.

2 Hornee hasta que el termómetro marque el grado de cocción deseado (pág. opuesta).

3 Deje reposar la carne por 10 min antes de trincharla.

1 En horno de microondas. Ponga la carne en una rejilla para asar. Inserte un termómetro para carne, especial para microondas. Cocine en Media de 11 a 20 min, o hasta que la temperatura interna corresponda al grado de cocción deseado (tabla de la derecha), dándole 1/4 de vuelta dos o tres veces.

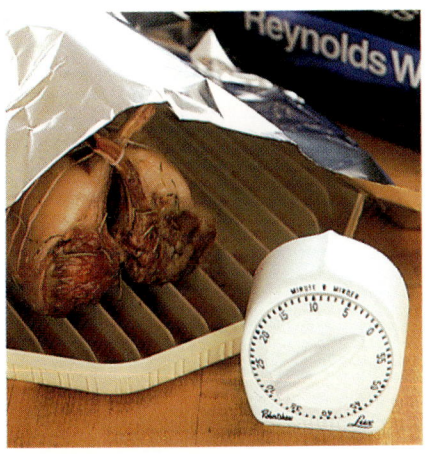

2 Deje reposar la carne, cubierta holgadamente con papel de aluminio, 10 min antes de trincharla. (La temperatura interna aumentará de 2 a 5°C durante el tiempo de reposo.) No se recomienda utilizar un horno de menos de 600 vatios.

Grado de cocción en horno convencional	Temperatura interna
Semicruda	55°C
Término medio	62°C
Bien cocida	70°C

Grado de cocción en horno de microondas	Temperatura interna
Semicruda	50°C
Término medio	57°C
Bien cocida	65°C

AVES DE CAZA AL HORNO

Se pueden asar las aves con la piel, en una bandeja destapada, en un horno no muy caliente (a 160°C). El bañarlas con frecuencia ayuda a conservar la humedad de la carne y hace que la piel quede dorada y crujiente. Algunos cocineros prefieren prepararlas en bolsas para hornear; así no necesita bañarlas, la piel se dora bien y la limpieza es más fácil.

Las aves sin piel requieren de otro tratamiento. Los métodos de cocción húmeda, como guisar o cocer al vapor, funcionan mejor que asar en una bandeja destapada. Si desea hornear aves sin piel, cubra la carne con tiras de tocino o úntela con mantequilla reblandecida y báñela con frecuencia. Las aves pequeñas, tales como las palomas y las codornices, pueden envolverse con hojas de col o de parra para conservarlas húmedas. Solamente deben ser asadas las aves jóvenes. Las más viejas y correosas deben ser cocinadas con calor húmedo.

Inserte un termómetro para carne en el muslo de un pavo o un faisán antes de hornearlo, o cerca del final del tiempo de horneado, revise con un termómetro para carne de lectura instantánea. Las aves están cocidas cuando la temperatura del muslo llega a 85°C. Si asa aves de menor tamaño, compruebe el grado de cocción moviéndole una pierna de un lado para otro. Cuando la pierna se mueve fácilmente, ya está cocida. También puede pinchar el muslo; el jugo debe salir claro. No lo pinche demasiadas veces porque perdería mucho jugo.

PAVO SILVESTRE AL HORNO

- 1 cucharada de harina
- 1 cebolla mediana, en rebanadas
- 3 tallos de apio con las hojas, picados
- 1 pavo silvestre, con la piel, completamente descongelado
- Sal y pimienta
- *Relleno de albaricoque* (pág. 237) u otro (opcional)
- Mantequilla o margarina derretida
- 2 cucharadas de harina
- 3 cucharadas de agua fría

Pavo	Peso antes de rellenar	Tiempo de cocción*
Con relleno	De 2 a 4 kg	2 - 2 h 45 min
	De 4 a 5 1/2 kg	2 h 30 min - 3 h
	De 5 1/2 a 7 kg	3 - 3 h 30 min
	De 7 a 9 kg	3 h 30 min - 4 h
	De 9 a 11 1/2 kg	4 h 30 min - 5 h
Sin relleno	De 2 a 4 kg	1 h 45 min - 2 h 15 min
	De 4 a 5 1/2 kg	2 - 2 h 30 min
	De 5 1/2 a 7 kg	2 h 30 min - 3 h
	De 7 a 9 kg	3 - 3 h 30 min
	De 9 a 11 1/2 kg	4 - 4 h 30 min

* Hornee a 180°C hasta llegar a una temperatura interna de 85°C.

1 Ponga una cucharada de harina en una bolsa para hornear grande. Agite para distribuirla bien. Coloque la bolsa en una cacerola para hornear de 3 1/2 litros. Agregue la cebolla y el apio. Caliente el horno a 180°C.

2 Salpimiente la cavidad del ave. Póngale el relleno, sin apretar. Coloque el que sobre en un refractario engrasado con mantequilla. Cubra y refrigere. También puede hornear el pavo sin haberlo rellenado.

3 Ate las piernas del pavo con hilo, cubriendo la cavidad. Para evitar que se resequen las alas durante el horneado, meta las puntas abajo del espinazo.

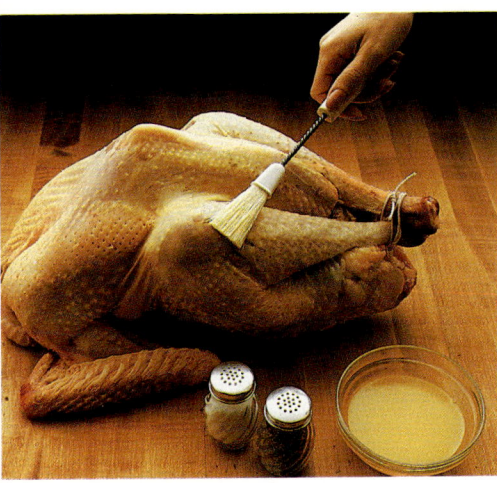

4 Barnice todo el pavo con mantequilla derretida; sazone con sal y pimienta. Póngalo en la bolsa con la cebolla y el apio. Cierre la bolsa con hilo de nylon.

5 Inserte un termómetro para carne en el muslo, por la parte superior de la bolsa. Haga 6 cortes de 1 cm en la parte superior de la bolsa. Ase de acuerdo con la tabla. Hornee el relleno adicional durante los últimos 30 min.

6 Saque el pavo de la bolsa; espere 20 min antes de trincharlo. Para el gravy, combine las 2 cucharadas de harina con el agua. En un cazo, incorpore al jugo y a la grasa; cocine, a fuego medio, hasta que esté espeso.

FAISÁN ESTILO VASCO

- 2 faisanes, cortados en piezas
- 1/3 taza de azúcar morena
- 3/4 taza de vino blanco
- 1/2 taza de aceite de oliva
- 1/2 taza de vinagre
- 1 taza de ciruelas pasas medianas, deshuesadas
- 1 taza de aceitunas verdes, medianas, deshuesadas
- 1/4 taza de alcaparras, con su líquido
- 3 dientes de ajo, picados
- 2 hojas de laurel secas, restregadas
- 2 cucharadas de perejil fresco, picado finamente
- 2 cucharadas de hojas secas de albahaca, restregadas

4 a 6 raciones

1. Acomode las piezas de faisán en una sola capa, en un refractario de 3 1/2 litros. En un tazón pequeño, ponga la azúcar, el vino, el aceite y el vinagre. Revuelva para mezclarlos. Añada los demás ingredientes y mezcle bien.

2. Vierta la mezcla sobre el faisán. Cubra el refractario con envoltura autoadherible transparente. Refrigere por lo menos 6 h, o toda la noche, dando vuelta a las piezas dos veces.

3. Caliente el horno a 180°C. Quite la envoltura que cubre el refractario. Hornee hasta que la carne esté suave, como 1 h, dando vuelta una vez. Ponga la carne, las aceitunas y las ciruelas pasas en un plato de servir.

FAISÁN CON SALSA CREMOSA DE CHAMPIÑONES

- 1 lata de crema de champiñones, condensada (284 ml)
- 1/2 taza de nata (crema) agria
- 1/4 taza de leche
- 2 cucharadas de jerez (opcional)
- 1/2 taza de harina
- 1 cucharadita de sal
- 1/4 cucharadita de pimienta
- 2 faisanes, cortados en piezas
- 1/4 taza de aceite vegetal
- 250 g de champiñones frescos
- 1 cebolla mediana, cortada en 8 trozos
- 1/4 cucharadita de tomillo seco (opcional)

4 a 6 raciones

1. Caliente el horno a 150°C. En un tazón pequeño, mezcle la crema de champiñones, la nata agria, la leche y el jerez. En una bolsa grande de plástico, ponga la harina, la sal y la pimienta. Agite para mezclarlas. Agregue las piezas de faisán y vuelva a agitar.

2. En una cacerola metálica gruesa, con tapa, caliente el aceite a fuego medio. Añada el faisán. Dórelo por todas partes. Si es necesario, hágalo en dos tandas. Pase todas las piezas de faisán a la cacerola. Agregue los champiñones frescos, la cebolla, el tomillo y la mezcla de crema de champiñones. Tape y hornee hasta que la carne esté suave, de 1 h 30 min a 2 h.

Variación: Siga la receta sin la crema de champiñones, la nata agria, la leche y el jerez. Aparte 3 cucharadas de la harina con especias después de enharinar la carne. Cuando las piezas estén doradas, sáquelas de la cacerola. Aparte ésta del fuego. Incorpore la harina que reservó. Agregue 2 tazas de nata líquida (media crema). Cocine a fuego bajo, revolviendo constantemente, hasta que la mezcla empiece a burbujear. Pase las piezas de faisán a la cacerola. Agregue los champiñones, la cebolla y el tomillo. Tape y hornee siguiendo las instrucciones de arriba.

FAISÁN CON MANZANAS

- 6 cucharadas de mantequilla o margarina
- 2 faisanes, cortados en piezas
- 2 manzanas verdes, medianas, sin corazón, en rebanadas de 1 cm
- 1 taza de apio, en rebanadas de 1 cm
- 1 cebolla mediana, picada finamente
- 1 chalote mediano, picado finamente
- 3/4 taza de vino blanco seco
- 1 1/2 tazas de caldo de pollo
- 2 cucharadas de maicena
- 2 cucharadas de agua fría
- 1/2 taza de nata (crema) espesa
- 1 cucharada de perejil fresco, picado finamente
- Una pizca de sal
- Una pizca de pimienta
- 2 manzanas rojas, medianas
- Azúcar

4 a 6 raciones

1 Caliente el horno a 180°C. En una cacerola metálica gruesa, con tapa, derrita 3 cucharadas de mantequilla a fuego medio. Dore ahí las piezas de faisán. Retírelas y déjelas aparte.

2 Agregue a la cacerola las manzanas verdes, el apio, la cebolla y el chalote. Cocine a fuego bajo hasta que estén tiernos. Añada el vino y el caldo. Cueza a fuego medio por 5 min. Añada las piezas de faisán. Retire del fuego. Tape y hornee hasta que estén suaves, unos 40 min. Con unas pinzas, pase la carne a un plato de servir caliente. Aparte y manténgala al calor.

3 Cuele el líquido de la cacerola y póngalo de nuevo en ésta. Deseche las verduras y las manzanas de la coladera. En un tazón pequeño, mezcle la maicena y el agua. Añada al líquido de la cacerola. Cocine, a fuego medio, revolviendo constantemente, hasta que esté espeso y burbujeante. Baje la flama. Agregue la nata, el perejil, la sal y la pimienta. Cueza hasta que esté caliente. Aparte y manténgalo al calor.

4 Quíteles el corazón a las manzanas rojas y córtelas en rebanadas de 1 cm. Sobre papel encerado, espolvoréele azúcar. En una sartén mediana, derrita 3 cucharadas de mantequilla a fuego bajo. Añada las rebanadas de manzana. Dore uniformemente. Sirva las manzanas con el faisán y bañe con la salsa.

GANSO SILVESTRE CON CEREZAS

- Un ganso silvestre, de 1 a 1 1/2 kg, con o sin la piel
- 1 lata (de 454 ml) de cerezas negras, dulces, deshuesadas
- 1 cucharada de mantequilla o margarina
- 1 cucharada de aceite vegetal
- 1 cebolla pequeña, picada
- 1 cucharada de harina
- 1/2 taza de agua
- 2 cucharadas de licor de jerez
- 1 cucharada de azúcar morena
- 1 cucharadita de caldo concentrado de buey (res), en polvo
- 1/2 cucharadita de canela en polvo
- 1/4 cucharadita de sal
- 1 a 2 cucharadas de maicena (opcional)

2 a 3 raciones

1 Corte el ganso por la mitad, quitando el espinazo, y luego cada mitad en dos. Deje a un lado. Cuele las cerezas, reservando 1/2 taza del jugo.

2 En una cacerola metálica gruesa, con tapa, derrita la mantequilla en el aceite. Agregue la cebolla. Cueza y revuelva hasta que esté suave. Añada el ganso. Dore ligeramente por todas partes. Sáquelo y déjelo a un lado.

3 Incorpore la harina a la cacerola. Agregue, revolviendo, el jugo de cereza, 1/2 taza de agua, el jerez, la azúcar, el caldo, la canela y la sal. Añada el ganso y las cerezas. Caliente hasta que hierva. Baje la flama, tape y cocine hasta que la carne esté suave, unas 2 h. Déle vuelta una vez.

4 Pase la carne a un plato de servir caliente. Aparte y manténgala al calor. Desgrase la salsa. Si está poco espesa, mezcle 2 cucharadas de agua fría con la maicena. Incorpore a la salsa. Cueza, a fuego medio, revolviendo, hasta que quede espesa y translúcida. Vierta la salsa encima del ganso.

GANSO SILVESTRE CON CEREZAS, EN CACEROLA ELÉCTRICA

1 Siga la receta de arriba, pero pase los pedazos de ganso dorados a una cacerola eléctrica. Incorpore la harina a la mezcla de cebolla. Omita la 1/2 taza de agua. Añada, revolviendo, el jugo de cereza que apartó, el jerez, la azúcar, el caldo, la canela y la sal. Cocine, revolviendo, hasta que se espese. Agregue las cerezas y revuelva. Vierta sobre los pedazos de ganso en la cacerola. Tape y cocine a fuego lento hasta que la carne esté suave, de 6 a 7 h.

2 Pase los pedazos a un plato de servir caliente. Aparte y mantenga al calor. Desgrase la salsa. Si está poco espesa, mezcle 2 cucharadas de agua con la maicena. Incorpore a la salsa. Aumente el calor a Alto. Cocine, revolviendo, hasta que quede espesa y translúcida. Vierta la salsa encima del ganso.

GANSO CON MANZANAS RELLENAS, AL HORNO

- 1 ganso silvestre entero, de 3 a 4 kg, con la piel
- Sal sazonada
- Sal y pimienta
- 1 zanahoria, cortada en trozos de 3 cm
- 1 tallo de apio, cortado en trozos de 3 cm
- 1 cebolla mediana, cortada en 8 trozos
- Brandy de manzana o Calvados (opcional)

Manzanas al horno:
- 6 a 8 manzanas medianas, sin corazón
- 1 taza de batata (camote), cocida y machacada
- 1/4 taza de azúcar morena, bien apretada
- 2 cucharadas de mantequilla o margarina, derretida
- 1/4 cucharadita de sal
- Una pizca de pimienta

6 a 8 raciones

1 Pele la parte superior de las manzanas. En un tazón mediano, mezcle bien el resto de los ingredientes para las manzanas.

2 Rellene las manzanas con la batata, copeteándolas. Colóquelas en un refractario. Aparte las manzanas. Caliente el horno a 160°C.

3 Seque el ganso. Espolvoree en la cavidad la sal sazonada, la sal y la pimienta. Meta la zanahoria, el apio y la cebolla en la cavidad.

4 Ate las piernas sobre la cavidad. Meta las puntas de las alas abajo del espinazo. Ponga, con la pechuga hacia arriba, sobre una rejilla en un molde para hornear. Espolvoree la sal sazonada, la sal y la pimienta.

5 Hornee, bañando el ganso con los jugos que escurran, y de vez en cuando con el brandy, hasta el grado de cocción deseado (50 min por kilo). Deseche la grasa excedente.

6 Coloque las manzanas rellenas en el horno durante los últimos 30 o 45 min. Báñelas frecuentemente con el jugo y la grasa del ganso. Sáquelas cuando estén suaves (cálelas con un tenedor). Sirva con el ganso.

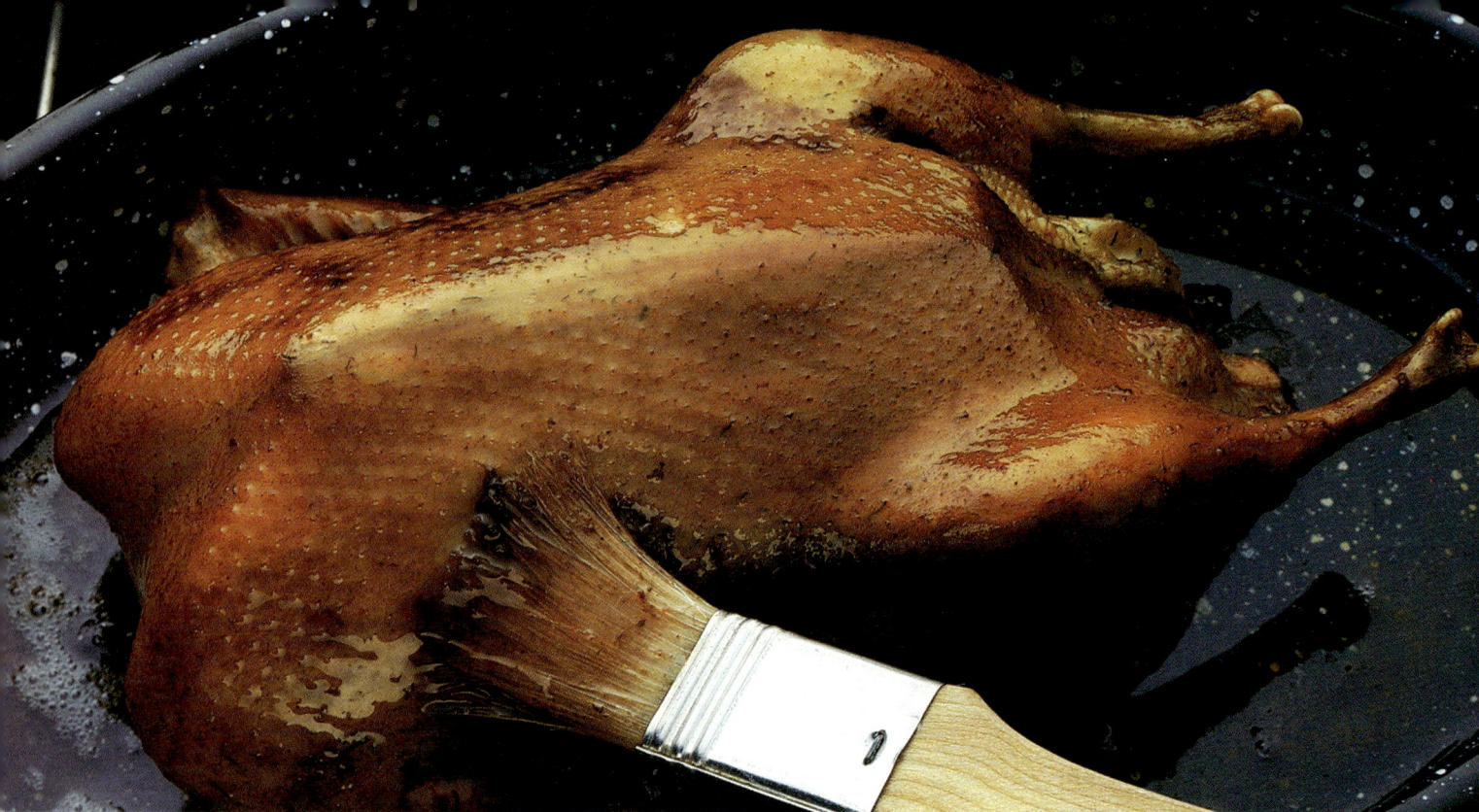

PATO ASADO, CON LIMÓN Y MENTA

- 1 pato silvestre grande, con la piel
- 1 cucharada y 1 1/2 cucharaditas de hojas de menta frescas, picadas finamente
- Cáscara rallada y jugo de un limón pequeño
- 3 cucharadas de mantequilla, reblandecida
- 1/4 cucharadita de pimienta
- Una pizca de sal
- 1 taza de caldo de pollo
- 1 limón mediano, cortado en 6 rodajas

2 raciones

1 Caliente el horno a 200°C. Seque el pato por dentro y por fuera con toallas de papel. En un tazón pequeño, mezcle bien una cucharada de hojas de menta, la cáscara y el jugo de limón, y una cucharada de mantequilla. Unte la cavidad con esta mezcla.

2 Coloque el pato en un molde para hornear de 2 1/2 litros. En una cacerola pequeña, ponga las 2 cucharadas restantes de mantequilla, la sal y la pimienta. Caliente, a fuego bajo, hasta que se derrita la mantequilla. Barnice el pato por fuera.

3 Hornee el pato hasta que la piel esté dorada y crujiente, y la carne esté en el punto de cocción deseado (de 40 a 60 min), bañándolo frecuentemente con el jugo que suelte. Páselo a un plato de servir, caliente. Aparte y manténgalo al calor. Vierta en un cazo mediano el jugo que quedó en el molde. Agregue el caldo. Cueza, a fuego medio, hasta que se reduzca a la mitad. Retire del fuego. Añada 1 1/2 cucharaditas de menta y las rodajas de limón. Deje reposar unos 2 min. Acomode el limón encima del pato. Vierta la salsa encima.

CERCETAS A LA PARRILLA

- 4 cercetas enteras, con la piel
- 1 limón, cortado en cuartos
- Aceite de oliva
- Sal y pimienta
- 8 bayas de enebro
- La parte superior de 4 tallos de apio, con las hojas
- 4 patatas (papas) pequeñas
- 4 cebollas pequeñas
- Orégano seco (opcional)

4 raciones

1 Encienda el carbón en el asador. Seque las cavidades y las partes exteriores de las cercetas con toallas de papel. Unte cada cavidad con un cuarto de limón y luego con el aceite de oliva. Salpimiente las cavidades. Coloque 2 bayas de enebro, 1 pedazo de apio, 1 patata y 1 cebolla dentro de cada una. Ate las piernas, tapando la cavidad, con hilo húmedo. Meta las puntas de las alas abajo del espinazo. Frote cada cerceta por fuera con un cuarto de limón y luego con aceite de oliva. Espolvoréelas con sal, pimienta y orégano.

2 Cuando el carbón esté encendido, distribúyalo uniformemente por todo el asador. Coloque las cercetas en la rejilla. Áselas hasta el punto deseado, de 15 a 35 min, dándoles vuelta una o dos veces, y barnizándolas con aceite de oliva. Retire y deseche el relleno.

PATO DORADO, CON VINO

- 1/4 taza de harina
- 1/4 cucharadita de sal
- 1/4 cucharadita de pimienta
- 2 patos silvestres grandes, cortados en piezas
- 2 cucharadas de mantequilla o margarina
- 2 cucharadas de aceite vegetal
- 1 cebolla mediana, picada
- 2 chalotes medianos, picados finamente
- 1 taza de vino tinto
- 1 taza de caldo de pollo
- 250 g de champiñones frescos, en rebanadas
- 1 hoja de laurel pequeña
- 1 cucharadita de tomillo seco, restregado
- 1 cucharadita de romero seco, restregado
- 1 cucharada de perejil fresco, picado finamente
- 3 cucharadas de agua fría
- 2 cucharadas de harina
- Sal y pimienta

4 a 5 raciones

1 En una hoja de papel encerado, mezcle 1/4 taza de harina, la sal y la pimienta. Meta las piezas de pato en esta mezcla y cúbralas. En una cacerola metálica gruesa, con tapa, derrita la mantequilla en el aceite. Agregue las piezas de pato y dórelas. Retírelas y déjelas aparte.

2 Añada la cebolla y los chalotes a la cacerola. Cocine, revolviendo, hasta que estén suaves. Agregue el pato, el vino, el caldo, los champiñones, la hoja de laurel, el tomillo, el romero y el perejil. Caliente hasta que hierva y baje la flama. Tape y hierva a fuego lento hasta que la carne esté suave, de 1 a 1 h 45 min.

3 Pase la carne a un plato de servir, caliente. Aparte y manténgala al calor. Deseche la hoja de laurel. Desgrase el líquido de cocción. En un tazón, mezcle el agua y 2 cucharadas de harina. Incorpore al líquido de cocción. Cueza a fuego medio, revolviendo, hasta que esté espeso y burbujeante. Sazone con sal y pimienta, al gusto. Vierta la salsa encima del pato.

PATO CON SALSA DE NARANJA

- 1/2 taza de cebolla picada
- 1/2 taza de manzana picada
- 1/4 taza de apio picado
- 2 patos silvestres grandes, enteros, o de 3 a 4 patos silvestres más pequeños, con la piel

Salsa de naranja:
- 2 cucharadas de mantequilla o margarina
- 2 cucharadas de harina
- 2 cucharaditas de azúcar
- 2 cucharaditas de cáscara de naranja, rallada
- 3/4 cucharadita de sal
- 1/8 cucharadita de mostaza en polvo
- 2/3 taza de zumo de naranja fresco
- 1/3 taza de caldo de pollo
- 1/4 taza de mermelada de naranja
- 2 cucharadas de licor de naranja (opcional)
- Rodajas de naranja como adorno (opcional)

4 raciones

1 Caliente el horno a 180°C. En un tazón pequeño, mezcle bien la cebolla, la manzana y el apio. Divida la mezcla y rellene las cavidades de los patos con ella. Coloque éstos sobre una rejilla, en una bandeja para hornear. Hornee durante 45 min.

2 Mientras los patos están en el horno, prepare la salsa. En un cazo pequeño, derrita la mantequilla a fuego medio. Retire del fuego. Agregue la harina. Incorpore la azúcar, la cáscara de naranja, la sal y la mostaza, revolviendo. Agregue el zumo de naranja y el caldo, y revuelva bien. Cueza a fuego medio, moviendo constantemente, hasta que esté espesa y burbujeante. Añada la mermelada y cueza, revolviendo, hasta que se derrita. Retire del fuego. Añada el licor y revuelva. Tape y mantenga caliente.

3 Cuando los patos lleven 45 min en el horno, barnícelos ligeramente con la salsa. Siga horneándolos hasta que la carne esté suave, unos 45 min más; barnícelos con la salsa una o dos veces. Deseche el relleno de verduras. Decore los patos con las rodajas de naranja y sirva con el resto de la salsa.

Guarniciones para cenas navideñas

VERDURAS

VERDURAS CON CREMA Y ENELDO

- 1 cucharada de mantequilla o margarina
- 1 cucharada de harina
- 1/2 cucharadita de caldo concentrado de pollo, en polvo
- 1/8 cucharadita de eneldo seco
- 1/2 taza de leche
- 1/4 taza de nata (crema) agria
- 2 tazas de zanahorias cortadas en juliana
- 1 calabacín (calabacita) grande, cortado por la mitad a lo largo y en rebanaditas
- 2 cucharadas de agua

6 a 8 raciones

1 En una taza de medir de 500 ml, derrita la mantequilla en el horno de microondas, en Alta, de 45 a 60 seg. Incorpore la harina, el caldo de pollo y el eneldo. Añada la leche. Hornee en Alta, de 120 a 150 seg, o hasta que la mezcla se espese y burbujee; revuelva cada minuto. Agregue la nata agria. Mezcle bien. 🌸 Deje a un lado.

2 En una cacerola de 2 litros, revuelva los demás ingredientes. Tape y meta en el horno de microondas, en Alta, de 8 a 10 min, o hasta que las verduras estén tiernas; revuelva una vez. Escurra. Agregue la salsa y mezcle bien. Vuelva a tapar. Caliente en el horno, en Alta, de 2 a 3 min; revuelva una vez.

Preparación adelantada: *Corte las verduras máximo 2 días antes. Rocíelas con 1 cucharadita de agua fría y guárdelas en un recipiente tapado. Prepare la receta hasta 🌸 (arriba). Tape con envoltura autoadherible transparente y refrigere. Para servir, acabe de preparar como se indica.*

← CALABAZAS CON JENGIBRE

- 1/4 taza de coco rallado
- 2 calabazas pequeñas (750 g cada una)
- 1/4 taza de mantequilla o margarina, desmenuzada
- 2 cucharadas de miel de arce (maple)
- 1 cucharadita de jengibre fresco, picado finamente

8 raciones

Preparación adelantada: *Hasta con 3 días de anticipación, tueste el coco; guarde en un recipiente hermético. La víspera, siga la receta hasta ✿ (abajo); refrigere después del tiempo de reposo. Para servir, corte las calabazas en cuartos y continúe como se indica, pero después de verter la mantequilla sobre la calabaza, caliente en el microondas, en Alta, de 8 a 13 min.*

1 Extienda el coco en un molde para tarta de 23 cm. Meta en el horno de microondas, en Alta, de 3 a 4 min, o hasta que se dore un poco, revolviendo después del primer minuto y luego cada 30 seg. Deje a un lado.

2 Pinche cada calabaza dos veces con un tenedor y métalas en el horno de microondas, en Alta, de 3 a 4 min, o hasta que estén tibias. (Así es más fácil cortarlas.) Córtelas en dos a lo largo y quite las semillas.

3 Envuelva cada mitad con plástico especial para microondas. Hornéelas con el lado cortado hacia arriba, en Alta, por 12 min; gire y reacomódelas una vez. Deje reposar, tapadas, por 5 min.✿

4 Desenvuelva las calabazas y corte cada mitad en cuartos a lo largo. Acomode cada uno hacia arriba en un plato de servir o en una cacerola cuadrada. Deje a un lado.

5 Mezcle los demás ingredientes. Póngalos en el microondas, en Alta, de 75 a 90 seg, o hasta que se derrita la mantequilla. Revuelva bien. Vierta sobre las calabazas. Hornee en Alta, de 4 a 6 min, o hasta que esté caliente. Espolvoree el coco tostado.

COLES DE BRUSELAS A LA MOSTAZA ↑

- 1 cucharada de mantequilla o margarina
- 1 cucharada de mostaza de Dijon
- 2 cucharadas de mostaza en polvo
- 2 cucharaditas de miel
- 1/4 cucharadita de sal
- 600 g de coles de Bruselas, frescas o congeladas

8 raciones

1. En una cacerola de 1 1/2 litros, derrita la mantequilla en el horno de microondas, en Alta, de 45 a 60 seg.

2. Agregue las mostazas, la miel y la sal. Añada las coles y revuelva. Tape y hornee en Alta, de 10 a 14 min, o hasta que las coles estén tiernas pero firmes; revuelva una o dos veces.

MOROS Y CRISTIANOS

- 4 rebanadas de tocino cortadas en trozos de 2 cm
- 1/2 taza de pimiento verde picado
- 1/4 taza de cebollino, rebanado
- 1 1/2 tazas de arroz instantáneo, crudo
- 1 1/2 tazas de agua caliente
- 300 g de alubias (frijoles) negras, cocidas
- 1/2 cucharadita de sal
- 1/4 cucharadita de tomillo seco
- Una pizca de pimienta negra
- Una pizca de pimienta de Cayena

8 raciones

1. Ponga el tocino en una cacerola de 2 litros, tape y meta en el horno de microondas, en Alta, de 4 a 5 min, o hasta que esté dorado y crujiente. No lo escurra. Agregue el pimiento y el cebollino. Vuelva a tapar. Hornee en Alta, de 90 a 180 seg, o hasta que las verduras estén tiernas pero firmes.

2. Añada los demás ingredientes. Vuelva a tapar. Hornee en Alta, de 10 a 13 min, o hasta que el arroz esté suave y se haya absorbido toda el agua.

BATATAS Y GUISANTES CON MIEL

- 3 tazas de batatas (camotes), cortadas en cubitos (como 750 g)
- 2 cucharadas de mantequilla o margarina
- 1 cucharada de miel
- 1/2 cucharadita de mostaza en polvo
- 1/4 cucharadita de sal
- 1 taza de guisantes (chícharos) congelados

6 a 8 raciones

1. En una cacerola de 1 1/2 litros, mezcle todos los ingredientes, excepto los guisantes. Tape. Meta en el horno de microondas, en Alta, por 9 min o hasta que las batatas se suavicen; revuelva una vez.

2. Añada los guisantes. Vuelva a tapar. Hornee en Alta, de 3 a 5 min, o hasta que esté caliente; revuelva una vez.

CAZUELITAS DE PAN ➡

- 8 rebanadas de pan de caja blanco, descortezadas
- 2 cucharadas de mantequilla o margarina

8 raciones

1 Precaliente el horno a 180°C. Acomode cada rebanada en un moldecito para bollo *(muffin)*, sin engrasar. En una taza de medir, derrita la mantequilla en el microondas, en Alta, de 45 a 60 seg. Barnice con ella el pan.

2 Hornee por 20 o 25 min, hasta que se dore el pan. Rellene con *Guisantes con cebollitas, a la crema.*

Preparación adelantada: *Hasta con 2 días de anticipación, prepare las cazuelitas como se indica. Guárdelas sin rellenar en un recipiente hermético.*

GUISANTES CON CEBOLLITAS, A LA CREMA ❗

- 1 cucharada de mantequilla o margarina
- 1 1/2 tazas de cebollitas de Cambray, peladas
- 1 1/2 tazas de guisantes (chícharos) congelados

Salsa:
- 2 cucharadas de mantequilla o margarina
- 1 cucharada más 1 cucharadita de harina
- 1/4 cucharadita de sal
- 1/4 cucharadita de ralladura de limón
- 1/8 cucharadita de estragón
- Una pizca de pimienta blanca
- 1 taza de nata líquida (media crema)

Preparación adelantada: *Máximo 2 días antes, prepare los guisantes y las cebollitas hasta 🌹 (abajo). Tape y refrigere. Para servir, continúe como se indica.*

8 raciones

1 Ponga 1 cucharada de mantequilla en una cacerola de 1 1/2 litros. Meta en el horno de microondas, en Alta, de 45 a 60 seg, hasta que se derrita. Agregue las cebollitas. Tape. Hornee en Alta, de 3 a 5 min, o hasta que estén tiernas; revuelva una vez. Añada los guisantes.🌹

2 Ponga 2 cucharadas de mantequilla o margarina en un recipiente de 4 tazas. Derrita en el horno de microondas, en Alta, de 45 a 60 seg. Agregue los demás ingredientes de la salsa; por último, incorpore la nata líquida. Hornee en Alta, de 3 a 4 min, o hasta que la salsa se espese y burbujee; revuelva dos veces.

3 Vierta la salsa sobre los guisantes y las ebollitas. Revuelva bien. Caliente en el horno de microondas, en Alta, de 1 a 2 min. Distribuya equitativamente en las *Cazuelitas de pan* (arriba), si desea.

ENSALADA DE BRÉCOL Y COLIFLOR ⇒

- 4 tazas de ramitos de brécol (brócoli) fresco
- 4 tazas de ramitos de coliflor fresca
- 2 cucharadas de agua
- 6 rajas de pimiento rojo
- 3 cucharadas de mantequilla o margarina
- 2 cucharaditas de zumo de limón
- 1/4 cucharadita de sal de cebolla
- Ralladura de 1 limón
- Tajadas de limón

6 a 8 raciones

Preparación adelantada: La víspera, siga la receta hasta 🌸 (abajo). Refrigere. Para servir, prosiga como se indica.

1 Revuelva el brécol, la coliflor y el agua en una cacerola de 2 litros. Tape. Meta en el horno de microondas, en Alta, de 5 a 9 min, o hasta que las verduras estén muy calientes y su color se avive; revuelva una vez. Enjuague con agua fría y escurra.

2 Acomode las rajas de pimiento en un molde de 1 1/2 litros; encima, los ramitos de brécol y coliflor, con los tallos hacia el centro. (Alterne unos con otros, si desea.) Deje a un lado.

3 Ponga la mantequilla, el zumo de limón y la sal de cebolla en una taza de medir. Derrita en el horno de microondas, en Alta, de 60 a 75 seg. Vierta sobre el brécol y la coliflor. Tape con plástico especial para microondas.🌸

ENSALADA CALIENTE DE COL Y MANZANA 🔼

- 4 rebanadas de tocino, en trozos de 2 cm
- 2 cucharadas de azúcar
- 2 cucharadas de vinagre blanco
- 1/2 cucharadita de sal
- 1/2 cucharadita de mejorana seca, restregada
- 6 tazas de col morada, rallada
- 2 tazas de rebanadas de manzana
- 1/3 taza de avellanas

8 raciones

ARROZ CON ARÁNDANOS

- 2 tazas de agua
- 1 taza de arroz integral, crudo
- 1 taza de salsa de arándanos
- 3 cucharadas de jerez seco
- 1/4 cucharadita de sal
- 1/2 taza de nueces picadas

6 a 8 raciones

4 Hornee las verduras en el microondas, en Alta, de 4 a 11 min, o hasta que estén calientes; gire el plato una vez. Destape. Desmolde sobre un plato de servir. Espolvoree la ralladura y adorne con las tajadas de limón.

1 Meta el tocino, tapado, en el microondas, en Alta, hasta que esté dorado y crujiente. No lo escurra. Agregue la azúcar, el vinagre, la sal y la mejorana. Hornee por 1 min más.

2 Añada la col y la manzana. Tape y hornee en Alta, por 6 min; revuelva una vez. Incorpore las avellanas.

1 En un cazo de 2 litros, mezcle todos los ingredientes, salvo las nueces. Haga soltar el hervor a fuego vivo y luego baje la flama. Tape y deje hervir a fuego lento por 25 o 30 min, o hasta que reviente el arroz y casi toda el agua se haya absorbido.

2 Tape y deje reposar por 15 min. 🌸 Incorpore las nueces.

Preparación adelantada: *Máximo 2 días antes, siga la receta hasta 🌸 (arriba). Tape y refrigere. Para servir, póngalo en una cacerola de 1 litro, añada las nueces, tape y caliente en el horno de microondas, en Alta, por 6 o 7 min; revuelva una vez.*

PATATAS NAVIDEÑAS A LA CREMA

- 6 tazas de patatas (papas), peladas, en rebanadas delgadas
- 1/4 taza de cebollino, en rebanaditas
- 3 cucharadas de harina
- 1/2 cucharadita de sal
- 1/4 cucharadita de tomillo seco, restregado
- Una pizca de pimienta blanca
- 2 tazas de nata líquida (media crema)
- 1/3 taza de perejil fresco, picado
- Rajas de pimiento rojo en lata

6 a 8 raciones

1 En una cacerola de 3 litros, combine los ingredientes, excepto la nata líquida, el perejil y el pimiento. Vierta la nata sobre esta mezcla y revuelva. Tape. Meta en el horno de microondas, en Alta, por 6 min. Baje a Media y hornee de 25 a 40 min más, hasta que las patatas estén suaves y la salsa se espese; revuelva dos veces.

2 Pase las patatas a un plato de servir. Con el perejil, forme una corona encima. Con las rajas de pimiento, haga un moño que la adorne.

Patatas navideñas gratinadas: Prepare la receta anterior, pero añada 1 taza de queso suizo rallado al terminar de cocer las patatas (paso 1). Tape y deje reposar por 1 o 2 min, hasta que se derrita el queso.

PURÉ DE PATATA

- 1 kg de patatas (papas), peladas, cortadas en cuartos
- 1/4 taza de agua
- 1/4 a 1/3 taza de leche
- 1/4 taza de mantequilla o margarina
- 1/2 cucharadita de sal
- Una pizca de pimienta blanca

6 a 8 raciones

1 En una cacerola de 2 litros, ponga las patatas y el agua. Tape. Meta en el horno de microondas, en Alta, de 12 a 18 min, o hasta que estén suaves; revuelva una vez. Tape y deje reposar por 5 min. Escúrralas.

2 En un tazón mediano, ponga las patatas y los demás ingredientes. Machaque o bata a velocidad media en la batidora eléctrica, hasta que el puré quede terso.

PATATAS Y BATATAS AL HORNO

Patatas (papas)	Tiempo (Alta)
2 (250 g cada una)	5-10 min
4 (250 g cada una)	10-16 min
6 (250 g cada una)	18-25 min
Batatas (camotes)	**Tiempo (Alta)**
2 (250 g cada uno)	8-10 min
4 (250 g cada uno)	12-18 min
6 (250 g cada uno)	20-30 min

1 Pinche las patatas y las batatas con un tenedor. Acomódelas en círculo sobre una rejilla o una toalla de papel, en el horno de microondas.

2 Hornee en Alta el tiempo que se indica arriba o hasta que estén tiernas; déles vuelta y reacomódelas una vez. Deje reposar por 5 min.

Preparación adelantada: *Hasta 45 min antes, hornee las patatas y las batatas. Envuelva cada una con papel de aluminio.*

PATATAS CRUJIENTES AL HORNO

- 4 patatas (papas) medianas
- 2 cucharadas de mantequilla o margarina
- 1/4 taza de nata líquida (media crema)
- 1 huevo
- 1 cucharada de pimiento rojo en lata, picado
- 1/4 cucharadita de sal
- Una pizca de pimienta de Cayena
- 85 g de queso de nata (queso crema)

Copete:

- 1/2 taza de pan molido, sazonado
- 1/3 taza de nueces picadas
- 1 cucharadita de perejil, seco
- 3 cucharadas de mantequilla o margarina

8 raciones

1 Pinche las patatas con un tenedor. Acomode en círculo sobre una toalla de papel en el horno de microondas. Hornee en Alta, de 10 a 16 min, o hasta que estén suaves; déles vuelta y reacomódelas una vez. Deje enfriar un poco. Corte las patatas por la mitad a lo largo. Sáqueles la pulpa, dejando cascarones de 5 mm de grosor. Deje éstos a un lado.

2 En un tazón mediano, mezcle la pulpa y los demás ingredientes, excepto los del copete y el queso. En otro tazón, meta el queso en el horno de microondas, en Alta, de 15 a 30 seg, hasta que se suavice. Añádalo a la mezcla de patata. Bata a velocidad media con una batidora eléctrica hasta que esté tersa la mezcla. Distribuya en los cascarones de patata. Deje a un lado.

3 En un recipiente pequeño, revuelva el pan molido, las nueces y el perejil. En otro, derrita la mantequilla en el horno de microondas, en Alta, de 60 a 75 seg. Añádala a la mezcla de pan molido. Revuelva bien. Cubra cada media patata con 1 cucharada de esta mezcla, presionándola para que se adhiera. Acomode las patatas en una cacerola cuadrada de 3 litros. Caliente en el horno de microondas, en Alta, de 9 a 11 min; dé vuelta al plato y reacomode las patatas una vez.

Preparación adelantada: *Máximo con 1 mes de anticipación, prepare las patatas hasta (arriba). Envuelva en papel de aluminio y congele. Para servir, prosiga con la receta pero antes de ponerles el copete de pan molido, caliéntelas tapadas en el horno de microondas, en Alta, por 10 min, girando el plato una vez. Ponga el copete y hornéelas destapadas, en Alta, de 5 a 7 min.*

BATATAS RELLENAS

- 3 batatas (camotes) de 500 g cada una
- 2 cucharadas de mantequilla o margarina
- 3/4 taza de nata líquida (media crema)
- 1/4 taza de mermelada de naranja
- 1/4 cucharadita de sal
- 2 cucharadas de almendras, en rebanaditas

6 raciones

1 Pinche las batatas con un tenedor. Acomódelas en círculo sobre una toalla de papel en el horno de microondas. Hornee en Alta, de 10 a 13 min, o hasta que estén tiernas; déles vuelta y reacomódelas una vez. Deje enfriar un poco. Corte las batatas por la mitad a lo largo. Sáqueles la pulpa, dejando cascarones de 5 mm de grosor. Deje éstos a un lado.

2 En un tazón mediano, mezcle la pulpa y los demás ingredientes, excepto las almendras. Bata a velocidad media con una batidora eléctrica hasta que la mezcla quede tersa. Distribúyala en los cascarones. Espolvoree 1 cucharadita de almendras en cada uno. Acomódelos en una cacerola cuadrada de 3 litros. Tape. Caliente en el horno de microondas, en Alta, de 10 a 12 min; gire y reacomode las batatas una vez.

Preparación adelantada: *Máximo con 1 mes de anticipación, prepare las batatas hasta (arriba). Envuelva con papel de aluminio y congele. Para servir, prosiga como se indica, pero antes caliente las batatas en el horno de microondas, en Alta, por 10 min. Espolvoree las almendras. Hornee en Alta, de 5 a 7 min, o hasta que estén calientes; gire y reacomode las batatas una vez.*

BATATAS AL JEREZ

- 2 batatas (camotes) de 500 g cada una, cocidas
- 1/2 taza de zumo de albaricoque (chabacano)
- 2 huevos
- 2 cucharadas de miel
- 2 cucharadas de jerez seco
- 1/2 cucharadita de sal
- 1/4 cucharadita de nuez moscada, en polvo
- 1/4 taza de nueces picadas

6 a 8 raciones

1 En un tazón grande, revuelva todos los ingredientes, salvo la nuez. Bata a velocidad media con una batidora eléctrica hasta que la mezcla esté tersa y esponjada. Extiéndala en un molde para tarta de 25 cm. Espolvoree la nuez.

2 Tape con papel encerado. Meta en el horno de microondas, en Alta, por 4 min; baje a Media y hornee de 9 a 15 min más, o hasta que cuaje el centro; gire el plato una o dos veces.

Preparación adelantada: *Máximo 2 días antes, prepare la batata hasta (arriba). Tape con envoltura autoadherible transparente y refrigere. Para servir, siga con la receta, pero hornee en Media, de 12 a 20 min, hasta que cuaje el centro; gire el plato una o dos veces.*

PATATAS Y CASTAÑAS A LA DIJON ⇨

- 1 1/2 tazas de castañas frescas (como 200 g)
- 1 taza de agua
- 1/4 taza de mantequilla o margarina
- 2 cucharadas de mostaza de Dijon
- 1/2 cucharadita de azúcar
- 1/8 cucharadita de eneldo seco
- 4 tazas de patatas (papas) nuevas, cortadas en cuartos (como 1 kg)
- 1/2 taza de pimiento rojo, cortado en juliana
- 1/2 taza de perejil fresco, picado

8 raciones

1 Haga un corte horizontal en la parte redonda de la cáscara de las castañas, sin llegar a la carne. Póngalas con el agua en una cacerola de 1 1/2 litros. Tape. Meta en el horno de microondas, en Alta, de 3 a 4 min, o hasta que hierva el agua. Hornee por 1 min más. Deje reposar por 10 min. Enjuague con agua fría. Quíteles la cáscara y la piel. Corte las castañas por la mitad. Déjelas a un lado.

2 Derrita la mantequilla en una cacerola de 2 litros, en el horno de microondas, en Alta, de 75 a 90 seg. Incorpore la mostaza, la azúcar y el eneldo. Añada las castañas, las patatas y el pimiento. Revuelva bien. Tape. Hornee en Alta, de 15 a 20 min, o hasta que las patatas estén tiernas; revuelva dos veces. Agregue el perejil.

Preparación adelantada: *La víspera, siga la receta hasta (arriba). Refrigere en un recipiente hermético. Para servir, termine como se indica.*

BATATAS CONFITADAS

- 2 batatas (camotes), de 375 a 500 g cada una, peladas, en rebanadas
- 2 cucharadas de mantequilla
- 1/2 taza de azúcar morena
- 2 cucharadas de miel de maíz, clara
- 1 cucharada de zumo de piña sin endulzar
- 1/8 cucharadita de pimienta de Jamaica
- 2 tazas de caramelos *marshmallow* (malvaviscos) miniatura

6 a 8 raciones

1 Acomode las rebanadas de batata ligeramente encimadas en un molde para tarta de 25 cm. Déjelo a un lado. En una taza de medir, derrita la mantequilla en el horno de microondas, en Alta, de 45 a 60 seg. Agregue los otros ingredientes, salvo los caramelos *marshmallow*. Vierta sobre las batatas. Tape con envoltura autoadherible transparente.

2 Hornee en Alta, de 8 a 11 min, hasta que las batatas estén suaves; gire una vez. Quite la envoltura. Añada encima los caramelos *marshmallow* y ponga el molde en el asador hasta que se doren ligeramente, como 1 min.

VERDURAS CON MANTEQUILLA

- 1 cucharada de mantequilla o margarina
- 2 cucharaditas de zumo de limón
- 2 cucharaditas de mostaza en polvo
- 1/4 cucharadita de sal
- 1 paquete (500 g) de brécol (brócoli), coliflor y zanahoria, congelados
- 1/3 taza de agua

6 raciones

1 En un tazón pequeño, derrita la mantequilla en el horno de microondas, en Alta, de 45 a 60 seg. Añada el zumo de limón, la mostaza y la sal. Mezcle bien. Deje a un lado.

2 En una cacerola de 2 litros, revuelva las verduras y el agua. Tape. Meta en el horno de microondas, en Alta, de 8 a 11 min, o hasta que estén calientes; revuelva una vez. Escurra. Agregue la mezcla de mantequilla y revuelva todo.

BRÉCOL CON SÉSAMO, ESTILO ORIENTAL

- 1 cucharada de mantequilla o margarina
- 2 cucharadas de sésamo (ajonjolí)
- 1 cebolla mediana, cortada en gajos
- 3 cucharadas de salsa teriyaki
- 1 cucharada de aceite de sésamo (ajonjolí)
- 1/2 cucharadita de azúcar
- 1/4 cucharadita de hojuelas de pimienta de Cayena, machacadas
- 1 paquete (500 g) de brécol (brócoli) en trozos, congelado

4 raciones

1 En una taza de medir, derrita la mantequilla en el horno de microondas, en Alta, de 30 a 45 seg. Agregue el sésamo. Hornee en Alta, por 2 o 3 min, o hasta que se dore un poco, revolviendo cada minuto. Deje reposar de 2 a 3 min (el sésamo seguirá tostándose mientras reposa). Escúrralo en un plato con toallas de papel. Deje a un lado.

2 Ponga la cebolla en una cacerola de 2 litros. Tape. Meta en el horno de microondas, en Alta, de 90 a 120 seg, o hasta que esté suave.

3 En un tazón, mezcle la salsa teriyaki, el aceite de sésamo, la azúcar y las hojuelas de pimienta. Añada esta salsa y el brécol a la cebolla. Revuelva bien.

4 Vuelva a tapar. Caliente en el microondas, en Alta, de 7 a 8 min; revuelva una vez. Espolvoree el sésamo.

ENSALADA CALIENTE DE COL CON FRUTA

- 3 tazas de col rallada
- 170 g de orejones surtidos, picados
- 300 g de gajos de mandarina, sin semillas
- 1/4 taza de zumo de mandarina, natural
- Una pizca de sal
- 1/2 taza de yogur desnatado (descremado) de naranja
- 1/4 cucharadita de canela en polvo

6 raciones

1 En una cacerola de 2 litros, revuelva la col, los orejones, el jugo de mandarina y la sal. Tape. Meta en el microondas, en Alta, de 3 a 4 min, o hasta que la col esté tierna pero firme; revuelva una vez.

2 Añada los gajos de mandarina, el yogur y la canela. Mezcle todo bien. Sirva de inmediato.

COLIFLOR Y GUISANTES CON QUESO

- 1 paquete (500 g) de ramitos de coliflor congelados
- 1 taza de guisantes (chícharos) congelados
- 1/3 taza de agua
- 1 frasco (140 ml) de queso de nata (queso crema) para untar

6 raciones

1 En una cacerola de 2 litros, revuelva la coliflor, los guisantes y el agua. Tape. Caliente en el horno de microondas, en Alta, de 10 a 13 min; revuelva una o dos veces. Escurra.

2 Agregue el queso para untar. Vuelva a tapar. Derrítalo en el horno, en Alta, de 2 a 4 min. Revuelva una vez para cubrir las verduras.

JUDÍAS VERDES MEDITERRÁNEAS

- 1 paquete (500 g) de judías verdes (ejotes) congeladas
- 2 cucharadas de aceite de oliva
- 1 diente de ajo, picado
- 1/2 cucharadita de albahaca seca
- 1/4 cucharadita de sal
- 1 tomate grande, cortado en octavos
- 2 cucharadas de queso feta desmenuzado

6 raciones

1 En una cacerola de 2 litros, mezcle todos los ingredientes, excepto el tomate y el queso. Tape. Caliente en el horno de microondas, en Alta, de 8 a 10 min; revuelva una vez.

2 Agregue el tomate. Mezcle con cuidado. Espolvoree el queso.

ESPINACAS CON QUESO

- 1 paquete (85 g) de queso de nata (queso crema)
- 1 cucharada de leche
- 1/4 cucharadita de sal
- Una pizca de ajo en polvo
- 1 lata (300 g) de granos de maíz (elote), escurridos
- 1 pimiento rojo de lata, picado
- 1 lata (120 g) de rajas de pimiento picante (chile), escurridas
- 2 tazas de hojas de espinaca fresca, en trozos

4 raciones

1 Mezcle el queso, la leche, la sal y el ajo, y métalos en el microondas, en Alta, de 30 a 45 seg. Revuelva para que la mezcla quede tersa.

2 Agregue los granos de maíz y las rajas. Caliente en el horno, en Alta, de 2 a 3 min; revuelva una vez.

3 Incorpore las espinacas. Hornee en Alta, por 1min.

CALABACINES CON QUESO ↑

- 1 cucharada de mantequilla o margarina
- 1 1/2 tazas de calabacines (calabacitas) amarillos, en rebanadas
- 1 1/2 tazas de calabacines (calabacitas), en rebanadas
- 1/2 cucharadita de orégano seco
- 1/4 cucharadita de sal
- 1/2 taza de queso con pimiento picante (chile), rallado

4 raciones

1 En una cacerola de 2 litros, derrita la mantequilla en el horno de microondas, en Alta, de 45 a 60 seg. Agregue los calabacines, el orégano y la sal. Tape. Hornee en Alta, de 4 a 6 min, o hasta que las verduras estén tiernas pero firmes; revuelva una vez.

2 Añada el queso. Vuelva a tapar. Deje reposar por 1 min o hasta que se derrita el queso. Antes de servir, revuelva ligeramente.

PIMIENTOS CON MAÍZ, A LA CREMA

- 1 cucharada de mantequilla o margarina
- 1/2 cucharadita de semillas de hinojo, machacadas
- Una pizca de ajo en polvo
- Una pizca de sal
- 1 pimiento verde, en rajas
- 1 pimiento rojo, en rajas
- 1 taza de granos de maíz (elote) congelados
- 1/4 taza de nata (crema) agria

4 raciones

1 En una cacerola de 2 litros, revuelva la mantequilla, las semillas de hinojo, el ajo y la sal. Derrita en el horno de microondas, en Alta, de 45 a 60 seg.

2 Agregue los pimientos y los granos de maíz. Tape. Meta en el horno de microondas, en Alta, de 4 a 6 min, o hasta que los pimientos estén tiernos pero firmes; revuelva una vez. Añada la nata y mezcle todo bien.

JULIANA DE ZANAHORIA Y BETABEL ⇒

- 2 cucharadas de aderezo de rábano picante
- 2 cucharaditas de azúcar morena
- 1 cucharadita de ralladura de naranja
- 500 g de betabeles cocidos, cortados en juliana
- 500 g de zanahorias cocidas, cortadas en juliana

6 raciones

1 En un tazón pequeño, mezcle bien el aderezo de rábano, la azúcar y la ralladura de naranja. Deje a un lado.

2 En una cacerola, revuelva los betabeles y las zanahorias. Tape. Caliente en el microondas, en Alta, de 3 a 6 min; revuelva una vez. Añada el aderezo y mezcle todo bien.

ZANAHORIAS GLASEADAS ⇒

- 1 paquete (500 g) de zanahorias en rebanadas, congeladas
- 1/4 taza de mermelada de albaricoque (chabacano)
- 1 cucharada de agua
- 1/4 cucharadita de pimiento picante (chile), en polvo
- 1/4 cucharadita de sal
- 1/8 cucharadita de jengibre en polvo
- Una pizca de pimienta de Cayena

6 raciones

1 En una cacerola, revuelva todos los ingredientes. Tape.

2 Meta en el horno de microondas, en Alta, de 7 a 10 min, o hasta que las zanahorias estén calientes; revuelva una vez.

TARTA ESTILO YORKSHIRE ⮕

- 1 3/4 tazas de harina
- 1 cucharadita de sal sazonada
- 1 taza de leche
- 4 huevos
- 1 taza de agua fría
- 2 tazas de ramitos de brécol (brócoli), frescos
- 2 cucharadas de agua
- 1/3 taza de la grasa y el jugo que haya soltado la carne de buey (res) al cocinarla, o de mantequilla
- 1/2 taza de zanahoria rallada o en juliana

8 a 10 raciones

Preparación adelantada: *Máximo 1 h 30 min antes, prepare el batido hasta (abajo). Si va a servir la tarta con Entrecot a la pimienta (pág. 199), hornéela mientras reposa la carne.*

1 Revuelva la harina y la sal en un tazón mediano, y haga un hueco en medio. Vierta en él la leche e incorpórela. En otro tazón, bata los huevos a velocidad media con una batidora eléctrica hasta que estén claros y esponjados.

2 Agregue los huevos a la mezcla de harina y leche, y siga batiendo hasta que esté tersa. Añada la taza de agua y bata hasta que suban a la superficie burbujas grandes (unos 30 seg). Cubra con envoltura autoadherible transparente y refrigere el batido por 1 h.

3 Mezcle el brécol y las 2 cucharadas de agua en una cacerola de 2 litros. Tape y meta en el horno de microondas, en Alta, de 2 a 3 min, o hasta que el brécol esté bien caliente y de color vivo. Enjuague con agua fría. Escurra. Deje a un lado.

4 Precaliente el horno a 200°C. Vierta la grasa y el jugo de la carne en un molde refractario de 3 litros. Métalo en el horno durante unos 3 min o hasta que la grasa esté caliente y se derrita.

5 Saque el batido del refrigerador. Bata a velocidad media con una batidora eléctrica hasta que suban a la superficie burbujas grandes (unos 30 seg).

6 Vierta el batido en el molde caliente. Ponga encima el brécol y las zanahorias. Hornee por 20 min. Baje la temperatura a 180°C y hornee de 10 a 20 min más, o hasta que las orillas estén bien doradas. Sirva de inmediato.

FRUTA PARA ACOMPAÑAR

← FRUTA GLASEADA

- 1/2 taza de orejones de albaricoque (chabacano)
- 1/2 taza de higos secos
- 1/2 taza de orejones de durazno
- 3/4 taza de zumo de manzana
- 1/4 cucharadita de cardamomo en polvo
- 2 cucharaditas de maicena
- 1 taza de uvas verdes, sin semillas
- 1 taza de uvas moradas, sin semillas

6 a 8 raciones

1 En una cacerola de 1 1/2 litros, revuelva los orejones y los higos. Agregue 1/2 taza del zumo de manzana y el cardamomo. Tape y meta en el horno de microondas, en Alta, de 5 a 8 min, o hasta que se inflen las frutas; revuelva una vez.

2 En un tazón, disuelva la maicena en el zumo de manzana restante, hasta que la mezcla quede tersa. Añádala a las frutas y revuelva bien. Hornee en Alta, sin tapar, de 90 a 150 seg, o hasta que la mezcla esté espesa y translúcida; revuelva una vez. Agregue las uvas. Incorpore todo bien. Use esta fruta para acompañar la *Corona de cerdo, al horno* (pág. 195) o el *Jamón glasé* (pág. 192).

Preparación adelantada: *Máximo 2 días antes, prepare como se indica y sirva las frutas frías, si gusta. O tápelas y caliéntelas en el microondas, en Alta, de 90 a 150 seg; revuelva una vez.*

MANZANAS CON NARANJA Y CILANTRO ↑

- 2 cucharadas de mantequilla o margarina
- 2 manzanas medianas, sin corazón, cortadas en cubitos
- 2 cucharadas de azúcar morena
- 1/2 cucharadita de ralladura de naranja
- 1/4 cucharadita de cilantro en polvo

6 a 8 raciones

1 En una cacerola de 1 litro, derrita la mantequilla en el horno de microondas, en Alta, de 45 a 60 seg. Agregue los demás ingredientes. Mezcle bien. Tape. Hornee en Alta, de 3 a 4 min, o hasta que las manzanas estén tiernas; revuelva una vez.

2 Acompañe con estas manzanas el *Lomo de cerdo con especias* (pág. 197) o el *Ganso asado* (pág. 187), si desea.

ADEREZO DE MANZANA ↑

- 6 tazas de manzanas picadas
- 1/3 taza de cebolla picada
- 1/4 taza de azúcar
- 1/4 taza de melocotones (duraznos), picados, o de pasitas (opcional)
- 1/4 taza de agua
- 1/4 cucharadita de clavos de olor, en polvo
- Una pizca de sal

Rinde 2 1/2 a 3 tazas

1 Mezcle todo en una cacerola. Tape y meta en el microondas, en Alta, de 10 a 15 min, o hasta que las manzanas estén suaves; revuelva una o dos veces.

2 Machaque las manzanas. Sirva con cerdo o con pollo.

Preparación adelantada: *Prepare el relleno la víspera y refrigérelo. Déjelo a temperatura ambiente mientras prepara la comida y sírvalo así.*

ADEREZO DE FRESA ↑

- 2 naranjas, bien lavadas
- 8 tazas de fresas, lavadas y desinfectadas
- 1 1/3 tazas de azúcar
- 1/4 taza de jengibre cristalizado, picado
- 1/2 taza de nueces picadas (opcional)

12 a 14 raciones

1 Exprima las naranjas y refrigere el jugo para usarlo en otro platillo. Quite la pulpa de las cáscaras y tírela. Corte las cáscaras de naranja en cuartos y muélalas finamente en el procesador, en la batidora (licuadora) o en el molino. Añada las fresas en dos tantos y muélalas también.

2 En un tazón de 3 litros, revuelva la mezcla de fresas, la azúcar y el jengibre. Incorpore la nuez. Refrigere.

CHUTNEY DE FRUTAS FRESCAS ↑

- 3 manzanas grandes, peladas y picadas
- 1 mango, pelado y picado
- 1 cebolla mediana, picada
- 1 1/2 tazas de azúcar
- 1 taza de pasitas
- 1/2 taza de vinagre de manzana
- 1 cucharadita de sal
- 1/2 cucharadita de mostaza en polvo

Rinde 4 tazas

1 Mezcle todos los ingredientes en una cacerola de 3 litros. Meta en el horno de microondas, sin tapar, en Alta, de 20 a 30 min, o hasta que la fruta esté muy suave y el líquido algo espeso; revuelva dos o tres veces.

2 Saque la fruta del líquido y macháquela un poco. Vuelva a ponerla en el líquido. Tape y refrigere. No lo guarde más de 2 semanas.

NARANJAS EN SANGRÍA ➡

- 7 naranjas grandes
- 1/2 taza de sangría
- 1/2 cucharadita de ralladura de limón

6 a 8 raciones

Preparación adelantada: Prepare el mismo día, en la mañana. Refrigere.

1 Corte los extremos de las naranjas. Con un cuchillo filoso, pélelas en espiral. Quite la cáscara y deje toda la pulpa posible.

2 Sostenga las naranjas sobre un tazón para que el zumo caiga en él; corte los gajos hasta el centro, entre la pulpa y la membrana.

3 Ponga los gajos en una cacerola de 1 1/2 litros. Mezcle la sangría y la ralladura de limón. Vierta sobre los gajos de naranja. Refrigere.

4 Caliente en el horno de microondas, en Alta, de 2 a 5 min; revuelva una o dos veces. Sirva las naranjas calientes o frías.

RECETAS DE RELLENOS

Los rellenos pueden ponerse dentro del ave antes de asarla, u hornearse por separado en una cacerola. Cuando el relleno va en el ave, no debe apretarse mucho, para que se expanda al cocerse. Si se cocina aparte como acompañamiento de carnes asadas u otros platos fuertes, puede mejorar su sabor bañándolo con los jugos acumulados en la bandeja donde se coció la carne.

RELLENO DE ARROZ CON JENGIBRE ⟶

- 2 tazas de apio picado
- 1 cebolla mediana, picada
- 2 cucharaditas de jengibre fresco, rallado
- 1/2 taza de mantequilla o margarina
- 2 tazas de arroz (silvestre o integral), cocido
- 225 g de castañas de agua, en rebanadas
- 1/3 taza de pan molido

Rinde unas 5 tazas

1 Ponga la mantequilla en una sartén a fuego medio y sofría ahí el apio, la cebolla y el jengibre hasta que se suavicen.

2 En un tazón, revuelva bien las verduras sofritas y los demás ingredientes.

3 En una cacerola de 1 1/2 litros engrasada, hornee el relleno, tapado, a 180°C por 30 min. Destape y siga horneando de 15 a 25 min.

RELLENO DE PAN CON VERDURAS

- 5 rebanadas de tocino
- 3 cucharadas de margarina o mantequilla
- 1 cebolla pequeña, picada
- 1/3 taza de apio picado
- 1 1/2 tazas de champiñones frescos, rebanados
- 4 tazas de pan molido
- 1/3 taza de perejil fresco, picado
- 1 taza de caldo de pollo
- 1 huevo batido

Rinde unas 5 tazas

1 En una sartén mediana, fría el tocino a fuego medio hasta que se dore. Escúrralo sobre toallas de papel. Desmenúcelo y déjelo a un lado.

2 Derrita la mantequilla en la grasa del tocino, a fuego medio. Sofría ahí la cebolla y el apio por 3 min. Añada los champiñones. Cocine revolviendo hasta que las verduras estén tiernas (unos 2 min más). Retire del fuego.

3 En un tazón mediano, mezcle el pan molido, el perejil, el tocino y las verduras. Agregue el caldo y el huevo. Integre todo muy bien.

4 En una cacerola de 1 1/2 litros engrasada, hornee el relleno, tapado, a 180°C por 30 min. Destape y siga horneando de 15 a 25 min más.

RELLENO DE COL

- 3 tazas de cubitos de pan tostado
- 1/2 taza de cebolla, finamente rebanada
- 1/2 taza de col rallada
- 1/2 taza de apio, picado finamente
- 1 taza de caldo de pollo
- 1 huevo
- 1/2 a 1 cucharadita de salvia seca, restregada
- 1 cucharadita de sazonador de limón y pimienta
- 1/2 cucharadita de sal

Rinde unas 5 tazas

1 En un tazón grande, revuelva bien los cubitos de pan tostado, la cebolla, la col y el apio.

2 En un tazón pequeño, mezcle el caldo, el huevo, la salvia, el sazonador y la sal. Agregue la mezcla de cubitos de pan tostado y revuelva bien.

3 En una cacerola de 1 1/2 litros engrasada, hornee el relleno, tapado, a 180°C, por 30 min. Destape y siga horneando de 15 a 25 min.

RELLENO INTEGRAL DE FRUTAS

- 1/2 taza de mantequilla o margarina
- 1/4 taza de cebollino, rebanado
- 6 tazas de cubitos de pan integral
- 1 taza de orejones de frutas, picados
- 1/2 taza de nueces picadas
- 1/2 cucharadita de ralladura de naranja
- 1 naranja mediana, pelada y picada (como 1/2 taza)
- 1/2 cucharadita de sal
- 1/4 taza de pimienta de Jamaica
- 1 taza de agua

8 raciones

1 En un tazón grande, derrita la mantequilla en el horno de microondas, en Alta, de 90 a 105 seg. Agregue la cebolla. Hornee en Alta por 1 min.

2 Añada los demás ingredientes. Vierta en un molde cuadrado de 2 1/2 litros. Tape con papel encerado. Caliente en el horno, en Alta, de 5 a 7 min; revuelva una vez.

Preparación adelantada: *Máximo 2 días antes, haga la receta hasta (arriba). Tape con envoltura autoadherible transparente y refrigere. Para servir, cubra con papel encerado y caliente en el horno de microondas, en Alta, de 7 a 9 min; revuelva una vez.*

↑ RELLENO DE ARROZ CON SALCHICHA

- 1/2 taza de mantequilla o margarina
- 1/2 taza de cebolla picada
- 1/2 taza de pimiento verde, picado
- 1/2 taza de zanahoria picada
- 4 tazas de arroz blanco o integral, cocido
- 250 g de salchichas de cerdo
- 1/2 cucharadita de sal
- 1/2 cucharadita de tomillo
- 1/4 cucharadita de ajo en polvo
- Una pizca de pimienta

8 raciones

1 En un tazón grande, derrita la mantequilla en el horno de microondas, en Alta, de 90 a 105 seg. Agregue la cebolla, el pimiento y la zanahoria. Tape con plástico para microondas. Hornee en Alta, de 3 a 4 min, o hasta que las verduras estén tiernas; revuelva una vez.

2 Añada los demás ingredientes. Vierta en una cacerola de 2 litros. Vuelva a tapar. Caliente en el horno, en Alta, de 7 a 9 min; revuelva una vez.

Preparación adelantada: *Máximo 2 días antes, prepare como se indica hasta (arriba). Refrigere. Para servir, caliente en el horno de microondas, en Alta, de 10 a 12 min; revuelva una vez.*

RELLENO DE LIMÓN Y SALVIA ➡

- 1/2 taza de mantequilla o margarina
- 1 taza de apio, en rebanaditas
- 1/2 taza de cebollino, en rebanaditas
- 1/2 taza de zanahoria rallada
- 8 tazas de cubitos de pan tostado
- 1/2 cucharadita de ralladura de limón
- 1/2 cucharadita de salvia
- 1/2 cucharadita de sal
- 1/2 cucharadita de pimienta
- 1 1/2 tazas de caldo de pollo

8 raciones

1 En un tazón grande, derrita la mantequilla en el horno de microondas, en Alta, de 90 a 105 seg. Agregue el apio, el cebollino y la zanahoria. Cubra con plástico para microondas. Hornee en Alta, de 3 a 4 min, o hasta que las verduras estén tiernas; revuelva una vez.

2 Añada los ingredientes restantes. Vuelva a tapar.🌹 Caliente en el horno de microondas, en Alta, de 5 a 8 min; revuelva una o dos veces.

Preparación adelantada: *Máximo 2 días antes, prepare hasta 🌹 (arriba). Refrigere. Para servir, caliente en el horno de microondas, en Alta, de 9 a 12 min; revuelva una vez.*

RELLENO DE ARROZ CON ESPECIAS

- 2 1/2 tazas de caldo de pollo
- 1 taza de arroz integral
- 1/4 taza de pimiento rojo, picado
- 1/4 taza de pimiento verde, picado
- 1 cucharada de mantequilla
- 1 lata (140 g) de granos de maíz (elote), escurridos
- 2 cucharadas de perejil fresco, picado
- 1/2 cucharadita de sal
- 1/4 a 1/2 cucharadita de pimienta de Cayena
- 1/4 cucharadita de comino en polvo

8 raciones

1 En un cazo de 2 litros, ponga a hervir a fuego vivo el caldo de pollo y luego baje la flama. Añada el arroz, tape y deje hervir de 25 a 30 min, o hasta que reviente el arroz y casi toda el agua se haya absorbido.

2 En un tazón pequeño, revuelva los pimientos con la mantequilla. Cubra con plástico para microondas. Hornee en Alta, de 2 a 3 min, o hasta que los pimientos estén tiernos pero firmes. Incorpore los pimientos y los demás ingredientes al arroz, mezclándolos bien. Caliente en Alta, de 3 a 5 min; revuelva una vez.

Preparación adelantada: *Máximo 2 días antes, prepare como se indica arriba. Tape y refrigere. Para servir, caliente tapado en el horno de microondas, en Alta, de 4 a 6 min; revuelva una vez.*

RELLENO DE PAN Y CEBOLLA

- 1 cebolla mediana, cortada por la mitad y en rebanadas delgadas
- 1/4 taza de margarina o mantequilla
- 4 1/2 tazas de cubitos de pan tostado, sazonados con hierbas
- 2 cucharadas de perejil seco
- 1/2 cucharadita de sal
- 1/2 cucharadita de salvia (opcional)
- 1/2 cucharadita de albahaca
- 1/4 cucharadita de mejorana
- 1 taza de caldo de pollo
- 1 huevo

Rinde como 5 tazas

1 En una sartén mediana, a fuego medio, sofría la cebolla en la mantequilla. Retire del fuego y deje a un lado.

2 En un tazón mediano, revuelva bien los cubitos de pan, el perejil, la sal, la salvia, la albahaca y la mejorana. Agregue la cebolla y la mantequilla.

3 En un tazón pequeño, mezcle el caldo de pollo y el huevo. Vierta sobre los cubitos de pan y revuelva bien.

4 En una cacerola de 1 1/2 litros engrasada, hornee el relleno, tapado, a 180°C, por 30 min. Destape y hornee de 15 a 25 min.

RELLENO DE CASTAÑAS

- 500 g de castañas enteras (unas 3 tazas)
- 1 cebolla mediana, picada
- 1 cucharada de mantequilla o margarina
- 2 manzanas grandes, sin corazón, picadas
- 3/4 taza de pan molido
- 1 cucharada de perejil fresco, picado
- 1/2 cucharadita de tomillo
- 1/2 cucharadita de sal
- 1/4 cucharadita de pimienta
- 1/4 taza de brandy o de caldo de pollo

Rinde unas 5 tazas

1 Corte una cruz en la cáscara de las castañas, por el lado plano, usando la punta de un cuchillo. En una cacerola metálica gruesa con tapa, hierva 2 litros de agua, agregue las castañas y deje que hiervan de 15 a 25 min. Escúrralas y déjelas enfriar. Pélelas y córtelas en cuartos. Póngalas en un tazón y déjelas a un lado.

2 En una sartén a fuego medio, sofría la cebolla en la mantequilla, hasta que se suavice. Añada a las castañas y agregue los demás ingredientes. Mezcle bien.

3 En una cacerola de 1 1/2 litros, hornee el relleno, tapado, a 180°C, por 30 min. Destape y siga horneando de 15 a 25 min.

RELLENO DE ALBARICOQUE

- 7 u 8 rebanadas de pan de caja, integral o blanco
- 1/2 taza de orejones de albaricoque (chabacano), picados
- 1/2 taza de nueces picadas
- 1 cucharadita de salvia
- 1 cucharadita de perejil seco
- 1/2 cucharadita de sal
- 1/4 cucharadita de pimienta
- 1 cebolla mediana, picada
- 1 taza de apio picado
- 1/4 taza de mantequilla o margarina
- 1 taza de caldo de pollo

Rinde como 5 tazas

1 Precaliente el horno a 160°C. Ponga el pan directamente en la rejilla del horno y hornéelo hasta que esté seco (de 5 a 10 min). Deje enfriar y corte en cubitos. Ponga los cubitos en un tazón. Agregue los albaricoques, las nueces, la salvia, el perejil, la sal y la pimienta. Revuelva bien.

2 En una sartén a fuego medio, sofría la cebolla en la mantequilla, hasta que se suavice. Añada a la mezcla de pan, junto con el caldo, y revuelva bien.

3 En una cacerola de 1 1/2 litros, hornee el relleno, tapado, a 180°C, por 30 min. Destape y siga horneando de 15 a 25 min.

RELLENO DE SALCHICHA

- 1/4 taza de mantequilla o margarina
- 5 tazas de cubitos de pan
- 250 g de salchichas de cerdo
- 1 cebolla pequeña, picada
- 1/3 taza de apio, en rebanaditas
- 1 manzana mediana, sin corazón, picada
- 1/2 taza de nueces picadas
- 1/3 taza de caldo de pollo

Rinde como 5 tazas

1 En una sartén grande a fuego medio, derrita la mantequilla. Agregue los cubos de pan y revuelva para que se impregnen, hasta que estén ligeramente dorados. Páselos a un tazón grande y deje éste a un lado.

2 En la misma sartén, cocine las salchichas por 2 min, partiéndolas en trocitos. Agregue la cebolla y el apio. Cocine hasta que las verduras estén tiernas y la salchicha bien cocida. Viértalas en el tazón del pan. Añada la manzana y las nueces. Revuelva. Incorpore el caldo y mezcle todo bien.

3 En una cacerola de 1 1/2 litros, hornee el relleno, tapado, a 180°C, por 30 min. Destape y siga horneando de 15 a 25 min.

SOPAS

CREMA DE PIMIENTOS CON QUESO

- 3 tazas de pimientos rojo, verde y amarillo, picados
- 1 taza de apio, en rebanaditas
- 1 pimiento picante (chile), en rebanaditas
- 2 cucharadas de mantequilla o margarina
- 1/4 taza de harina
- 1 cucharadita de caldo concentrado de pollo, en polvo
- 1/2 cucharadita de sal de apio
- 3 tazas de leche
- 1 taza de queso Cheddar, rallado

6 raciones

1 En una cacerola de 3 litros, revuelva los pimientos, el apio y la mantequilla. Tape y meta en el horno de microondas, en Alta, de 10 a 12 min, o hasta que las verduras estén tiernas; revuelva una vez.

2 Incorpore la harina, el caldo concentrado y la sal. Añada la leche. Hornee en Alta, sin tapar, de 6 a 8 min, o hasta que la sopa se espese un poco, revolviendo cada 2 min. Agregue el queso y revuelva hasta que se derrita.

SOPA DE TOMATE CON ESPINACA

- 1 taza de apio, en rebanadas
- 1/3 a 1/2 taza de cebollino, en rebanaditas
- 1 cucharada de aceite de oliva
- 1 diente de ajo, picado
- 3 cucharadas de harina
- 3 tazas de leche
- 3 cucharadas de puré de tomate
- 1/4 cucharadita de sal
- 1/8 cucharadita de pimienta de Cayena
- 3 tazas de hojas de espinaca, en tiritas

4 raciones

1 En una cacerola de 2 litros, mezcle el apio, el cebollino, el aceite y el ajo. Tape y meta en el horno de microondas, en Alta, de 4 a 6 min, o hasta que el apio esté tierno; revuelva una vez. Incorpore la harina y la leche. Hornee en Alta, sin tapar, de 8 a 13 min, o hasta que la sopa se espese un poco, revolviendo cada 2 min.

2 Con un batidor de globo, incorpore el puré de tomate, la sal y la pimienta. Agregue la espinaca. Tape. Hornee en Alta, de 1 a 2 min, o hasta que se marchite la espinaca.

NOTA: *Si desea, agregue una lata (170 g) de carne de cangrejo, enjuagada y escurrida, junto con la espinaca.*

POTAJE DE VERDURAS ➡

- 1/4 taza de harina
- 2 1/4 tazas de caldo de pollo
- 1 taza de calabacines (calabacitas), en rebanadas
- 1 taza de calabacines (calabacitas) amarillos, en rebanadas
- 250 g de granos de maíz (elote)
- 1/2 taza de colinabo, pelado y picado
- 1/2 taza de zanahoria, pelada y picada
- 1/2 taza de puerro, en rebanadas
- 2 tazas de tomate picado
- 1 taza de gombo (okra), en rebanadas
- 1/4 cucharadita de pimienta recién molida
- Arroz cocido, caliente

4 a 5 raciones

1 Precaliente el horno a 200°C. Extienda la harina en un molde cuadrado de 2 litros. Hornee de 10 a 15 min, o hasta que la harina esté bien dorada, revolviendo cada 5 min. Deje a un lado.

2 En una cacerola de 3 litros, mezcle 1/4 de taza del caldo, los calabacines, el maíz, el colinabo, la zanahoria y el puerro. Tape y meta en el horno de microondas en Alta, de 11 a 15 min, o hasta que los calabacines estén tiernos; revuelva una vez.

3 Incorpore la harina. Añada el caldo restante, el tomate, el gombo y la pimienta. Mezcle bien. Vuelva a tapar. Hornee en Alta, de 5 a 20 min, o hasta que el potaje se espese un poco y las verduras estén tiernas; revuelva tres veces. Sirva sobre el arroz.

CREMA DE TRES CEBOLLAS

- 1 taza de puerro, en rebanadas
- 1 taza de cebollitas de Cambray, cortadas por la mitad
- 1/2 taza de cebollino, en rebanaditas
- 2 cucharadas de mantequilla o margarina
- 1/4 taza más 2 cucharadas de harina
- 1 cucharada de mostaza de Dijon
- 1/4 cucharadita de ajo en polvo
- 1/8 cucharadita de pimienta blanca
- 2 1/4 tazas de caldo de pollo
- 1 1/2 tazas de nata líquida (media crema)

4 a 6 raciones

1 En una cacerola de 3 litros, mezcle el puerro, las cebollitas, el cebollino y la mantequilla. Meta en el horno de microondas, en Alta, de 6 a 8 min, o hasta que estén tiernos; revuelva una vez. Incorpore la harina, la mostaza, el ajo y la pimienta. Añada el caldo y la nata líquida.

2 Hornee en Media, sin tapar, de 10 a 13 min, o hasta que la sopa se espese un poco y burbujee; revuelva dos veces. (No deje que hierva.) Adorne con cebollino fresco, picado, si desea.

CREMA DE ZANAHORIA

- 500 g de zanahorias, peladas, en rebanadas
- 1 taza de caldo de pollo
- 1/2 taza de cebolla picada
- 2 cucharadas de harina
- 1/8 cucharadita de pimienta blanca
- 1 taza de leche

4 raciones

1 En una cacerola de 2 litros, mezcle la zanahoria, 1/4 de taza del caldo y la cebolla. Tape y meta en el horno de microondas, en Alta, de 11 a 15 min, o hasta que la zanahoria esté tierna; revuelva dos veces. En la batidora (licuadora) o en el procesador de alimentos, muela hasta obtener un puré terso. Échelo a la cacerola.

2 En una taza de medir de 500 ml, revuelva la harina y la pimienta. Añada el caldo restante y viértalo en la cacerola. Hornee en Alta, sin tapar, de 3 a 4 min, o hasta que la sopa se espese un poco; revuelva cada minuto. Incorpore la leche. Caliente en Media, de 3 a 4 min; revuelva una vez. Adorne con cubitos de pan tostado, si desea.

CREMA DE TOMATE Y ALBAHACA

- 1/3 taza de chalotes picados
- 1 cucharada de aceite de oliva
- 1 diente de ajo, picado
- 6 tazas de tomates maduros, pelados y picados, con su jugo
- 1/2 taza de caldo de pollo
- 1/4 taza de albahaca fresca, picada
- 1/2 cucharadita de azúcar
- 1/2 cucharadita de pimienta recién molida
- 1/4 cucharadita de sal
- 1 taza de nata líquida (media crema)

6 raciones

1 En una cacerola de 2 litros, revuelva los chalotes, el aceite y el ajo. Tape y meta en el horno de microondas, en Alta, de 2 a 3 min, o hasta que estén tiernos. Añada 4 tazas del tomate, el caldo, la albahaca, la azúcar, la pimienta y la sal. Caliente en Alta, sin tapar, de 4 a 6 min, hasta que los sabores se mezclen; revuelva una vez.

2 En la batidora (licuadora) o en el procesador de alimentos, muela la mitad de la mezcla de tomate, el resto del tomate picado y la mitad de la nata líquida. Procese hasta que el puré esté terso; déjelo a un lado. Repita con los ingredientes restantes. Eche todo el puré a la cacerola. Tape. Caliente en el horno de microondas, en Media, de 13 a 15 min; revuelva dos veces. Sirva en platos soperos, con un *crostini** encima, si desea.

* Para hacer los crostinis, *acomode 6 rebanadas delgadas de pan italiano en una bandeja. Barnícelas con 1 cucharada de aceite de oliva. Ponga sobre cada una 2 rebanadas delgadas de tomate, 1 hojita de albahaca y 1 cucharadita de queso parmesano rallado. Métalas en el asador, a unos 12 cm de la flama, de 4 a 5 min, o hasta que estén doradas.*

SOPA DE TOMATE Y CALABACINES

- 6 tazas de tomates maduros, pelados y picados, con su jugo
- 1 taza de calabacines (calabacitas), en rebanadas delgadas
- 1 1/2 tazas de granos de maíz (elote)
- 1 taza de caldo de pollo
- 1 cucharada de aceite de oliva
- 1 cucharada de pimiento picante (chile), en polvo
- 1/2 cucharadita de azúcar
- 1/4 cucharadita de canela en polvo

6 a 8 raciones

1 En una cacerola de 3 litros, mezcle todos los ingredientes. Tape.

2 Meta la cacerola en el horno de microondas, en Alta, de 25 a 30 min, o hasta que las verduras estén tiernas y los sabores se mezclen; revuelva cada 5 min.

VICHYSSOISE DE BATATA

- 2 tazas de batatas (camotes), peladas y cortadas en cubitos
- 1 taza de puerro, en rebanadas
- 1/4 taza de vino blanco seco
- 2 cucharadas de mantequilla o margarina
- 1 cucharadita de jengibre fresco, rallado
- 1 taza de caldo de pollo
- 1 taza de leche

4 raciones

1 En una cacerola de 2 litros, mezcle todos los ingredientes, excepto el caldo y la leche. Tape y meta en el horno de microondas, en Alta, de 8 a 13 min, o hasta que las batatas estén muy suaves; revuelva una vez.

2 En la batidora (licuadora) o en el procesador de alimentos, muela la mezcla de batata hasta que esté tersa. Ponga el puré en la cacerola. Añada el caldo y la leche. Caliente en el horno de microondas, en Media, sin tapar, de 8 a 10 min, hasta que los sabores se mezclen; revuelva una vez. Sirva la sopa caliente o fría. Adorne con cebollino picado, si desea.

SOPA PICANTE DE TORTELLINI

- 250 g de champiñones, en rebanadas
- 1 taza de cebolla picada
- 1 cucharada de aceite de oliva
- 1 diente de ajo, picado
- 2 tazas de tomates maduros, pelados y picados
- 2 tazas de caldo de pollo
- 1 lata (250 g) de salsa de tomate (boloñesa)
- 1/2 taza de tomate picado
- 2 cucharadas de albahaca fresca, picada
- 250 g de tortellini de queso, crudos

6 raciones

1 En una cacerola de 3 litros, mezcle los champiñones, la cebolla, el aceite y el ajo. Tape y meta en el horno de microondas, en Alta, de 8 a 10 min, o hasta que los champiñones estén tiernos; revuelva una vez.

2 Agregue los demás ingredientes, excepto los tortellini. Mezcle bien. Vuelva a tapar. Caliente en Alta, de 10 a 12 min, o hasta que los sabores se mezclen; revuelva una vez. Añada los tortellini. Tape y hornee en Alta, de 10 a 15 min, o hasta que los tortellini estén suaves; revuelva una vez. Espolvoree queso parmesano rallado, si desea.

SOPA RATATOUILLE

- 1 berenjena mediana (500 g), pelada y en cubitos
- 1 taza de cebolla picada
- 2 cucharadas de aceite de oliva
- 1 cucharada de romero fresco, picado
- 1 cucharada de zumo de limón
- 1 o 2 dientes de ajo, picados
- 4 tazas de tomates maduros, pelados y picados
- 1 taza de calabacines (calabacitas), en rebanadas
- 1 taza de pimiento verde, picado
- 1 taza de champiñones, en rebanadas
- 1 taza de caldo de pollo
- 1/4 a 1/2 cucharadita de pimienta recién molida

8 raciones

1 En una cacerola de 3 litros, mezcle la berenjena, la cebolla, el aceite, el romero, el zumo de limón y el ajo. Tape y meta en el microondas, en Alta, de 10 a 15 min, o hasta que la berenjena esté tierna; revuelva dos veces.

2 Agregue los demás ingredientes. Mezcle bien. Vuelva a tapar Hornee en Alta, de 18 a 21 min, o hasta que las verduras estén tiernas; revuelva dos veces.

SOPA DE ALMEJAS CON QUESO

- 1 paquete (300 g) de brécol (brócoli), coliflor y zanahoria, en salsa de queso, congelados
- 2 latas (500 ml) de crema de patata (papa), condensada
- 1 lata (185 g) de almejas, picadas, sin escurrir
- 1/2 taza de leche
- 1/2 taza de agua
- 1 cucharada de perejil seco
- Salsa picante, al gusto

4 a 6 raciones

Preparación adelantada: *La víspera, prepare la receta. Tape y refrigere. Para servir, meta la sopa en el microondas, en Alta, de 10 a 15 min, o hasta que esté bien caliente; revuelva dos veces.*

1 Con las tijeras, haga un cortecito en el centro del paquete de verduras, por encima. Póngalo en el horno de microondas, con el lado abierto hacia arriba, en Alta, de 2 a 4 min, o hasta que se descongele; gire el paquete una vez.

2 En una cacerola de 3 litros, mezcle los demás ingredientes. Tape y meta en el horno de microondas, en Alta, de 6 a 8 min, o hasta que la mezcla esté bien caliente; revuelva una vez.

3 Añada las verduras y la salsa de queso. Mezcle bien. Vuelva a tapar. Caliente nuevamente en el horno de microondas, en Alta, de 5 a 8 min, o hasta que la sopa esé caliente; revuelva una vez.

SOPA DE CALABAZA

- 1 calabaza pequeña (1 kg), pelada, sin pepitas, cortada en cubos
- 1 lata (150 ml) de zumo de albaricoque (chabacano)
- 1/2 taza de cebollino, en rebanadas
- 1 cucharada de mantequilla o margarina
- 1/2 cucharadita de ralladura de naranja
- 1/4 a 1/2 cucharadita de jengibre fresco, rallado
- 1/4 cucharadita de nuez moscada, en polvo
- 1/4 cucharadita de sal
- 1/4 cucharadita de pimienta, recién molida
- 1 taza de leche

4 raciones

1 En una cacerola de 3 litros, ponga la calabaza con el zumo de albaricoque. Tape y meta en el horno de microondas, en Alta, de 13 a 15 min, o hasta que la calabaza esté suave; revuelva dos veces. En la batidora (licuadora) o en el procesador de alimentos, muela la calabaza hasta obtener un puré terso. Deje a un lado.

2 En la misma cacerola, mezcle el cebollino y la mantequilla. Tape. Hornee en Alta, de 2 a 3 min, o hasta que esté suave pero firme; revuelva una vez. Agregue el puré de calabaza y los demás ingredientes, excepto la leche. Vuelva a tapar.

3 Hornee en Alta, de 4 a 5 min, o hasta que la mezcla esté caliente y burbujeante; revuelva una vez. Añada la leche. Tape y hornee en Alta, de 2 a 3 min. Adorne con las pepitas de la calabaza tostadas*, si desea.

* Para tostar las pepitas, reserve 1/2 taza de las que le quite a la calabaza. Precaliente el horno a 150°C. Enjuague, escurra y seque las pepitas. En un tazón pequeño, mezcle las pepitas, 1 cucharadita de aceite vegetal y 1/2 cucharadita de sal sazonada. Extienda las pepitas en una bandeja, sin encimarlas. Hornee de 25 a 28 min, o hasta que estén bien doradas; revuelva cada 10 min.

GAZPACHO DE FRUTAS ⬇

- 2 tazas de jugo de manzana
- 1/2 taza de jugo de naranja
- 1/2 taza de pasitas blancas
- 1/2 taza de orejones de albaricoque (chabacano), picados
- 2 cucharadas de azúcar morena
- 2 cucharadas de jugo de limón
- 1 raja pequeña de canela
- 4 tazas de frutas frescas, picadas: manzanas, peras, melocotones (duraznos), higos, uvas

5 a 6 raciones

1 En una cacerola de 2 litros, ponga todos los ingredientes, excepto las frutas frescas. Meta en el horno de microondas, sin tapar, de 7 a 9 min, o hasta que la mezcla esté caliente y las pasitas se hinchen.

2 Quite la raja de canela. Agregue las frutas frescas y revuelva bien. Deje enfriar un poco. Tape y refrigere hasta servir.

ENSALADAS

ENSALADA DE FRESA Y AGUACATE

- 6 tazas de escarola, desinfectada, en trozos
- 2 tazas de fresas, limpias, desinfectadas, en rebanadas
- 1 aguacate, pelado, en rebanadas

Aderezo:
- 1/3 taza de miel
- 1/3 taza de jugo de naranja
- 1/3 taza de aceite vegetal
- 1 cucharada de semillas de chía o de sésamo (ajonjolí) tostado

1. En un tazón grande, mezcle la lechuga, las fresas y el aguacate. Deje a un lado. En una taza de medir grande, revuelva los ingredientes del aderezo. Caliente en el horno de microondas, en Alta, de 45 seg a 1 min. Bañe la ensalada, impregnándola toda. Sirva de inmediato.

Preparación adelantada: *La víspera, prepare el aderezo y refrigérelo. Para servir, haga la ensalada. Caliente el aderezo en Alta, por 2 min. Vierta sobre la ensalada y revuelva bien.*

ENSALADA MARINADA DE JUDÍAS VERDES

- 500 g de judías verdes (ejotes) frescas, en trozos
- 1/2 taza de azúcar
- 1/2 taza de vinagre blanco
- 1 cucharadita de semillas de apio
- 1/4 cucharadita de mostaza en polvo
- 1 taza de champiñones frescos
- 1 taza de tomates cerezo (cherry), en mitades

8 raciones

1. Ponga las judías verdes en una cacerola de 2 litros. En una taza de medir grande, revuelva los demás ingredientes, excepto los champiñones y los tomates. Bañe las judías verdes con esta mezcla.

2. Meta en el horno de microondas, en Alta, de 6 a 10 min, o hasta que las judías verdes estén tiernas pero firmes; revuelva dos veces. Incorpore los champiñones y los tomates. Tape y refrigere de 4 a 6 h, o de un día para otro.

ENSALADA DE LECHUGA Y BRÉCOL

- 4 tazas de ramitos de brécol (brócoli), frescos
- 1 taza de pimiento rojo, en juliana
- 2 cucharadas de agua
- 4 tazas de lechuga, desinfectada, en trozos
- 1/2 taza de aceite de oliva
- 1/4 taza de vinagre de vino blanco
- 1/2 cucharadita de azúcar
- 1/2 cucharadita de sal
- 1/4 cucharadita de albahaca
- 1/4 cucharadita de ajo en polvo
- Una pizca de pimienta blanca
- 1/2 taza de aceitunas negras, deshuesadas

8 raciones

1. En una cacerola, ponga el brécol, el pimiento y el agua. Tape y meta en el microondas, en Alta, de 5 a 6 min; revuelva dos veces. Enjuague con agua fría. Escurra. En un tazón, mezcle estas verduras con la lechuga.

2. Meta los demás ingredientes, excepto las aceitunas, en el horno, en Alta, hasta que hierva la mezcla; bata una sola vez. Enfríe por 10 min. Vierta sobre la ensalada y revuelva bien. Añada las aceitunas.

ENSALADA DE COL AL LIMÓN →

- 3 tazas de col, desinfectada y rallada
- 3 tazas de col morada, desinfectada y rallada
- 1 taza de zanahoria pelada, rallada
- 2 cucharaditas de ralladura de limón
- 1 taza de azúcar
- 1 taza de vinagre blanco
- 1 cucharadita de semillas de chía o de sésamo (ajonjolí), tostado
- 1/2 cucharadita de sal
- 1/4 cucharadita de cebolla en polvo

8 raciones

1 En un tazón, revuelva las coles, la zanahoria y la ralladura de limón. En una taza, mezcle los ingredientes restantes. Meta en el microondas, en Alta, hasta que hierva. Enfríe un poco. Vierta sobre la ensalada y revuelva bien. Pase a un recipiente hermético, etiquete y congele por 1 mes como máximo.

2 Para servir, destape. Meta en el microondas, en Alta, por 2 min. Hornee en Media, hasta que esté descongelada; revuelva una vez.

ENSALADA WALDORF DE FRESAS

Aderezo:
- 2 huevos
- 1/3 taza de azúcar
- 1/4 taza de jugo de naranja
- 2 cucharadas de agua
- 2 cucharadas de ralladura de naranja

Ensalada:
- 2 tazas de fresas frescas, picadas
- 1 taza de naranja, pelada y picada
- 1 taza de manzana picada
- 1 taza de dátiles picados
- 1/2 taza de nueces picadas
- 2 tazas de caramelos *marshmallow* (malvaviscos)

8 raciones

1 En una taza de medir grande, bata bien los huevos con el batidor de globo. Añada los otros ingredientes del aderezo. Siga batiendo hasta que la mezcla esté tersa. Meta en el horno de microondas, en Media, de 4 a 6 min, o hasta que el aderezo se espese; bátalo cada 2 min. Refrigere por 2 h o hasta que esté bien frío.

2 En un tazón grande, revuelva los ingredientes de la ensalada (puede sustituir las fresas por arándanos, si prefiere). ❀ Bañe la ensalada con el aderezo y mezcle bien.

Preparación adelantada: *La víspera, prepare como se indica hasta* ❀ *(arriba), pero omita los caramelos* marshmallow. *Tape y refrigere por separado la ensalada y el aderezo. Para servir, agregue los caramelos* marshmallow *a la ensalada y báñela con el aderezo, revolviendo bien.*

GELATINAS DE CEREZA CON DÁTILES

- 2 tazas de agua caliente
- 170 g de gelatina de cereza
- 1 1/2 tazas de agua fría
- 1 1/2 tazas de manzana, en cubitos
- 1 taza de cerezas en marrasquino, en cuartos
- 3/4 taza de dátiles picados
- 3/4 taza de almendras peladas, picadas (para pelarlas, remójelas en agua muy caliente por 2 min)
- 1 paquete (85 g) de queso de nata (queso crema)

8 raciones

1 Barnice con clara de huevo o con aceite vegetal el interior de ocho moldecitos para flan. Deje a un lado. Ponga el agua caliente en un tazón mediano. Tape con plástico para microondas. Caliente en Alta, de 2 a 3 min, o hasta que hierva. Disuelva ahí la gelatina. Añada el agua fría. Refrigere de 45 a 60 min, o hasta que la gelatina esté a medio cuajar.

2 Incorpore los demás ingredientes, excepto el queso de nata. Vierta en los moldes que preparó. Refrigere por 2 h o hasta que cuaje.

3 Sumerja cada molde en agua tibia por 30 seg. Afloje las orillas y desmolde en platitos extendidos. En un tazón pequeño, caliente el queso de nata en el horno de microondas, en Alta, de 15 a 30 seg, o hasta que se suavice. Adorne con él cada gelatina.

Preparación adelantada: *La víspera, prepare hasta ☙ (arriba). Máximo 4 h antes, desmolde las gelatinas y decórelas con el queso suavizado. Refrigere hasta la hora de servir.*

GELATINA DE LIMÓN CON VERDURAS ↑

- 14 g de grenetina
- 1/2 taza de agua fría
- 2 1/2 tazas de agua caliente
- 1/4 taza de jugo de limón
- 1/3 taza de azúcar
- 170 g de vainas de guisantes (chícharos), tiernas
- 1 1/4 tazas de pepino, en rebanaditas
- 1/2 taza de apio, en rebanaditas
- 1/2 taza de pimiento rojo, picado
- 1/2 taza de perejil rizado
- 1 cucharadita de ralladura de limón

8 raciones

1 Barnice ligeramente con clara de huevo o con aceite vegetal el interior de un molde de rosca de 6 tazas. Deje a un lado. En un tazón mediano, rocíe el agua fría sobre la grenetina. Deje a un lado. Ponga el agua caliente en una taza de medir grande. Tape con plástico para microondas y hornee en Alta, de 5 a 8 min, o hasta que hierva. Vierta sobre la grenetina y revuelva hasta que ésta se disuelva por completo. Agregue el jugo de limón y la azúcar; revuelva bien. Enfríe por 2 h o hasta que la gelatina esté bien fría.

2 Ponga las vainas en una cacerola de 1 litro. Tape y meta en el horno de microondas, en Alta, de 4 a 6 min, o hasta que estén tiernas. Enjuague con agua fría. Escurra. Agréguelas a la gelatina, junto con los demás ingredientes. Viértala en el molde de rosca que preparó. Refrigere hasta que cuaje (unas 2 h). ☙

3 Sumerja el molde en agua tibia por 30 seg. Pase una espátula alrededor de la gelatina y desmóldela sobre un plato de servir. Si desea, cubra antes el plato con hojas de lechuga desinfectadas, para darle una presentación más vistosa.

Preparación adelantada: *La víspera, prepare hasta ☙ (arriba). Máximo 4 h antes, desmolde la gelatina en el plato y refrigere hasta servirla.*

GELATINA DE PERLAS DE MELÓN

- 1 taza de agua caliente
- 85 g de gelatina de limón
- 3/4 taza de agua fría
- 2 tazas de perlas de melón
- 1 lata (220 g) de piña en trocitos, escurrida
- 1 taza de uvas moradas, sin semillas
- 1/2 taza de apio, en rebanadas
- Hojas de lechuga, desinfectadas
- 1 paquete (85 g) de queso de nata (queso crema) (opcional)

8 raciones

1 Barnice ligeramente con clara de huevo o con aceite vegetal el interior de un molde de 1 litro. Deje a un lado. Ponga el agua caliente en una taza de medir grande. Tape con plástico para microondas. Caliente en Alta, de 2 a 3 min, o hasta que hierva. Disuelva ahí la gelatina. Añada el agua fría. Refrigere de 45 a 60 min, o hasta que la gelatina esté a medio cuajar.

2 Incorpore los demás ingredientes, excepto la lechuga y el queso de nata. Vierta en el molde que preparó. Refrigere por 2 h o hasta que cuaje bien. Acomode las hojas de lechuga en un plato de servir. Sumerja el molde en agua caliente, de 15 a 20 seg. Afloje las orillas y desmolde sobre el plato. Refrigere hasta servir.

3 En un tazón pequeño, caliente el queso de nata en el horno de microondas, en Alta, de 15 a 30 seg, o hasta que se suavice. Bátalo para que quede terso. Decore con él la gelatina.

Preparación adelantada: *La víspera, prepare la gelatina hasta 🌿 (arriba). Máximo 4 h antes, desmolde la gelatina y decórela con el queso suavizado. Refrigere hasta la hora de servir.*

ENSALADA DE GERMINADOS A LA NARANJA

- 2 tazas de pepino, cortado por la mitad a lo largo y en rebanadas
- 1 taza de rábanos, en rebanaditas
- 1 taza de germinados de alubia (frijol)
- 1 taza de germinados de alfalfa
- Hojas de espinaca, desinfectadas

Aderezo:
- 2 cucharadas de miel
- 1 cucharada de ralladura de naranja
- 1 cucharada de jugo de naranja

4 raciones

1 En un tazón o una ensaladera grande, revuelva el pepino, el rábano y los germinados. Deje a un lado.

2 En una taza de medir, mezcle los ingredientes del aderezo. Caliente en el horno de microondas, en Alta, de 30 a 90 seg; revuelva una vez. Bañe la ensalada con el aderezo. Sirva sobre hojas de espinaca.

← ENSALADA DE CEREAL CON FRUTAS, ESTILO TABBOULEH

- 1 1/4 tazas de agua caliente
- 3/4 taza de bulgur (trigo quebrado precocido)
- 2 naranjas sin semillas, medianas, peladas, en gajos
- 1/2 taza de frambuesas
- 1/4 taza de nueces picadas
- Hojas de lechuga, desinfectadas

Aderezo:
- 1/4 taza de aceite vegetal
- 3 cucharadas de vinagre de vino tinto
- 2 cucharadas de zumo de naranja concentrado, congelado, ya descongelado
- 1/4 cucharadita de canela en polvo
- 1/8 cucharadita de pimienta de Jamaica, en polvo

6 raciones

1 Ponga el agua en una cacerola de 1 1/2 litros. Tape. Caliente en el horno de microondas, en Alta, de 4 a 6 min, o hasta que hierva. Añada el trigo al agua. Vuelva a tapar. Deje reposar de 15 a 20 min, o hasta que se absorba todo el líquido. Esponje con un tenedor. Incorpore la naranja, las frambuesas y las nueces, revolviendo bien. Deje a un lado.

2 En una taza, mezcle los ingredientes del aderezo. Viértalo sobre la ensalada, impregnándola bien. Tape con envoltura autoadherible transparente. Refrigere. Sirva en platos extendidos, sobre hojas de lechuga.

ENSALADA DE PERA CON ESPECIAS ⇒

- 1/2 taza de azúcar morena
- 1/4 taza de jerez
- 1 lata (800 g) de peras en mitades, escurridas; aparte 1/4 taza del líquido
- 1 cucharada de vinagre
- 1/4 cucharadita de canela
- 1/4 cucharadita de nuez moscada, en polvo
- Una pizca de clavos de olor
- 1/2 paquete (250 g) de queso de nata (queso crema)
- 1/4 taza de nueces picadas
- 8 hojas de lechuga

8 raciones

1 En un tazón, mezcle la azúcar, el jerez, el líquido que apartó, el vinagre, la canela, la nuez moscada y los clavos. Caliente en el microondas, en Alta, de 1 a 3 min, o hasta que hierva; revuelva una vez. Agregue las peras. Vuelva a calentar en Alta, de 1 a 3 min. Refrigere la ensalada hasta que esté bien fría.

2 Corte el queso en ocho porciones; forme bolitas y hágalas rodar sobre las nueces. Para cada ración, ponga una hoja de lechuga con media pera encima; bañe ésta con la salsa y acomode una bolita de queso en el hueco de la pera.

Preparación adelantada: Las peras y la salsa se pueden preparar hasta 2 días antes. Haga las bolitas y acomode la ensalada cuando vaya a servir.

ENSALADA DE NARANJA Y ENDIBIA ⇒

- 1 endibia pequeña, desinfectada y en trozos
- 1 escarola pequeña, desinfectada y en trozos
- 2 naranjas, peladas, en gajos
- 1/2 cebolla morada, en rebanadas delgadas, separadas en anillos

4 raciones

1 Revuelva la endibia y la lechuga. Agregue la naranja y la cebolla. Sirva con aderezo italiano, si desea.

Preparación adelantada: Revuelva la ensalada temprano en la mañana. Refrigere hasta servir.

ENSALADA DE VIEIRAS, ALUBIAS Y AGUACATE

- 500 g de vieiras (pechinas), enjuagadas y escurridas
- 2 tazas de tomate, sin semillas, picado
- 1 lata (400 g) de alubias (frijoles) negras, enjuagadas y escurridas
- 1 1/2 tazas de pimiento verde, picado
- 1 taza de aguacate, pelado y picado

Aderezo:

- 1/3 taza de zumo de limón
- 1/4 taza de aceite de oliva
- 1/4 taza de cebollino, en rebanaditas
- 2 cucharadas de *catsup*
- 1/2 cucharadita de comino en polvo
- 1/2 cucharadita de azúcar
- 1/2 cucharadita de sal sazonada
- 1/4 cucharadita de pimienta de Cayena

6 a 8 raciones

1. En un molde redondo de 23 cm, acomode las vieiras en una sola capa. Deje a un lado. En una taza de medir grande, mezcle los ingredientes del aderezo. Vierta 2 cucharadas de éste sobre las vieiras. Tápelas con papel encerado y meta en el horno de microondas, en Media, de 6 a 7 min, o hasta que las vieiras estén firmes y opacas; reacomódelas una vez. Escúrralas y déjelas a un lado.

2. En un tazón mediano, revuelva los demás ingredientes con el aderezo restante. Agregue las vieiras. Incorpore todo bien. Tape con envoltura autoadherible transparente. Refrigere.

ENSALADA DE BATATA

- 5 tazas de batatas (camotes), peladas, en trozos
- 4 tazas de agua caliente
- 2 tazas de ramitos de brécol (brócoli)
- 1/2 taza de jamón magro, cocido y picado
- 1/3 taza de cebollino, en rebanaditas

Aderezo:

- 1/3 taza de aderezo francés
- 1/3 taza de nata (crema) agria
- 1 cucharadita de perejil rizado, picado

4 a 6 raciones

1. En una cacerola de 2 litros, ponga la batata y 1/4 de taza del agua. Tape y meta en el horno de microondas, en Alta, de 9 a 12 min, o hasta que la batata esté tierna; revuelva una vez. Escurra y deje a un lado.

2. En un cazo de 2 litros, ponga a hervir el agua restante a fuego alto. Sumerja el brécol en el agua hirviendo por 30 seg o hasta que se avive su color. Saque el brécol con una cuchara perforada y sumérjalo de inmediato en agua helada. Escurra.

3. En un tazón o una ensaladera grande, revuelva la batata, el brécol, el jamón y el cebollino. En un tazón pequeño, mezcle los ingredientes del aderezo. Bañe la ensalada con él, impregnándola bien. Refrigere.

ENSALADA DE HINOJO Y NARANJA

- 1 1/2 cucharadita de mantequilla o margarina
- 1/4 taza de almendras, rebanadas
- 2 naranjas sin semillas, medianas, peladas, en rebanadas
- 1 bulbo de hinojo (250 g), en tiritas
- 125 g de pechuga de pavo cocida, en tiritas
- Hojas de lechuga, desinfectadas

Aderezo:
- 2 cucharadas de aceite de oliva
- 2 cucharadas de vinagre de vino tinto
- 1 cucharada de estragón fresco, picado
- 1 cucharadita de azúcar

4 raciones

1 En un molde para tarta, derrita la mantequilla en el microondas, en Alta, por 45 seg. Añada las almendras, impregnándolas. Hornee en Alta, hasta que se doren bien; revuelva cada 2 min. Deje a un lado.

2 En un tazón grande o una ensaladera, mezcle las naranjas, el hinojo y el pavo. En una taza de medir, ponga los ingredientes del aderezo. Vierta sobre la ensalada y revuelva bien. Sirva sobre hojas de lechuga, en platos extendidos. Adorne con las almendras.

ENSALADA CALIENTE DE MANZANA Y PERA

- 2 peras medianas, sin corazón, en cubitos
- 1 manzana mediana, sin corazón, en cubitos
- 2 cucharadas de zumo de limón
- 1 bulbo de hinojo (250 g), cortado por la mitad a lo largo y rebanado
- 1/2 taza de nueces picadas
- 1/2 taza de pasitas

Aderezo:
- 1/3 taza de mayonesa
- 2 cucharadas de sidra
- 1/4 cucharadita de canela

6 raciones

1 En una cacerola de 2 litros, mezcle las peras, la manzana y el zumo. Tape y meta en el horno de microondas, en Alta, de 5 a 6 min, o hasta que la fruta esté tierna pero firme; revuelva una vez. Escurra. Incorpore el hinojo, las nueces y las pasitas.

2 En un tazón pequeño, mezcle los ingredientes del aderezo. Vierta sobre la ensalada y revuelva para que se impregne bien. Sírvala caliente, adornada, si quiere, con rebanadas adicionales de pera y de manzana.

GELATINA DE VINO CON FRESAS

- 1 taza de zumo de fresa, enlatado
- 85 g de gelatina de frambuesa
- 1/2 taza de azúcar
- 3/4 taza de sangría
- 1 taza de fresas bien machacadas
- 1 taza de nata montada (crema batida), refrigerada
- 1/2 taza de nueces picadas

8 raciones

1 Vierta el zumo de fresa en un tazón mediano. Hierva en el horno de microondas, en Alta (2 a 3 min). Disuelva en él la gelatina y la azúcar. Agregue la sangría. Refrigere por 1 h.

2 Incorpore los demás ingredientes. Vierta en un molde de 1 1/2 litros. Refrigere de 3 a 4 h, o hasta que cuaje completamente. Desmolde sobre un plato de servir.

ENSALADA DE PIÑA CON QUESO

- 1 taza de agua caliente
- 85 g de gelatina de limón
- 3/4 taza de agua fría
- 1 lata (225 g) de piña, escurrida y machacada
- 1/2 taza de nata montada (crema batida), refrigerada
- 1/2 taza de queso ricotta
- 1/2 taza de nueces picadas
- 1/4 taza de cerezas en marrasquino, picadas

6 a 8 raciones

1 Ponga el agua caliente en un tazón mediano. Tape y hierva en el horno de microondas, en Alta (2 min). Disuelva la gelatina. Agregue el agua fría. Refrigere por 1 h o hasta que empiece a cuajar.

2 Incorpore los demás ingredientes. Vierta en un molde de 1 litro. Refrigere hasta que cuaje bien. Desmolde la gelatina para servirla.

ENSALADA DE VERDURAS MARINADAS

- 4 tomates maduros grandes, pelados, sin semillas, picados
- 2 pepinos medianos, pelados, sin semillas, picados
- 1 taza de perejil fresco, picado
- 1/2 taza de cebollino picado
- 1 o 2 dientes de ajo, picados
- 2 cucharadas de hierbabuena fresca, picada, o 1 cucharada de hierbabuena seca
- 1/4 taza de zumo de limón
- 1/4 taza de aceite de oliva
- 1/4 cucharadita de sal
- 1/4 cucharadita de azúcar

6 a 8 raciones

1 En un tazón mediano, revuelva los tomates, los pepinos, el perejil, el cebollino, el ajo y la hierbabuena. Mezcle el zumo de limón, el aceite de oliva, la sal y la azúcar. Vierta sobre las verduras, impregnándolas bien.

Preparación adelantada: *Puede servir la ensalada de inmediato, pero es mucho más sabrosa si la deja marinar de un día para otro.*

LECHUGA A LA PARMESANA

- 1 taza de aceite vegetal
- 1/2 taza de vinagre de vino tinto
- 3 cucharadas de queso parmesano, rallado
- 1 diente de ajo, picado
- 1/2 cucharadita de azúcar
- 1/4 cucharadita de mostaza
- 1/4 cucharadita de pimienta
- 1 lechuga iceberg (romanita), cortada en 6 u 8 trozos

6 a 8 raciones

1 En un tazón, mezcle todos los ingredientes, excepto la lechuga. Bañe ésta con el aderezo. Adorne con tomates cereza (cherry), si desea.

ENSALADA MIXTA

- Lechuga iceberg (romanita), desinfectada y en trozos
- Tomates cortados en ocho
- Rebanadas de pepinos
- Rebanadas de rábanos
- Orégano seco

2 a 12 raciones

1 Mezcle los ingredientes en un tazón. Sirva con aceite y vinagre de vino tinto o aderezo italiano, si gusta.

CAZUELITAS DE LECHUGA

Aderezo:
- 2 rebanadas de tocino, en trocitos
- Aceite vegetal
- 1/4 taza de vinagre de vino tinto
- 1 cucharadita de queso parmesano, rallado
- 1/2 cucharadita de perejil seco
- 1/2 cucharadita de albahaca seca
- 1/4 cucharadita de sal
- 1/8 cucharadita de mostaza
- Una pizca de pimienta

Ensalada:
- 1 lechuga iceberg (romanita)
- Tomate picado
- Huevo cocido, picado
- Cubitos de pan tostado

2 raciones

1 Ponga el tocino en una taza de medir. Meta en el horno de microondas, en Alta, por 2 min, o hasta que esté crujiente; revuelva una vez. Escúrralo sobre toallas de papel. Agregue aceite vegetal a la grasa que haya soltado el tocino para completar 1/3 de taza. Mezcle con los demás ingredientes del aderezo. Caliente en el horno de microondas, en Alta, de 30 a 45 seg. Añada el tocino.

2 Tome las hojas exteriores más curvas de la lechuga y acomódelas en platos, formando cazuelitas. Troce el resto de la lechuga para llenar las cazuelitas. Distribuya encima el tomate, el huevo cocido y los cubitos de pan. Bañe la ensalada con el aderezo caliente.

ENSALADA DE LECHUGA ↑

- 1 lechuga iceberg (romanita) grande, desinfectada, en tiritas
- 2 tazas de queso Cheddar, rallado
- 2 tomates medianos, picados
- 1/2 taza de cebolla picada
- 1/2 taza de aceitunas negras, deshuesadas, en rebanaditas
- 3 cucharadas de salsa inglesa
- 3 cucharadas de salsa de soja (soya)
- 1 1/2 tazas de nata (crema) agria

10 a 12 raciones

1 Mezcle la lechuga, el queso, el tomate, la cebolla y las aceitunas.

2 Revuelva la salsa inglesa y la de soja. Incorpore la nata. Bañe la ensalada con el aderezo, revolviendo.

POSTRES NAVIDEÑOS

TARTA DE CALABAZA Y NARANJA

- 2 bases preparadas para tarta, congeladas
- 2 cucharaditas de azúcar
- 1 1/4 cucharaditas de canela en polvo
- 1 cucharada de leche
- Cerezas rojas y verdes, cristalizadas
- 500 g de calabaza grande cocida, licuada con jugo de naranja para hacerla puré
- 1 lata (400 g) de leche condensada
- 2 huevos
- 1 cucharadita de ralladura de naranja
- 1/4 cucharadita de nuez moscada, en polvo

8 raciones

Preparación adelantada: La víspera, prepare la tarta hasta 🌹 (abajo) y refrigere. Para servir, adorne con el moño.

1 Precaliente el horno a 220°C. Deje reposar las bases a temperatura ambiente, de 15 a 20 min. Coloque una en un molde de 23 cm, presionando las orillas.

2 Mezcle la azúcar y 1/4 de cucharadita de canela en un tazoncito. Barnice la orilla de la base con leche. Espolvoree con 1/2 cucharadita de la mezcla de azúcar. Hornee de 8 a 10 min, o hasta que se dore ligeramente. Déjela enfriar.

3 Use la otra base para formar un listón y un moño. Corte 4 tiras de 20 x 2 cm. Con 2 de ellas, haga una cruz en la bandeja (péguelas en el centro con un poco de agua fría).

4 Forme un moño sobre el cruce de las tiras, oprimiendo un poco en el centro. Barnice el listón y el moño con la leche. Espolvoree el resto de la mezcla de azúcar. Decore el centro con las cerezas verdes y rojas. Hornee a 220°C de 6 a 8 min, o hasta que se dore ligeramente. Deje enfriar.

5 Mezcle la otra cucharadita de canela y el resto de los ingredientes en un tazón. Con una batidora eléctrica, bata a baja velocidad hasta que la mezcla esté tersa. Hornee en microondas, en Alta, de 4 a 5 min, o hasta que esté muy caliente y se empiece a cuajar; revuelva una o dos veces.

6 Vierta la mezcla en la base que horneó. Meta el molde en el horno de microondas, en Media, de 15 a 21 min, o hasta que se cuaje en el centro; gírelo tres o cuatro veces.🌹 Con una espátula, desprenda con cuidado el listón y el moño de la bandeja y acomódelos encima del relleno. Deje enfriar.

TARTALETAS DE NUEZ →

- 2 bases preparadas para tarta, congeladas
- 1/2 taza de nueces picadas
- 1/2 taza de miel de maíz, oscura
- 1/4 taza de azúcar morena
- 1 huevo
- 1 cucharada de mantequilla o margarina
- 1/4 cucharadita de sal
- 1 cucharada de ralladura de naranja

10 tartaletas

Preparación adelantada: *Máximo 2 días antes, prepare las bases hasta 🌹 (abajo). Enfríe y guarde en un recipiente hermético. Hasta 2 h antes, prepare el relleno y póngalo en las bases. Enfríe y tape con papel encerado, sin apretar, hasta la hora de servir. Espolvoree la ralladura de naranja.*

1 Precaliente el horno a 220°C. Deje reposar las bases a temperatura ambiente de 15 a 20 min. Extienda cada base sobre cinco moldes para tartaleta, de 9 cm.

2 Con los dedos, oprima la masa en cada molde, para forrarlos. Pase el rodillo suavemente encima de los moldes para cortar el exceso de masa. Pinche varias veces con un tenedor el fondo de las bases.

3 Hornee de 10 a 12 min, o hasta que las bases se doren ligeramente. Enfríe y sáquelas de los moldes. Acomódelas en un plato de servir.🌹 Déjelas a un lado. Mezcle los demás ingredientes, excepto la ralladura de naranja, en un tazón grande.

PASTEL DE FRUTAS CON RON

- 2 a 3 cucharadas de galletas de canela, molidas
- 3 huevos
- 3/4 taza de azúcar morena
- 3/4 taza de harina
- 1/2 cucharadita de polvos de hornear
- 1/4 cucharadita de sal
- 1/4 cucharadita de pimienta de Jamaica
- 1/2 cucharadita de vainilla
- 1 taza de cerezas rojas y verdes, cristalizadas
- 1 taza de piña en almíbar, picada
- 1 taza de nueces, en mitades
- 1/2 taza de pasitas blancas
- Ron

8 a 12 raciones

1 Engrase bien un molde de rosca de 23 cm. Espolvoree la galleta molida. Deje a un lado. En un tazón, bata los huevos y la azúcar hasta que la mezcla esté ligera y esponjosa. Incorpore, batiendo, la harina, los polvos de hornear, la sal, la pimienta y la vainilla, hasta obtener una mezcla tersa. Agregue, revolviendo, los demás ingredientes, salvo el ron. Vierta en el molde que preparó.

2 Meta en el horno de microondas, en Media, por 10 min. Gire el molde media vuelta. Hornee en Alta, de 3 a 6 min más, o hasta que salga limpio un palillo insertado en medio (la parte superior se verá húmeda aún). Saque el pastel del horno y déjelo reposar por 10 min.

3 Desmolde el pastel en un plato de servir. Deje enfriar por 30 min. Empape una estopilla o manta de cielo con el ron y envuelva el pastel con ella, apretando bien. Meta el pastel en una bolsa de plástico grande. Refrigere por lo menos durante 24 h o hasta 2 semanas.

4 Meta en el horno de microondas, en Media, de 8 a 11 min, o hasta que la mezcla se espese y empiece a hervir; revuelva cada 2 min. Vierta el relleno en las bases que horneó. Deje enfriar las tartaletas. (El relleno se cuaja conforme se enfría.) Antes de servir, espolvoree la ralladura de naranja.

← DELICIA DE FRESAS CON AMARETO

- 2 huevos
- 1/2 taza de azúcar
- 2 cucharadas de tapioca precocida
- 2 tazas de leche
- 1/4 taza y 1 cucharada de amareto
- 2 tazas de nata montada (crema batida)
- 500 g de fresas limpias, desinfectadas, cortadas en mitades; aparte una entera para adornar
- 1 brazo de gitano de fresa (500 g), en rebanadas de 2 cm

8 raciones

1 En una taza de medir grande, bata los huevos con un batidor de globo hasta que se esponjen. Incorpore la azúcar, la tapioca y la leche, batiendo. Meta en el horno de microondas, en Media, de 15 a 20 min, o hasta que la mezcla se espese y burbujee; bata bien dos veces. Agregue 1 cucharada de amareto. Cubra directamente la superficie del batido con envoltura autoadherible transparente. Refrigere de 4 a 6 h, o hasta que esté bien frío (se espesa conforme se enfría).

2 En un tazón mediano, bata la nata hasta que se formen picos suaves. Aparte 1/2 taza para el copete. Incorpore el resto de la nata al batido frío, con movimientos envolventes.

3 Ponga 1 taza de fresas en el fondo de una copa grande, de lados rectos. Vierta 1 taza del batido sobre las fresas. Acomode rebanadas de brazo de gitano alrededor de la copa, encajándolas en el batido; si sobran rebanadas, colóquelas en el centro. Rocíe el amareto restante sobre las rebanadas de pastel. Vierta el resto del batido en medio de la copa.

4 Acomode encima las demás fresas, en la orilla, y el copete de la nata montada que apartó, en medio. Adorne la punta con la fresa que reservó.

Preparación adelantada: *La víspera, prepare el batido hasta ✿ (arriba) y refrigérelo. Máximo 6 h antes, prosiga con la receta como se indica, excepto el copete. Ya para servir, póngaselo junto con la fresa.*

CARLOTA DE NARANJA

- 1 paquete (90 g) de pudín de vainilla
- 2 tazas de leche
- 1 cucharada de brandy
- 2 tazas de nata montada (crema batida)
- 2 cucharadas de azúcar glass
- 1 cucharada de ralladura de naranja
- 170 g de soletas (24 piezas)
- 1/2 taza de mermelada de naranja
- 1/2 taza y 2 cucharadas de pasitas
- 1/2 taza y 2 cucharadas de almendras, rebanadas

8 a 10 raciones

1 Vacíe el paquete de pudín de vainilla en un recipiente de 1 litro. Agregue la leche. Meta en el horno de microondas, en Alta, de 6 a 9 min, o hasta que la mezcla se espese y burbujee; revuelva a los 3 min y después, cada minuto. Añada el brandy. Cubra directamente la superficie del pudín con envoltura autoadherible transparente. Refrigere hasta que esté bien frío (unas 4 h o de un día para otro). ✿

2 Ponga la nata montada en un tazón mediano. Bata incorporando la azúcar poco a poco, hasta formar picos suaves. Agregue la ralladura de naranja con movimientos envolventes. Deje a un lado.

3 Unte el lado plano de las soletas con mermelada. Acomode 16 en el fondo y en los lados de un molde de vidrio de 3 litros, con la mermelada hacia arriba. Distribuya encima 1/4 de taza de las pasitas y 1/4 de taza de las almendras. Extienda 1/2 taza de pudín sobre ellas. Luego, ponga una capa de 1/2 taza de nata montada. Coloque las otras 8 soletas sobre la nata, con la mermelada hacia arriba. Distribuya encima 1/4 de taza de las pasitas y 1/4 de taza de las almendras. Sobre ellas, vierta el pudín que quede. Termine con una capa de la nata restante.

4 Espolvoree encima las pasitas y las almendras que restan. Adorne con rebanadas de naranja o con tiritas de cáscara de naranja, si desea.

Preparación adelantada: *Máximo 2 días antes, prepare la receta hasta ✿ (arriba). Para servir, prosiga como se indica.*

COPA DE CALABAZA

- 1 taza de azúcar granulada
- 1/4 taza de maicena
- 2 cucharadas de harina
- 1/2 cucharadita de canela
- 1/2 cucharadita de nuez moscada, en polvo
- 1/2 cucharadita de sal
- 500 g de calabaza grande, cocida, hecha puré
- 2 tazas de leche
- 1 1/2 tazas de nata montada (crema batida)
- 2 cucharadas de azúcar glass
- 1/2 cucharadita de vainilla
- 1 taza de galletas de jengibre, molidas

8 raciones

1 En una cacerola de 3 litros, mezcle la azúcar, la maicena, la harina, la canela, la nuez moscada y la sal. Agregue el puré de calabaza y la leche. Revuelva bien. Meta en el horno de microondas, en Alta, de 11 a 18 min, o hasta que la mezcla se espese y burbujee; revuelva a los 3 min y después, cada 2 min. Cubra directamente la superficie del batido con envoltura autoadherible transparente. Refrigere por unas 4 h o hasta que esté frío.

2 En un tazón pequeño, bata la nata, agregando la azúcar glass poco a poco, hasta formar picos suaves. Añada la vainilla. Use ocho vasos o copas altas para servir. En cada uno, ponga capas de 1 cucharada rasa de galleta molida, 2 cucharadas de batido, 2 cucharadas de nata montada, 1 cucharada rasa de galleta molida y 2 cucharadas de batido. Termine cada copa con un copete de nata montada y espolvoree galleta molida.

Preparación adelantada: *La víspera, prepare el batido hasta (arriba) y refrigere. Máximo 2 h antes, sirva las copas.*

← COPA DE FRUTAS

- 1 paquete (90 g) de pudín de vainilla
- 2 tazas de leche
- 2 tazas de manzana picada y pasitas, con canela y nuez moscada
- 1/2 cucharadita de extracto imitación de ron
- 350 g de cerezas en marrasquino, escurridas
- 2 1/2 tazas de nata montada (crema batida)

8 raciones

Preparación adelantada: *La víspera, prepare el pudín, la mezcla de manzana y pasitas, y las cerezas hasta 🌹 (abajo). Máximo 2 h antes, sirva las copas como se indica.*

1 Vacíe el polvo para pudín en un tazón de 1 litro. Agregue la leche. Meta en el horno de microondas en Alta, de 6 a 9 min, o hasta que la mezcla se espese y burbujee; revuelva a los 3 min y después, cada minuto.

2 Cubra directamente la superficie del pudín con envoltura autoadherible transparente. Refrigere por unas 4 h o hasta que esté completamente frío.

3 Mezcle la manzana y las pasitas con el extracto de ron, en un tazón pequeño. Deje a un lado. Aparte 8 cerezas para adornar y pique las demás.🌹 Incorpore 2 tazas de la nata montada al pudín frío, con movimientos envolventes.

4 Use ocho vasos o copas altas para servir. En cada uno ponga capas de 1/4 de taza de pudín, 1/4 de taza de la mezcla de manzana y pasitas, 1 cucharada de cerezas picadas y 1/4 de taza de pudín.

5 Adorne cada copa con un copete de la nata que queda y una cereza entera encima.

PASTEL DE QUESO Y CALABAZA

Base:
- 1/4 taza de margarina o mantequilla
- 1 taza de galletas de canela, molidas
- 2 cucharadas de azúcar

Relleno:
- 2 paquetes (250 g cada uno) de queso de nata (queso crema)
- 1 taza de calabaza grande, cocida, hecha puré
- 4 huevos
- 2/3 taza de azúcar
- 1 cucharadita de extracto imitación de brandy
- 1/4 cucharadita de canela en polvo
- 1/4 cucharadita de jengibre en polvo
- 1/4 cucharadita de nuez moscada, en polvo

Cubierta:
- 1/2 taza de crema agria
- 2 cucharadas de azúcar glass
- 1/4 cucharadita de extracto imitación de brandy

8 a 10 raciones

1 En un molde redondo de 23 cm, derrita la mantequilla en el horno de microondas, en Alta, de 75 a 90 seg. Incorpore las galletas molidas y la azúcar. Revuelva bien. Extienda la mezcla, apretándola sobre el fondo del molde. Hornee en Alta, por 2 min o hasta que esté firme; gire una vez. Deje a un lado.

2 En un recipiente de 2 litros, meta el queso de nata en el horno de microondas, en Media, de 2 a 4 min, o hasta que se suavice. Agregue los demás ingredientes del relleno. Bata con una batidora eléctrica a velocidad media hasta integrarlos. Hornee en Alta, de 4 a 5 min, o hasta que la mezcla esté muy caliente y se empiece a cuajar; bata cada 2 min con el batidor de globo.

3 Vierta el relleno en la base que preparó y hornee en Media, de 7 a 15 min, o hasta que esté casi cuajado en el centro; gire el molde dos veces. (El relleno cuaja conforme se enfría.) Refrigere por 1 h.

4 En un tazón pequeño, mezcle los ingredientes de la cubierta, revolviendo hasta que queden tersos. Extienda la mezcla sobre el relleno. Refrigere por lo menos 8 h o de un día para otro.

PASTEL DE QUESO CON CEREZAS Y PISTACHES

Base:

- 1/4 taza de mantequilla o margarina
- 1 taza de galletas de chocolate, molidas

Relleno:

- 170 g de chocolate blanco para repostería
- 2 paquetes (250 g cada uno) de queso de nata (queso crema)
- 2/3 taza de azúcar
- 2 huevos
- 1 cucharada de harina
- 1 cucharadita de vainilla
- 1/2 taza de pistaches picados
- 1/2 taza de cerezas cristalizadas, picadas

8 a 10 raciones

1. En un molde redondo de 23 cm, derrita la mantequilla en el horno de microondas, en Alta, de 75 a 90 seg. Incorpore las galletas molidas, revolviendo bien. Extienda la mezcla, apretándola sobre el fondo del molde. Hornee en Alta, por 2 min o hasta que esté firme; gire una vez. Deje a un lado.

2. En un tazón pequeño, ponga el chocolate en el horno de microondas, en Media, de 4 a 5 min, o hasta que se derrita y se vea terso al revolverlo; revuelva a los 2 min y después, cada minuto. Deje a un lado.

3. En un recipiente de 2 litros, meta el queso de nata en el horno de microondas, en Media, de 2 a 4 min, o hasta que se suavice. Incorpore el chocolate derretido y los demás ingredientes del relleno, excepto los pistaches y las cerezas. Bata con una batidora eléctrica a velocidad media hasta integrar todo bien. Hornee en Alta, por 2 min o hasta que la mezcla se empiece a cuajar; bata cada minuto con el batidor de globo. Añada los pistaches y las cerezas.

4. Vierta el relleno en la base que preparó y hornee en Media, de 7 a 10 min, o hasta que casi se cuaje en el centro; gire el molde dos veces. (El relleno cuaja conforme se enfría.) Refrigere por lo menos durante 8 h o de un día para otro. Adorne con cerezas enteras, si desea.

Preparación adelantada: *Máximo 2 días antes, prepare como se indica arriba. Tape con envoltura autoadherible transparente y refrigere.*

PASTEL NAVIDEÑO DE QUESO

- 1 pastel de queso congelado (500 a 650 g), ya descongelado
- 30 g de chocolate semiamargo
- 1 cucharadita de manteca vegetal
- 1/4 taza de mermelada de albaricoque (chabacano)
- 3 gotas de colorante vegetal verde
- 2 cucharaditas de miel de maíz, clara
- 1/4 taza de mermelada de fresa
- 3 gotas de colorante vegetal rojo

8 raciones

Preparación adelantada: *Hasta 1 h antes, prepare como se indica abajo.*

Para descongelar el pastel. Desenvuélvalo y páselo al plato en que lo vaya a servir. Meta en el horno de microondas, en Media, de 2 a 4 min, o hasta que pueda encajar fácilmente un palillo en el centro; gire el plato una o dos veces. Deje reposar el pastel por 10 min para que termine de descongelarse.

1 Para decorar el pastel. Ponga el chocolate y la manteca en un tazón pequeño. Derrítalos en el horno de microondas, en Media, de 2 a 4 min, o hasta que la mezcla se vea brillante y tersa. Viértala en una bolsa de plástico de 1 litro. Con unas tijeras, corte una esquina de la bolsa. Con el chocolate derretido, dibuje una campana sobre el pastel de queso.

2 Ponga la mermelada de albaricoque, el colorante verde y 1 cucharadita de la miel de maíz en un tazón pequeño. Hornee en Alta, de 45 seg a 1 min, hasta que se derrita. Repita con la mermelada de fresa, el colorante rojo y la cucharadita restante de miel de maíz. Rellene las diferentes secciones del dibujo con las mermeladas.

PASTEL DE QUESO COPO DE NIEVE →

- 1 pastel de queso congelado (500 a 650 g), ya descongelado (vea pág. opesta)
- 1 tapetito de encaje de papel, redondo (15 cm)
- Azúcar coloreada, roja y verde
- 1 paquete (85 g) de queso de nata (queso crema) (opcional)
- 2 a 3 gotas de colorante vegetal verde (opcional)

8 raciones

1. Ponga el tapetito encima del pastel. Espolvoree la azúcar. Retire el tapetito.

2. En un tazón, meta el queso de nata en el horno de microondas, en Alta, de 15 a 30 seg, o hasta que se suavice. Añada el colorante, revolviendo bien.

3. Decore la orilla del pastel con el queso suavizado.

PASTEL DE QUESO CON MENTA →

- 1 pastel de queso congelado (500 a 650 g), ya descongelado (vea pág. opuesta)
- 3 cucharadas de caramelos de menta, en trocitos
- 30 g de chocolate semiamargo
- 1 cucharadita de manteca vegetal

8 raciones

1. Distribuya los trocitos de caramelo de menta encima del pastel.

2. En un tazón pequeño, derrita el chocolate y la manteca en el horno de microondas, en Media, de 2 a 3 min, o hasta que la mezcla esté brillante y tersa al revolverla.

3. Con una cuchara, deje caer hilitos de chocolate sobre los caramelos y el pastel. Refrigere hasta que el chocolate se endurezca.

Preparación adelantada: *Máximo 1 h antes, prepare como se indica arriba.*

PASTEL DE TRONCO DE NAVIDAD

- 2 *cakes* (panqués) de chocolate, de dos capas (325 g cada uno), congelados
- 1/3 taza de mantequilla o margarina
- 1 3/4 a 2 tazas de azúcar glass
- 2/3 taza de cacao
- 1/3 taza de nata líquida (media crema)
- 1 cucharadita de vainilla
- 1 paquete (85 g) de queso de nata (queso crema)
- 2 cucharaditas de azúcar granulada
- 4 gotas de colorante vegetal amarillo, 3 rojas y 1 verde
- Gominolas (gomitas) verdes
- Caramelos rojos redondos

8 a 10 raciones

1 Desenvuelva los panqués y colóquelos, unidos por los extremos, en un plato de servir. Deje a un lado. En un tazón grande, meta la mantequilla en el microondas, en Media, de 45 a 60 seg, o hasta que se suavice; revísela cada 15 o 30 seg.

2 Acreme la mantequilla con una batidora eléctrica a velocidad media. Vaya incorporando la azúcar glass y el cacao, alternando con la nata líquida, mientras sigue batiendo hasta que la mezcla tenga consistencia para untar. Agregue la vainilla. Aparte 2 cucharadas de esta salsa (betún). Deje a un lado.

3 Cubra los lados y la parte superior de los *cakes* con la salsa. Márquelo con un tenedor para dar la apariencia de corteza. Deje a un lado. (Puede proteger el plato metiendo tiras de papel encerado debajo del pastel antes de decorarlo; retírelas al terminar.)

4 En un tazón pequeño, meta el queso de nata en el horno de microondas, en Alta, de 15 a 30 seg, o hasta que se suavice. Agregue la azúcar granulada y los colorantes. Revuelva bien.

5 Cubra los extremos del tronco con la mezcla de queso. Con un palillo, aplique la salsa que apartó en círculos concéntricos, en los extremos del tronco. Adorne el tronco con las gominolas y los caramelos, a manera de bayas y hojitas.

PASTEL HELADO DE FRAMBUESA

- 1 *cake* (panqué) (500 g), congelado
- 1/2 litro de helado de frambuesa
- 1/2 litro de helado de chocolate
- 30 g de chocolate semiamargo
- 1/2 cucharadita de manteca vegetal
- 1/2 taza de mermelada de frambuesa
- 2 cucharaditas de miel de maíz
- Frambuesas frescas (opcional)

8 raciones

Preparación adelantada: *Máximo 1 semana antes, prepare el pastel hasta 🍥 (abajo). Para servir, haga la salsa de frambuesa y prosiga como se indica.*

1 Corte el *cake* a lo largo, en tres capas. Acomode la capa inferior en un plato de servir. Deje a un lado. Meta el helado de frambuesa, destapado, en el horno de microondas, en Media, de 30 a 60 seg, hasta que se suavice. Repita con el de chocolate.

2 Extienda 1 taza del helado de frambuesa sobre la capa inferior del *cake*. Ponga encima la capa intermedia y cúbrala con 1/2 taza del helado de chocolate. Acomode la capa superior. (Puede proteger el plato metiendo tiras de papel encerado debajo del *cake* antes de decorar; retírelas al terminar.)

3 Unte el resto del helado de frambuesa en la parte superior del *cake*. Cubra los lados con el helado de chocolate que queda. (Si alguno de los helados se ablanda demasiado, congélelo de 10 a 15 min.) Congele el pastel recubierto de 15 a 30 min, o hasta que esté bien firme.

4 Mezcle el chocolate y la manteca en una taza de medir. Derrita en el horno de microondas, en Media, de 1 a 3 min, o hasta que la mezcla se vea brillante y tersa al revolverla; mientras está en el horno, revuelva una vez. Deje enfriar un poco.

5 Escurra hilitos de chocolate encima del helado de frambuesa. Congélelo sin taparlo hasta que esté firme. 🌹 Para servir, mezcle la mermelada de frambuesa y la miel de maíz en una taza de medir. Derrita en el horno de microondas, en Media, por 1 min, o hasta que la mezcla esté tersa al revolverla. Con esta salsa, bañe cada ración de pastel al servirla. Adorne con unas frambuesas frescas.

Para toda ocasión

PARA ALMORZAR

Para que su almuerzo tenga un toque diferente, prepare los *Huevos al curry* o la *Tarta de patatas picante*. Una ensalada de fruta, unos panecillos y mantequillas de diversos sabores complementan cualquiera de estos platos.

HUEVOS AL CURRY, CON BOLLOS

- 4 bollos ingleses *(muffins),* partidos y tostados
- 8 huevos cocidos, pelados
- 1/4 taza de mantequilla o margarina
- 1/4 taza de harina
- 2 cucharaditas de curry en polvo
- 1/2 cucharadita de sal
- Una pizca de pimienta blanca
- 2 tazas de leche

Para copetes:
- Tocino frito, desmenuzado
- Cebollinos, en rebanadas
- Zanahoria rallada
- Nueces picadas
- Coco rallado
- Jamón cocido, picado
- Pimiento rojo y verde, picados

8 raciones

1 Caliente el horno a 95°C. Acomode las mitades de bollos en un molde refractario, grande. Corte cada huevo, a lo largo, en 4 rebanadas. Coloque 4 rebanadas de huevo en cada mitad de bollo. Cubra el molde con papel de aluminio. Póngalo en el horno de 15 a 20 min.

2 En una taza de medir de 1 litro, derrita la mantequilla en el horno de microondas, en Alta, de 75 a 90 seg. Incorpore la harina, el curry, la sal y la pimienta. Agregue la leche, revolviendo. Cocine en el horno, en Alta, de 7 a 9 min, o hasta que la salsa esté espesa y burbujeante; revuelva dos veces.

3 Saque el molde. Retire el papel de aluminio. Con una cuchara, vierta la salsa de curry encima de los huevos y de los bollos. Espolvoree los copetes que desee.

Preparación adelantada: *La víspera, cueza los huevos pero no los pele. Refrigérelos.*

MANTEQUILLAS PREPARADAS, CON PANECILLOS CALIENTES ⇒

Mantequilla de limón:
- 1/2 taza de mantequilla o margarina
- 1 cucharadita de cáscara de limón, rallada
- 1 cucharada de zumo de limón recién exprimido

Mantequilla de ron y nuez:
- 1/2 taza de mantequilla o margarina
- 2 cucharadas de nueces picadas
- 1/4 cucharadita de extracto imitación de ron

Mantequilla con especias:
- 1/2 taza de mantequilla o margarina
- 1/4 cucharadita de pimienta de Jamaica, en polvo

Mantequilla de cereza:
- 1/2 taza de mantequilla o margarina
- 1 cucharada de mermelada de cereza

Panes:
- 1 paquete (285 g) de bollos ingleses *(muffins),* congelados, o 4 panecillos frescos
- 1 paquete (340 g) de *cakes* (panqués) congelados (6 *cakes*)

10 raciones

1 En un tazón pequeño, meta la mantequilla en el horno de microondas, en Media, de 15 a 60 seg, o hasta que se reblandezca, revisándola cada 15 seg. Incorpore los demás ingredientes, según el sabor que desee.🌹

2 Para calentar los panecillos y los *cakes,* acomódelos en una canasta no metálica cubierta con una servilleta. Cubra con otra servilleta. Meta en el horno de microondas, en Alta, de 2 a 3 min, o hasta que los panes estén calientes; reacomódelos una vez.

Preparación adelantada: *Hasta con 2 semanas de anticipación, prepare según las indicaciones hasta 🌹 (arriba). Cubra y refrigere.*

TARTA DE PATATAS PICANTE

- 3 tazas de patatas (papas) con cebolla, ralladas, salteadas
- 4 huevos
- 2 cucharadas de harina
- 1 taza de jamón cocido, picado
- 1 taza de queso Monterey Jack, rallado
- 3/4 taza de salsa picante
- 1 lata (114 ml) de pimientos picantes (chiles), picados
- 1/4 taza de cebollinos, en rebanadas
- 1/4 cucharadita de sal
- Una pizca de pimienta
- 1/2 taza de queso Cheddar, rallado
- 1 tomate grande, picado

8 raciones

1 En un tazón mediano, ponga todos los ingredientes, excepto el queso Cheddar, las patatas con cebolla y el tomate. Agregue las patatas salteadas. Con una cuchara, pase la mezcla a un molde para tarta. Cubra con papel encerado.

2 Coloque el molde sobre un platito en el horno de microondas. Cocine, en Alta, por 5 min. Revuelva. Cueza, en Media, de 10 a 15 min más, o hasta que salga limpio un cuchillo clavando en el centro de la tarta; revuelva una vez.

3 Espolvoree el queso Cheddar por toda la orilla de la tarta. Meta en el horno, en Alta, de 30 a 45 seg, o hasta que el queso se derrita. Distribuya el tomate en el centro de la tarta. Espolvoree los cebollinos si desea.

TÉ DE FRESA

- 6 tazas de agua caliente
- 4 bolsitas de té
- 1 paquete (455 g) de fresas congeladas, sin almíbar
- 1/2 taza de zumo de naranja
- 1/4 taza de azúcar
- 1/2 cucharadita de ralladura de naranja
- Una pizca de nuez moscada
- 8 rodajas de naranja

8 raciones

1. Ponga el agua en una taza. Cubra con envoltura autoadherible transparente. Caliente en el microondas, en Alta, de 10 a 14 min, o hasta que hierva. Añada las bolsitas de té. Tape y deje reposar por 5 min. Retire las bolsitas y vuelva a tapar.

2. Aparte 4 fresas. En un recipiente de 2 litros, mezcle las demás fresas y los otros ingredientes, excepto las rodajas de naranja. Tape y cocine en el horno, en Alta, de 10 a 14 min, o hasta que hierva; revuelva una vez.

3. Ponga la mezcla de fresas en una coladera. Cuele el líquido a un tazón mediano. Deseche la pulpa. Añada la mezcla colada al té. Revuelva.

4. Corte en 4 rebanadas las fresas que apartó. Decore cada taza de té con 2 rebanadas de fresa y 1 rodaja de naranja. Si desea servir el té frío, refrigere y sirva con hielo.

Té de frambuesa: *Siga esta receta, pero sustituya las fresas por 1 paquete (340 g) de frambuesas congeladas, y reduzca la cantidad de azúcar a 2 cucharadas. Reserve 16 frambuesas congeladas. Decore cada taza de té con 2 frambuesas y 1 rodaja de naranja.*

ENSALADA DE INVIERNO CON ADEREZO DE CANELA

Para la ensalada:
- 4 tazas de hojas de lechuga, desinfectadas, en trocitos
- 3 naranjas medianas, peladas y en gajos
- 2 peras medianas, en rebanadas
- 1 aguacate, pelado y rebanado
- Granos de granada (opcional)

Para el aderezo:
- 1/2 taza de aceite de oliva
- 3 cucharadas de zumo de manzana
- 2 cucharadas de azúcar
- 1 cucharada de vinagre
- 1 cucharadita de canela en polvo
- 1/2 cucharadita de mostaza en polvo

8 raciones

1. En un tazón grande, mezcle todos los ingredientes para la ensalada excepto los granos de granada.

2. En la batidora (licuadora), muela todos los ingredientes para el aderezo, de 30 a 45 seg, o hasta que la mezcla esté tersa. Vierta sobre la ensalada. Revuelva para cubrir la lechuga. Espolvoree los granos de granada. Sirva de inmediato.

ENTRE AMIGOS

La temporada navideña es ideal para reunirse con los amigos y disfrutar horas y horas resguardados del frío, platicando, jugando o viendo películas. En estas reuniones informales, ofrezca algunos bocadillos, como *Frutos secos con queso y ajo* o *Alitas de pollo picantes*, y algún plato más sustancioso, como el *Bocadillo supremo* y la *Ensalada crujiente de col*. Para algo dulce, prepare los *Pastelitos de chocolate* y las *Palomitas de maíz con chocolate*.

BOCADILLO SUPREMO

- 1 hogaza (450 g) de pan
- 1 taza de pimiento verde, picado
- 1/2 taza de cebolla morada, picada
- 2 cucharadas de mantequilla o margarina
- 2 tazas de champiñones frescos, en rebanadas
- 1/4 taza de aceite de oliva
- 1/4 taza de vinagre de manzana
- 1 cucharadita de mostaza de Dijon
- 1/2 cucharadita de azúcar
- 1/4 cucharadita de aderezo italiano
- 1/4 cucharadita de sal
- Lechuga, lavada y desinfectada
- 175 g de pavo cocido, en rebanadas delgadas
- 125 g de salami, en rebanadas
- 175 g de jamón cocido, en rebanadas delgadas
- 6 rebanadas de queso provolone
- 6 rebanadas de queso tipo americano (amarillo)

6 a 8 raciones

1 Corte el pan por la mitad, a lo largo. En un recipiente de 1 1/2 litros mezcle el pimiento, la cebolla y la mantequilla. Tape y cocine en el horno de microondas, en Alta, por 2 min. Agregue los champiñones y revuelva. Cubra de nuevo. Cueza en el horno, en Alta, de 3 a 5 min, o hasta que el pimiento y la cebolla estén tiernos pero firmes. Cuélelos. En un tazón pequeño mezcle el aceite, el vinagre, la mostaza, la azúcar, el aderezo y la sal. Revuelva bien con un batidor de globo. Cocine en el horno, en Alta, de 30 a 60 seg, o hasta que hierva. Barnice uniformemente las mitades del pan con la mezcla de aceite.

2 Distribuya la lechuga sobre la mitad inferior del pan. Cubra con el pavo y el salami, y ponga las verduras coladas sobre éste. Añada los demás ingredientes. Coloque la parte superior del pan encima de los quesos. 🌹 Envuelva con plástico autoadherible y refrigere durante un mínimo de 2 h. Quite la envoltura y corte, al sesgo, en 6 u 8 raciones. Asegure cada pedazo con un palillo de madera.

Preparación adelantada: *La víspera, prepare la receta hasta 🌹 (arriba). Envuelva con plástico autoadherible y refrigere. Para servir, corte y asegure con palillos.*

ALITAS DE POLLO PICANTES, CON SALSA ➡

- 1 1/2 kg de alitas de pollo
- 1/3 taza de harina
- Aceite vegetal
- 2 cucharaditas de pimentón
- 1 cucharadita de sal de ajo
- 1/2 cucharadita de pimienta, molida gruesa

Para la salsa:
- 2 cucharadas de cebolla, picada finamente
- 2 cucharaditas de aceite vegetal
- 1 lata (225 ml) de salsa de tomate
- 1 cucharada de azúcar morena
- 2 cucharaditas de vinagre de manzana
- 1 cucharadita de pimentón
- 1/4 cucharadita de pimienta, molida gruesa
- 1/4 cucharadita de sal de ajo
- 1/8 cucharadita de pimienta de Cayena

10 a 12 raciones

Preparación adelantada: *La víspera, prepare las alitas de pollo y la salsa; cubra y refrigere en recipientes separados. Para servir, coloque la mitad de las alitas sobre un plato cubierto con una toalla de papel. Meta en el horno de microondas, en Alta, de 3 a 4 min, o hasta que estén calientes, dándole vuelta al plato una vez. Repita con las demás alitas. Caliente la salsa en el horno, en Alta, de 2 a 3 min, revolviendo una vez. Sirva la salsa con las alitas.*

1 Divida cada alita en tres pedazos, cortando en las articulaciones. Quite las puntas. Ponga la harina y los pedazos de alita en una bolsa grande de plástico. Agite para cubrirlos.

2 En una sartén honda, de 25 cm, caliente aceite a fuego alto. Fría las alitas, en dos tandas, de 6 a 8 min, o hasta que estén bien doradas, dándoles vuelta una o dos veces. Escurra sobre toallas de papel.

3 Mezcle 2 cucharaditas de pimentón, 1 cucharadita de sal de ajo y 1/2 cucharadita de pimienta en un tazón pequeño. Espolvoree uniformemente sobre las alitas.

ENSALADA CRUJIENTE DE COL

- 3 tazas de col rallada
- 3 tazas de col morada, rallada
- 1 taza de zanahoria rallada
- 1/3 taza de cacahuates salados, blanqueados (opcional)
- 2 cebollinos, en rebanadas finas
- 1 paquete (85 g) de sopa de tallarín chino, con sabor a pollo

Para el aderezo:
- 1/4 taza de aceite vegetal
- 3 cucharadas de vinagre de vino tinto
- 2 cucharadas de azúcar
- 1/4 cucharadita de sal
- 1/4 cucharadita de pimienta

8 raciones

1. En un tazón grande mezcle las coles, la zanahoria, los cacahuates y la cebolla. Espolvoree el paquetito de especias que viene con la sopa de tallarín. Parta los tallarines secos en pedacitos e incorpore a la ensalada. Revuelva bien.

2. En una taza de medir, ponga todos los ingredientes para el aderezo. Mezcle bien. Vierta sobre la ensalada, revolviendo ligeramente para cubrir.

Preparación adelantada: Hasta con 4 h de anticipación, prepare tal como se indica arriba. (Si desea que los tallarines estén más suaves, prepare la ensalada la víspera.) Cubra y refrigere.

4. Ponga la cebolla y 2 cucharaditas de aceite en un recipiente de 1 litro. Meta en el horno de microondas, en Alta, de 1 a 2 min, o hasta que la cebolla esté suave. Incorpore los demás ingredientes de la salsa. Cueza en el horno, en Alta, de 5 a 7 min, o hasta que se espese un poco, revolviendo dos veces. Sirva esta salsa con las alitas.

GUACAMOLE CON ALUBIAS

- 1 taza de pimiento rojo, picado
- 1 taza de pimiento verde, picado
- 1 paquete (85 g) de queso de nata (queso crema)
- 1 taza de nata (crema) agria
- 1/8 cucharadita de pimienta de Cayena
- 1 lata (425 ml) de alubias (frijoles) rojas, condimentadas
- 1 taza de queso Monterey Jack, rallado
- 1/2 taza de queso Cheddar, rallado
- 170 g de guacamole*
- 1 taza de tomate, sin semillas y picado

8 raciones

1 Ponga los pimientos en un recipiente de 1 litro. Tape y cocine en el horno de microondas, en Alta, de 4 a 5 min, o hasta que estén tiernos pero firmes; revuelva una vez. Enfríe un poco.

2 Caliente el queso de nata en el horno, en Alta, hasta que se suavice. Incorpore la nata agria y la pimienta, y revuelva.

3 Con una cuchara, ponga la mezcla de queso en forma de un anillo de unos 4 cm de ancho, en un molde hondo para tarta, de 25 cm.

4 Ponga las alubias en el centro del recipiente, cubriendo parte del queso. Espolvoree los pimientos. Cubra con papel encerado. Meta en el horno, en Media, de 6 a 8 min, dándole vuelta al recipiente una vez.

5 Espolvoree el queso Monterey Jack cerca de la orilla. Espolvoree el queso Cheddar en el centro. Cubra con papel encerado. Caliente en el horno, en Alta, de 1 a 3 min, o hasta que el queso se derrita.

6 Con una cuchara, vierta el guacamole como se muestra. Distribuya el tomate en el centro. Acompañe con tostaditas de maíz, si desea.

Para preparar el guacamole, machaque con un tenedor unos aguacates pelados, y mezcle con cebolla, pimientos picantes (chiles) y cilantro, picados. Añada sal al gusto.

FRUTOS SECOS CON QUESO Y AJO

- 2 cucharadas de mantequilla
- 2 cucharaditas de salsa inglesa tipo Worcestershire
- 1 cucharadita de sal de ajo
- 1/2 taza de almendras enteras, blanqueadas
- 1/2 taza de anacardos (nueces de la India) enteros, salados
- 1/2 taza de pacanas (nueces encarceladas), en mitades
- 1/2 taza de cacahuates sin sal, tostados sin aceite
- 1 cucharada de queso parmesano, rallado

2 tazas

1 Caliente la mantequilla en el horno, en Alta, hasta que se derrita.

2 Agregue la salsa inglesa y la sal de ajo. Mezcle bien. Añada los frutos secos y revuelva. Meta en el horno, en Alta hasta que absorban la mantequilla.

3 Agregue el queso parmesano y revuelva. Para enfriar, extienda sobre una bandeja para hornear cubierta con una toalla de papel.

Preparación adelantada: *Hasta con 1 semana de anticipación, prepare según las indicaciones de arriba. Guarde en un recipiente hermético.*

PALOMITAS DE MAÍZ CON CHOCOLATE

- 10 tazas de palomitas de maíz
- 1/2 taza de mantequilla o margarina
- 1/2 taza de azúcar morena
- 1/4 taza de cacao
- 2 cucharadas de miel de maíz, clara

10 tazas

1 Caliente el horno a 160°C. Coloque las palomitas en un tazón grande. En un tazón pequeño, caliente la mantequilla en el horno de microondas, en Alta, de 90 a 100 seg, o hasta que se derrita. Añada los demás ingredientes y mezcle.

2 Vierta esta mezcla encima de las palomitas. Revuelva un poco para cubrirlas. Extiéndalas en una bandeja para hornear. Hornee durante 10 min, revolviendo dos veces. Vigile de cerca para que no se quemen.

Preparación adelantada: *Máximo 1 semana antes, prepare según se indica arriba. Guarde en un recipiente hermético.*

PASTELITOS DE CHOCOLATE

- 1 paquete (600 a 675 g) de harina para pastelitos de chocolate *(brownies)*

Para la salsa (betún):

- 1/3 taza de mantequilla o margarina
- 1 3/4 a 2 tazas de azúcar glass
- 2/3 taza de cacao
- 1/3 taza de nata líquida (media crema)
- 1 cucharadita de vainilla
- 50 g de glaseado blanco (pág. 125)

2 docenas de pastelitos

1 **Cómo hacer los pastelitos.** Caliente el horno a 180°C. Engrase una bandeja para hornear de 40 x 25 cm. Prepare los pastelitos según las instrucciones del paquete. Extienda la masa sobre la bandeja engrasada. Hornee de 10 a 17 min, o hasta que esté cocida; la parte superior debe estar seca. Enfríe por 2 h.

2 En un tazón, caliente la mantequilla en el microondas, en Media, hasta que se suavice, revisándola cada 15 o 30 seg. Bátala con una batidora eléctrica, a velocidad media, hasta que esté cremosa.

3 Agregue la azúcar glass y el cacao, alternando con la nata líquida, mientras lo bate con la batidora eléctrica a velocidad media, hasta que tenga la consistencia deseada. Incorpore la vainilla. Unte la parte superior de los pastelitos con la salsa. Con un cuchillo filoso, corte los pastelitos diagonalmente cada 4 cm, formando rombitos. Derrita el glaseado blanco y decore los pastelitos (a la derecha).

Preparación adelantada: *La víspera, prepare según la receta de arriba. Guarde en un recipiente hermético.*

1 **Cómo decorar los pastelitos.** Coloque el glaseado blanco en un tazón pequeño. Caliente a baño María hasta que pueda revolverse uniformemente. Con una cuchara, páselo a una bolsa sellable de 1 litro, para congelar.

2 Apriete el glaseado hasta que sólo ocupe un extremo de la bolsa. Selle ésta. Con unas tijeras, corte un poco la punta de la bolsa. Exprímala, haciendo sobre cada pastelito una figura que semeje los cordones de un balón.

¡FUERA FRÍO!

La gente que gusta de realizar actividades al aire libre durante la época navideña requiere de algo caliente para el estómago al regresar a casa.

← BEBIDA DE FRUTAS

- 1 lata (170 ml) de zumo de naranja concentrado, congelado
- 1 botella (1 litro) de coctel de zumo de arándano y frambuesa
- 2 tazas de agua
- 1/3 taza de azúcar morena
- 4 rodajas delgadas de naranja
- 1 raja pequeña de canela

6 a 8 raciones

1 Retire la tapa metálica de un extremo de la lata de zumo de naranja. Coloque el zumo en el horno de microondas y caliente, en Alta, de 45 a 60 seg, o hasta que esté descongelado. Vierta en una taza de medir de 2 litros.

2 Añada, revolviendo, el jugo de arándano y frambuesa, el agua y la azúcar. Agregue las rodajas de naranja y la canela. Meta en el horno, en Alta, de 11 a 16 min, o hasta que esté caliente, agitando una o dos veces. Antes de servir, retire la raja de canela.

CHOCOLATE CON SABOR A ALMENDRA

- 4 cuadros (30 g cada uno) de chocolate semiamargo
- 2 cucharadas de mantequilla
- 4 tazas de leche
- 1 lata (400 ml) de leche condensada, endulzada
- 1/2 cucharadita de extracto de almendra

4 a 6 raciones

1 En una taza de medir de 2 litros, caliente el chocolate y la mantequilla en el microondas, en Media, hasta que el chocolate esté brillante y la mezcla quede tersa al revolverse. Añada la leche condensada y revuelva bien.

2 Incorpore la leche gradualmente, revolviendo con un batidor de globo después de cada adición. Caliente en el horno, en Alta, de 9 a 14 min, revolviendo 2 o 3 veces. Incorpore el extracto de almendra. Sirva de inmediato.

PONCHE DE RON Y MANTEQUILLA

- 1/3 taza de mantequilla o margarina
- 1/4 cucharadita de nuez moscada, en polvo
- 4 tazas de zumo de manzana
- 2/3 a 1 taza de ron añejo
- 1/3 taza de azúcar morena
- Cáscara de naranja, rallada

6 a 8 raciones

1 Caliente la mantequilla y la nuez moscada en el microondas, en Alta, hasta que la mantequilla se derrita. Incorpore el zumo, el ron y la azúcar.

2 Cocine en el horno, en Alta, de 6 a 9 min, o hasta que esté caliente, revolviendo dos veces. Si lo desea, adorne con ralladura de naranja.

BORGOÑA CON ESPECIAS

- 1/3 taza de azúcar
- 1 frasco (170 ml) de cerezas en marrasquino, sin escurrir
- 4 tazas de vino de Borgoña
- 1 naranja grande
- 1 limón grande
- 6 clavos de olor, enteros
- 6 granos de pimienta de Jamaica

6 a 8 raciones

1 Ponga la azúcar en una taza de medir de 2 litros. Agregue las cerezas con el marrasquino. Incorpore el vino, revolviendo, y deje a un lado.

2 Corte 4 rodajas delgadas de la naranja y 4 del limón. Añádalas a la mezcla de vino. Exprima el resto de la naranja y del limón, incorporando los zumos a la mezcla de vino. Agregue los clavos y la pimienta de Jamaica. Caliente en el horno de microondas, en Alta, de 9 a 12 min, revolviendo dos veces. Sirva de inmediato.

PAN CON QUESO DERRETIDO

- 1/4 taza de mantequilla o margarina
- 2 cucharadas de aderezo estilo italiano
- 2 cucharadas de aceite de oliva
- 1 hogaza (450 g) de pan, cortada al sesgo (en rebanadas de 3 cm)

Para la mezcla de queso:

- 1 1/2 tazas de queso Mozzarella, rallado
- 1 1/2 tazas de queso Cheddar, rallado
- 1/2 cucharadita de sal de ajo
- 1/2 cucharadita de aderezo italiano

6 a 8 raciones

1 En un tazón, ponga todos los ingredientes para la mezcla de queso. Revuelva bien y deje a un lado. En un recipiente, mezcle la mantequilla, el aderezo italiano y el aceite. Caliente en el horno de microondas, en Alta, de 60 a 75 seg, o hasta que la mantequilla se derrita. Barnice un lado de cada rebanada de pan con la mezcla de mantequilla.

2 Para hornear en el microondas, acomode 4 rebanadas de pan sobre un plato cubierto con una toalla de papel. Espolvoree 1/4 de taza de la mezcla de queso en cada una. Hornee, en Alta, hasta que los quesos se derritan, dándole vuelta al plato una vez. Repita con las demás rebanadas.

3 Para preparar en un horno convencional, acomode las rebanadas, con la mantequilla hacia arriba, sobre una lámina para hornear. Espolvoree 1/4 de taza de la mezcla de queso en cada una. Coloque bajo el asador, a una distancia de 5 a 8 cm del fuego. Ase hasta que los quesos se derritan y empiecen a dorarse.

Preparación adelantada: *La víspera, prepare tal como se indica hasta (arriba). Cubra y refrigere. Para servir, contiúe con las demás indicaciones.*

SOPA RÁPIDA DE POLLO CON VERDURAS

- 4 tazas de agua caliente
- 2 latas (280 ml cada una) de sopa condensada de pollo con tallarines
- 1 paquete (300 g) de verduras mixtas, congeladas
- 1 taza de pollo o pavo cocido, cortado en cubitos

6 a 8 raciones

1 En un recipiente de 3 litros, ponga todos los ingredientes. Tape y cueza en el horno de microondas, en Alta, de 14 a 20 min, o hasta que las verduras estén tiernas y la sopa esté caliente; revuelva dos veces.

CREMA DE SALMÓN

- 1/4 taza de mantequilla o margarina
- 1/4 taza de cebollinos, en rebanadas
- 1/2 cucharadita de ralladura de limón
- 1/2 cucharadita de mejorana seca, en polvo
- 1/4 taza de harina
- 1/2 cucharadita de sal
- Una pizca de pimienta blanca
- 3 tazas de leche
- 1 paquete (250 g) de queso de nata (queso crema)
- 2 latas (180 g cada una) de salmón sin piel ni espinas, escurrido
- 1 1/2 tazas de guisantes (chícharos) congelados
- 1 frasco (50 ml) de pimiento rojo en tiras, escurrido

6 a 8 raciones

1 En un recipiente, ponga la mantequilla, la cebolla, la ralladura de limón y la mejorana. Tape y cocine en el microondas, en Alta, de 2 a 4 min. Incorpore la harina, la sal y la pimienta. Añada la leche y revuelva. Meta en el horno, en Alta, de 9 a 11 min; revuelva dos o tres veces con un batidor.

2 Caliente el queso en el horno, en Media, hasta que se suavice. Incorpore a la mezcla de leche. Bata hasta que esté terso. Añada los demás ingredientes, reservando 1 cucharada de pimiento. Cubra y meta en el horno, en Alta, hasta que esté caliente. Decore cada ración con el pimiento.

Preparación adelantada: *Con un máximo de 24 h de anticipación, prepare hasta (arriba). Tape y refrigere la sopa y el pimiento que apartó, en recipientes distintos. Para servir, caliente la crema de salmón en el microondas, en Alta, por 10 min, revolviendo una vez. Decore con el pimiento que apartó.*

CREMA DE CANGREJO Y TOMATE

- 3/4 taza de vino blanco
- 1/4 taza de apio, picado
- 1/4 taza de zanahoria, picada
- 1/4 taza de puerro, picado
- 2 cucharadas de mantequilla
- 1/4 cucharadita de tomillo seco, en polvo
- 3 cucharadas de puré de tomate
- 2 latas (170 g cada una) de carne de cangrejo, enjuagada, escurrida y sin cartílagos
- 410 ml de caldo de pollo ya preparado
- 1 1/4 tazas de nata líquida (media crema)
- 1 1/4 tazas de hojuelas de puré de patata (papa) instantáneo
- 1/2 cucharadita de sal
- Una pizca de pimienta de Cayena
- 1 tomate pequeño, sin semillas, picado
- Perejil fresco, picado finamente

6 a 8 raciones

1 En un recipiente de 3 litros, ponga el vino, el apio, la zanahoria, el puerro, la mantequilla y el tomillo. Tape y cueza en el horno de microondas, en Alta, de 8 a 12 min, o hasta que las verduras estén suaves; revuelva una vez. Déjelas reposar, tapadas, durante 5 min.

2 Ponga la mezcla en el procesador de alimentos o en la batidora (licuadora). Añada el puré de tomate. Muela hasta que esté tersa. Ponga la mezcla en el recipiente. Agregue los demás ingredientes, salvo el tomate y el perejil, revolviendo. Tape. Cueza en el horno, en Alta, de 10 a 16 min, o hasta que esté caliente y un poco espesa, revolviendo dos o tres veces. Antes de servir, espolvoree el tomate y el perejil.

Preparación adelantada: *La víspera, prepare tal como se indica hasta (arriba). Refrigere. Para servir, continúe con el resto de las instrucciones.*

REUNIONES INFORMALES

Para que todos los invitados se integren en estas reuniones, prepare los platos de esta sección y póngalos en la mesa del comedor, y distribuya platitos con *dip* por toda la habitación.

BEBIDA ESPUMOSA DE UVA CON FRUTAS CONGELADAS

- 2 tazas de hielo triturado
- 4 racimos pequeños de uvas verdes, sin semillas
- 1 taza de arándanos enteros
- 1 kiwi, pelado y en rebanadas
- 4 rodajas de naranja
- 1 botella (2 litros) de coctel de zumo de arándano
- 1 botella de zumo de uva espumoso, sin alcohol, refrigerado

16 raciones de 175 ml

1 Coloque hielo en un molde de rosca. Acomode la fruta encima. Vierta 2 tazas del coctel de zumo de arándano sobre ésta. Refrigere el resto del zumo de arándano. Congele el molde por un mínimo de 8 h o toda la noche.

2 Ponga el molde en agua tibia de 10 a 15 seg. Desmolde con cuidado y coloque el anillo de hielo, con la fruta hacia arriba, en una ponchera. Agregue el zumo de arándano que apartó y el zumo de uva.

GAMBAS PICANTES

- 400 g de tomates, pelados y picados
- 1 taza de salsa picante
- 1/2 taza de cebollinos, en rebanadas
- 1 cucharadita de azúcar
- 1/4 cucharadita de tomillo seco
- 750 g de gambas (camarones) grandes, frescas, peladas y desvenadas

8 raciones

1. En un recipiente, mezcle todo excepto las gambas. Tape y cocine en el microondas, en Alta, de 8 a 12 min; revuelva dos o tres veces.

2. Incorpore las gambas y vuelva a tapar. Cueza en el horno, en Alta, de 4 a 6 min, o hasta que las gambas adquieran un tono opaco; revuelva una vez. Refrigere por un mínimo de 12 h. Sírvalas frías, con palillos.

TRUFAS DE PATÉ DE PAVO

- 2 rebanadas de pan integral de caja
- 3/4 taza de nueces picadas
- 1 manzana grande, sin corazón, pelada y picada
- 1/2 taza de cebolla picada
- 1/2 taza de zanahoria picada
- 2 paquetes (250 g cada uno) de queso de nata (queso crema)
- 2 tazas de pechuga de pavo, cocida y picada
- 1 cucharada de mostaza de Dijon
- 1/2 cucharadita de sal
- 1/2 cucharadita de estragón seco, en polvo
- Una pizca de pimienta

3 1/2 docenas de trufas

1. Coloque el pan y las nueces en el procesador de alimentos. Muela hasta que estén picados finamente. Coloque la mezcla en un tazón pequeño.

2. En un recipiente de 1 litro, ponga la manzana, la cebolla y la zanahoria. Tape y cueza en el horno de microondas, en Alta, de 5 a 7 min, o hasta que la mezcla esté muy suave; revuelva una vez. Enfríe por 10 min. Ponga en el procesador de alimentos y agregue los demás ingredientes, excepto la mezcla de pan. Muela hasta que esté bien tersa. Coloque la mezcla en un tazón mediano y cubra con envoltura autoadherible transparente. Refrigere por lo menos 4 h o hasta que esté firme. Forme bolitas de 3 cm con la mezcla. Haga rodar cada una encima de la mezcla de pan. Colóquelas en una lámina para hornear forrada con papel encerado. Cubra con envoltura de plástico. Refrigere por lo menos 4 h y no más de 24 h.

ENTREMÉS DE TORTELLINI Y BRÉCOL MARINADOS

- 1 paquete (300 a 375 g) de tortellini frescos, crudos
- 1/3 taza de vinagre de vino blanco
- 1/3 taza de aceite de oliva
- 1/2 cucharadita de ralladura de limón
- 1 cucharada de zumo de limón recién exprimido
- 1 cucharadita de azúcar
- 1/2 cucharadita de sal
- 1/4 cucharadita de albahaca seca, en polvo
- 4 tazas de ramitos de brécol (brócoli) o de coliflor
- 2 tazas de tomates cerezo (cherry)

8 raciones

1. Prepare los tortellini según las indicaciones del paquete. Enjuague con agua fría, escurra y deje aparte. En un recipiente de 2 litros, ponga los demás ingredientes excepto el brécol y los tomates. Mezcle bien, incorpore el brécol y tape. Cueza en el horno de microondas, en Alta, de 3 a 5 min, o hasta que el brécol esté tierno pero firme.

2. Añada los tortellini, revolviendo para cubrirlos. Vuelva a tapar. Refrigere por lo menos 4 h. Agregue los tomates. Sírvalos ensartados en palillos de madera.

Preparación adelantada: *La víspera, prepare según las indicaciones de la receta. Cubra con envoltura autoadherible transparente y refrigere.*

ALBONDIGUITAS CON ZANAHORIAS

Para las albóndigas:
- 750 g de espaldilla de ternera, molida
- 250 g de pechuga de pavo, molida
- 2 huevos
- 1 taza de migas de pan de caja
- 1/2 taza de zumo de manzana
- 1/4 taza de cebolla, picada finamente
- 2 cucharadas de perejil fresco, picado finamente
- 3/4 cucharadita de sal
- 3/4 cucharadita de cilantro en polvo
- 1/4 cucharadita de tomillo seco, en polvo
- 1/4 cucharadita de pimienta

Para la salsa:
- 2 zanahorias, rebanadas al sesgo
- 2 cucharadas de mantequilla o margarina
- 1 cucharada de perejil fresco, picado finamente
- 1 taza de caldo de buey (res) ya preparado
- 1/2 taza de zumo de manzana
- 2 cucharadas de maicena
- 3/4 cucharadita de cilantro en polvo
- 1/2 cucharadita de sal
- Una pizca de pimienta

10 a 12 raciones

1. Caliente el horno a 180°C. Engrase ligeramente una bandeja para hornear de 40 x 25 cm. En un tazón grande, mezcle bien todos los ingredientes para las albóndigas. Forme 90 albondiguitas de 2 cm. Acomódelas, en una capa uniforme, en la bandeja preparada. Hornee de 12 a 15 min, o hasta que estén ligeramente doradas. Escurra y cubra holgadamente con papel de aluminio para mantenerlas calientes.

2. En un recipiente de 1 1/2 litros, mezcle la zanahoria, la mantequilla y el perejil. Tape y cueza en el horno de microondas, en Alta, de 2 a 3 min, o hasta que la mantequilla se derrita. Agregue el caldo.

3. En una taza de medir, revuelva bien el zumo de manzana y la maicena. Incorpore a la mezcla del caldo. Añada, revolviendo, el cilantro, la sal y la pimienta. Cocine en el horno, en Alta, de 7 a 10 min, o hasta que la salsa quede espesa y translúcida; revuelva tres o cuatro veces.

4. Coloque las albondiguitas en un recipiente cuadrado de 3 litros. Agregue la salsa y revuelva para cubrirlas bien. Si desea, puede decorarlas con trocitos de pimiento verde. Sirva con palillos de madera.

Preparación adelantada: Máximo 2 días antes, prepare según las indicaciones hasta (arriba). Cubra y refrigere las albondiguitas. Para servir, continúe con la receta, pero ponga las albondiguitas en el horno de microondas, en Alta, de 9 a 15 min, o hasta que estén calientes; revuelva dos o tres veces.

← DIP DE PIMIENTO

- 2 pimientos rojos, grandes
- 1 taza de nata (crema) agria
- 2 paquetes (85 g cada uno) de queso de nata (queso crema)
- 1/4 cucharadita de sal
- 1/4 cucharadita de pimentón
- 1/8 cucharadita de pimienta de Cayena

2 1/2 tazas

1 Corte los pimientos por la mitad a lo largo. Quíteles el tallo y las semillas, y desvénelos. Colóquelos, apoyados en el corte, en un recipiente cuadrado de 2 1/2 litros. Cubra con envoltura transparente para microondas. Cocine en Alta, hasta que estén suaves. Métalos en agua fría. Quíteles la piel y deséchela. Escurra los pimientos sobre toallas de papel.

2 Muela los pimientos con los demás ingredientes. Refrigere por lo menos 12 h. Sirva con verduras crudas y galletas saladas.

DIP DE QUESO

- 2 ruedas (225 g cada una) de queso Brie
- 2/3 taza de nata montada (crema batida)
- 1/2 cucharadita de ralladura de limón
- 1/2 taza de almendras en rebanadas
- Rebanadas de manzanas rojas y verdes
- Rebanadas de pera
- Uvas rojas y verdes, sin semillas
- Cubitos de pan

2 tazas

1 Quítele la corteza al queso y ponga éste en un recipiente. Añada la nata montada y la ralladura de limón. Meta en el microondas, en Media, hasta que el queso se derrita y la mezcla quede tersa al revolverla; revuelva cada minuto.

2 Aparte 1 cucharada de almendras. Agregue las demás y mezcle bien. Espolvoree las almendras que apartó. Sirva con fruta y con cubitos de pan.

DIP TRICOLOR

- 1 taza de pimiento verde, picado
- 1 taza de champiñones picados
- 2 tazas de queso Mozzarella rallado
- 1/4 taza de queso parmesano rallado
- 2 cucharaditas de perejil seco
- 3/4 taza de salsa preparada para pizza
- 1/2 taza de salchicha tipo italiano *(pepperoni),* picada (unos 50 g)

10 a 12 raciones

1 Ponga el pimiento y los champiñones en un recipiente de 1 litro. Cubra con envoltura autoadherible para microondas. Cocine en el horno, en Alta, de 3 a 4 min, o hasta que estén suaves, revolviendo una vez. Escurra, oprimiéndolos. Extienda las verduras uniformemente en el recipiente.

2 En un tazón pequeño, mezcle los quesos y el perejil. Ponga una capa, con la mitad de esta mezcla, encima de las verduras. Con una cuchara, vierta la salsa para pizza sobre el queso. Encima, coloque la salchicha. Espolvoree el resto de la mezcla de queso. Cocine en el horno, en Media, de 5 a 8 min, o hasta que los quesos se derritan, dándole vuelta al recipiente una vez. Sirva con palitos de pan.

PASTA DE QUESO CON AJO ASADO

- 1 cabeza entera de ajo
- Aceite de oliva
- 2 paquetes (250 g cada uno) de queso de nata (queso crema)
- 1/2 taza de mayonesa
- 1 frasco (55 ml) de pimiento rojo, en rajas, escurrido
- 2 cucharaditas de cebollino deshidratado

2 1/2 tazas

Preparación adelantada: *Con un máximo de 2 días de anticipación, prepare la receta. Cubra y refrigere. Sirva con galletas saladas o con palitos de pan.*

1 Caliente el horno a 200°C. Barnice ligeramente el ajo por fuera con el aceite. Coloque en un refractario poco hondo. Ase en la rejilla central durante 30 min. Deje enfriar.

2 Coloque el queso de nata en un tazón mediano. Caliente en el horno de microondas, en Media, de 3 a 4 min, o hasta que se suavice. Añada los demás ingredientes. Mezcle bien.

3 Separe y pele los dientes de ajo. Macháquelos con un tenedor. Incorpore a la mezcla de queso y mezcle bien. Cubra y refrigere por lo menos 4 h. Sirva con galletas saladas o con palitos de pan.

MESA DE POSTRES

Ofrecer una variedad de postres constituye un modo festivo y, a la vez, fácil de recibir a las visitas. Si son ocho o diez personas, elija dos o tres postres para tener algo de variedad. Conforme aumenta el número de comensales, añada otro postre por cada ocho personas. Acomode los postres en la mesa del comedor, reservando un extremo, o una mesa aparte, para la *fondue*. Escoja una receta de *fondue* para un grupo pequeño o las tres para un grupo numeroso. Cafés de distintos sabores complementan la reunión.

FONDUE DE CHOCOLATE CON CEREZA

- 2 paquetes (170 g cada uno) de tablillas de chocolate blanco para repostería, en trocitos
- 1 taza de caramelos *marshmallow* (malvaviscos) miniatura
- 1/4 taza de marrasquino
- 1/4 taza de nata montada (crema batida)
- 2 cucharadas de licor de cereza
- 2 gotas de colorante vegetal rojo

2 tazas

1 En un recipiente, mezcle todos los ingredientes, excepto el licor de cereza y el colorante. Meta en el horno de microondas, en Media, hasta que el chocolate se derrita y la mezcla quede tersa al revolverla dos o tres veces con un batidor de globo.

2 Añada, revolviendo, el licor y el colorante. Sirva con acompañamientos y aderezos (a la derecha). Para recalentar, meta en el horno, en Media, de 1 a 2 min, o mantenga caliente colocándola en una olla para fondue a fuego muy bajo.

FONDUE DE CHOCOLATE BLANCO CON ALMENDRAS ➡

- 1/3 taza de almendras, en rebanadas
- 2 cucharaditas de mantequilla
- 1/2 taza de nata montada (crema batida)
- 2 paquetes (170 g cada uno) de tablillas de chocolate blanco para repostería, en trocitos
- 1 taza de caramelos *marshmallow* (malvaviscos)

2 tazas

1 Ponga las almendras y la mantequilla en un molde para tarta de 23 cm. Caliente en el microondas, en Alta, hasta que las almendras empiecen a dorarse, revolviendo cada 2 min. Escurra sobre una toalla de papel. Aparte 1 cucharada de almendras para decorar la *fondue*. Pique las almendras restantes.

2 Meta los demás ingredientes en el microondas, en Media, hasta que el chocolate esté derretido y la mezcla quede tersa al revolverla dos o tres veces.

3 Incorpore las almendras picadas. Espolvoree las almendras que apartó. Sirva con acompañamientos y aderezos (abajo y a la derecha). Para recalentar, meta en el horno, en Media, de 1 a 2 min, revolviendo una vez, o mantenga caliente colocándola en una olla para *fondue* a fuego muy bajo.

ACOMPAÑAMIENTOS PARA *FONDUE* ➡

- Pedacitos de *cake* (panqué)

Frutas frescas:

- Fresas enteras
- Trocitos de plátano
- Trocitos de piña
- Rebanadas de manzana

1 Con un máximo de 4 h de anticipación, corte el pan y la fruta. Remoje los pedazos de fruta en zumo de limón para que no se oscurezcan.

2 Acomode la fruta en un plato de servir. Cubra con envoltura autoadherible transparente y enfríe hasta la hora de servir.

FONDUE DE CHOCOLATE OSCURO

- 3 tablillas (115 g cada una) de chocolate oscuro, en trocitos
- 1 taza de caramelos *marshmallow* (malvaviscos)
- 1/2 taza de nata montada (crema batida)
- 2 cucharadas de licor de naranja

2 tazas

1 En un recipiente de 1 1/2 litros o en un plato de servir, mezcle todos los ingredientes, excepto el licor. Meta en el horno de microondas, en Media, de 4 a 8 min, o hasta que el chocolate esté brillante y la mezcla quede tersa al revolverla dos o tres veces con un batidor.

2 Agregue el licor. Sirva con acompañamientos y aderezos (ver arriba y a la derecha). Para recalentar, meta en el horno, en Media, de 1 a 2 min, revolviendo una vez, o mantenga caliente colocándola en una olla para *fondue* a fuego muy bajo.

ADEREZOS PARA *FONDUE*

- 1/2 taza de frutos secos surtidos, picados, o de semillas de girasol
- 1/2 taza de chispas miniatura de chocolate semiamargo
- 1/2 taza de migas de galletas
- 1/2 taza de coco tostado*
- 1/4 taza de grageas de colores

1 Espolvoree los aderezos que haya escogido, encima de los pedazos de pastel o de fruta fresca, remojados previamente en la *fondue*.

* Para tostar el coco, espolvoree uniformemente 1/2 taza de coco rallado en un molde para tarta de 23 cm. Caliente en el horno de microondas, en Alta, de 3 a 5 min, o hasta que esté ligeramente dorado, revolviendo con un tenedor después del primer minuto y luego cada 30 seg.

FRUTA CON SALSA DE MIEL Y LIMÓN

- 1 1/2 cucharaditas de maicena
- 1/4 cucharadita de ralladura de limón
- 1/4 cucharadita de jengibre fresco, rallado
- 2 cucharadas de zumo de limón recién exprimido
- 1/3 taza de miel
- 2 tazas de fresas frescas, en rebanadas
- 2 plátanos medianos, en rebanadas
- 300 g de gajos de mandarina
- 1 taza de uvas verdes, sin semillas
- 8 pastelillos esponjosos individuales, en forma de tazón
- 1 kiwi, en rebanadas delgadas (opcional)

8 raciones

1 En una taza de medir de 500 ml, mezcle la maicena, la ralladura de limón y el jengibre. Incorpore el zumo de limón. Revuelva hasta que la mezcla esté tersa. Añada la miel. Caliente en el horno de microondas, en Alta, de 2 a 3 min, o hasta que hierva; revuelva una vez. Cubra con envoltura autoadherible transparente. Refrigere hasta que la mezcla esté espesa, por lo menos 1 h.

2 Para servir, en un tazón mediano mezcle los demás ingredientes excepto los pastelillos y el kiwi. Vierta la salsa de miel encima de la mezcla de fruta. Revuelva ligeramente para cubrir bien. Acomode los pastelillos en un plato de servir y rellénelos con la mezcla de fruta. Como remate, póngale a cada uno una rebanada de kiwi.

Preparación adelantada: *La víspera, prepare la salsa de miel hasta (arriba). Refrigere. Para servir, siga las demás indicaciones de la receta.*

TARTA GLASEADA DE MANZANA ➡

- 18 rebanadas (de 3 mm) de masa para galletas, refrigerada
- 2 tazas de leche
- 1/2 taza de azúcar
- 3 cucharadas de maicena
- Una pizca de sal
- 2 yemas de huevo
- 2 manzanas rojas, sin corazón y en rebanadas delgadas
- 3/4 taza de mermelada de albaricoque (chabacano)
- 1 cucharada de miel de maíz, clara

8 a 10 raciones

Tarta glaseada de arándano:
Sustituya las manzanas por 2 tazas de arándanos frescos.

Preparación adelantada: *Hasta con 2 días de anticipación, prepare la base. Cubra con papel encerado y guarde en un lugar fresco y seco. La víspera, prepare la crema pastelera. Póngale envoltura autoadherible transparente sobre la superficie y refrigere.*

1 Caliente el horno a 180°C. Acomode las rebanadas de masa para galleta, en una capa uniforme, en el fondo de un molde para tarta de 25 cm. Oprima la masa para galleta ligeramente en el fondo y en los lados del molde. Hornee durante 10 min, o hasta que esté bien dorada. Deje enfriar.

2 En una taza de medir de 1 litro, mezcle bien la leche, la azúcar, la maicena y la sal. Meta en el horno de microondas, en Alta, de 6 a 10 min, o hasta que la mezcla esté espesa y burbujeante, revolviendo con un batidor después de los primeros 2 min y luego cada minuto.

3 En forma gradual, incorpore un poco de la mezcla caliente a las yemas de huevo. Agregue éstas al resto de la mezcla caliente y revuelva. Cocine en el horno de microondas, en Alta, de 30 a 60 seg, o hasta que la crema pastelera esté ligeramente espesa; revuelva cada 30 seg. No la cocine demasiado.

4 Ponga envoltura autoadherible transparente sobre la superficie de la crema. Deje enfriar. Saque la base, ya fría, del molde y colóquela en un plato de servir. Remoje las rebanadas de manzana en zumo de limón para que no se oscurezcan. Vierta la crema pastelera sobre la base. Ponga encima las rebanadas de manzana, traslapándolas.

5 Mezcle la mermelada de albaricoque y la miel de maíz en un tazón pequeño. Meta en el horno, en Alta, de 1 a 2 min, o hasta que la mezcla esté derretida. Cuele, desechando la pulpa. Enfríe el glaseado y, con una cuchara, distribúyalo uniformemente encima de las rebanadas de manzana.

TRUFAS ENVINADAS ↑

- 12 cuadros (30 g cada uno) de chocolate semiamargo
- 1/4 taza de mantequilla o margarina
- 3/4 taza de azúcar glass
- 1/2 taza de vino espumoso
- 1/4 cucharadita de nuez moscada, en polvo

Para las coberturas:
- Azúcar glass
- Almendras picadas
- Coco rallado
- Galletas de vainilla machacadas
- Cacao

3 a 4 docenas de trufas

1 Caliente el chocolate y la mantequilla en el microondas, en Media, 5 min; revuelva dos veces.

2 Incorpore 3/4 de taza de azúcar glass, el vino y la nuez moscada. Bata con la batidora eléctrica, a velocidad media, hasta que la mezcla esté tersa y brillante (como 1 min). Cubra con envoltura autoadherible transparente y refrigere de 2 a 3 h.

3 Ponga cada cobertura en un tazón. Con la mezcla de chocolate, forme bolitas de 2 cm y hágalas rodar encima de la cobertura que desee. Refrigere por lo menos 24 h.

Preparación adelantada: Con un máximo de 1 semana de anticipación, prepare las trufas. Póngalas en un recipiente hermético y refrigérelas.

BARRITAS CON DULCE DE LECHE QUEMADA ↑

Para las barritas:
- 1 taza de mantequilla
- 1 taza de azúcar morena
- 1/3 taza de azúcar granulada
- 2 huevos
- 1 cucharadita de vainilla
- 3 1/2 tazas de hojuelas de avena instantánea
- 1 taza de harina
- 1/2 taza de nueces picadas
- 1/4 taza de leche
- 1 cucharadita de bicarbonato de sodio
- 3/4 cucharadita de sal

Para el relleno:
- 1 bolsa (400 g) de caramelos chiclosos, de leche quemada
- 1 lata de leche condensada, endulzada

Para la cobertura:
- 1/2 taza de cerezas en marrasquino, escurridas
- 2 cuadros (30 g cada uno) de chocolate semiamargo
- 2 cucharaditas de manteca vegetal

40 barritas

1 Engrase un molde refractario. Caliente el horno a 160°C. En un tazón, meta la mantequilla en el microondas, en Media, hasta que se suavice, revisándola cada 15 seg.

2 Incorpore las azúcares, los huevos y la vainilla. Bata con la batidora eléctrica, a velocidad media, hasta que la mezcla esté cremosa. Añada los demás ingredientes de las barritas y revuelva bien. Aparte 1 1/2 tazas de esta mezcla. Ponga el resto en el molde preparado, oprimiendo la mezcla.

3 Mezcle los ingredientes para el relleno. Meta en el horno, en Media, hasta que los caramelos estén derretidos y la mezcla quede tersa al revolverla; revuélvala tres veces. Vierta sobre la mezcla de las barritas en el molde. Distribuya, a cucharaditas y en forma aleatoria, encima del dulce, las 1 1/2 tazas de la mezcla de las barritas que apartó. Hornee hasta que la superficie esté bien dorada.

4 Distribuya las cerezas encima. Caliente el chocolate y la manteca en el horno de microondas, en Media, de 3 a 4 min, o hasta que el chocolate esté brillante y la mezcla quede tersa al revolverla; revuelva una vez. Vierta, en un hilito delgado y en líneas cruzadas, sobre la superficie. Enfríelo antes de cortar.

PASTELILLOS CON CUBIERTA DE MENTA

- 1 paquete (455 g) de *cake* (panqué) congelado
- 1/3 taza de mermelada de fresa
- 3 tazas de azúcar granulada
- 1 1/2 tazas de agua caliente
- 1/2 cucharadita de cremor tártaro
- 1 1/4 tazas de azúcar glass
- 1/2 cucharadita de extracto de menta
- 1 a 2 gotas de colorante vegetal rojo
- Caramelos de menta en trocitos
- Azúcar coloreada
- Rebanadas de fresas frescas

16 raciones

Preparación adelantada: *La víspera, prepare los pastelillos. Si los va a decorar con fresas frescas, coloque éstas en los pastelillos antes de servirlos.*

1 Quítele la corteza al *cake* y córtelo, a lo largo, en cuatro capas. Unte la mitad de la mermelada en una capa. Ponga encima una segunda capa. Repita para unir otras dos capas. Corte cada una en 8 cuadritos de 5 cm (para un total de 16).

2 Ponga la azúcar granulada, el agua y el cremor tártaro en un recipiente de 3 litros. Meta en el horno de microondas, en Alta, de 5 a 7 min, o hasta que la mezcla suelte el hervor. Revuelva.

3 Inserte un termómetro para dulces, especial para microondas. Cueza en el horno, en Alta, de 7 a 11 min, o hasta que la mezcla llegue a una temperatura de 106°C. Deje enfriar por 1 h o hasta que baje a 45°C. (No lo revuelva ni lo enfríe en una olla con agua.)

4 Añada la azúcar glass, el extracto de menta y el colorante vegetal rojo. Bata con la batidora eléctrica a velocidad media, hasta que la mezcla esté tersa.

5 Con dos tenedores, sumerja cada cuadrito de *cake* en la mezcla de menta, cubriéndolo por todos lados. Deje que escurra. Colóquelo en una rejilla metálica, sobre papel encerado. Sumerja cada cuadrito dos veces.

6 Decore con los trocitos de caramelo, la azúcar coloreada o las rebanadas de fresa. Deje reposar hasta que se endurezcan.

ÁRBOL DE PASTELITOS DE QUESO

- 3 paquetes (225 g cada uno) de pastelitos de queso, congelados
- 125 g de glaseado de chocolate (pág. 125)
- 2 cucharaditas de manteca vegetal
- 12 cerezas en marrasquino, con los rabitos
- Azúcar de color verde

12 raciones

1. Saque los pasteles de los paquetes. Acomódelos en círculo, en un plato de servir. Cocine en el horno de microondas, en Media, de 2 a 3 min, o hasta que pueda clavarse fácilmente un palillo de madera en el centro; déle vuelta al plato una vez. Déjelos reposar 10 min para que terminen de descongelarse. Acomódelos formando un arbolito de Navidad.

2. En una taza de medir, caliente el glaseado y la manteca, a baño María, hasta que la mezcla esté derretida y quede tersa al revolverla.

3. Sumerja la mitad de cada cereza en el chocolate y colóquelas sobre papel encerado hasta que se endurezca el chocolate. Espolvoree ligeramente en los pastelitos la azúcar de color verde. Ponga una cereza con chocolate encima de cada pastel.

MOUSSE DE CAFÉ CON CANELA ⟹

- 3/4 taza de azúcar
- 2 cucharadas de maicena
- 2 cucharaditas de café instantáneo
- 1/4 cucharadita de canela en polvo
- 2 tazas de nata líquida (media crema)
- 3 yemas de huevo, batidas
- 1 taza de nata montada (crema batida)
- Rizos de chocolate
- Caramelos con sabor a café

8 raciones

1 Mezcle la azúcar, la maicena, el café y la canela. Agregue la nata líquida y revuelva. Meta en el microondas, en Alta, de 6 a 9 min, o hasta que la mezcla se espese, revolviendo dos o tres veces.

2 En forma gradual, incorpore un poco de la mezcla caliente a las yemas. Eche éstas al resto de la mezcla caliente y revuelva. Cueza en el horno, en Alta, hasta que la mezcla quede ligeramente espesa, revolviendo cada 30 seg. Ponga envoltura autoadherible transparente sobre la superficie. Enfríe por lo menos 4 h.

3 Bata la nata hasta que se formen picos suaves. Incorpore, con movimientos envolventes, la nata montada al pudín frío. Con una cuchara, vierta en 8 platitos o en vasos.🌹 Decore con los rizos de chocolate o con los caramelos de café.

Preparación adelantada: Máximo 2 h antes, prepare hasta 🌹 (arriba). Refrigere. Decore cuando vaya a servir.

CAFÉS DE SABORES

1 Si desea ofrecer cafés de sabores en su reunión, coloque platitos con rizos de chocolate, cáscara de naranja y rajas de canela que sus invitados pueden agregar a su taza de café caliente.

2 Para darle sabor adicional al café, ofrezca un amplio surtido de licores y bebidas alcohólicas, tales como licor de naranja, de almendra, de café y de menta, o brandy.

3 Decore el café con nata montada endulzada, con especias. Para hacerla, bata 1/2 taza de nata montada. Agregue, revolviendo, 2 cucharadas de azúcar glass, 1/4 cucharadita de canela en polvo y una pizca de nuez moscada en polvo.

AL FINAL DEL DÍA

Durante la temporada navideña, hay días en que nuestras ocupaciones no nos permiten disponer de mucho tiempo para cocinar. Debido a las compras, a los conciertos escolares o a los preparativos para las fiestas, necesitamos comidas que se puedan hacer en unos cuantos minutos. Pruebe estos platos fuertes, que se cuecen rápidamente en el horno de microondas antes de servirlos o que se preparan un día antes y sólo tienen que ser recalentados en el último momento.

MACARRONES CON CARNE, AL HORNO

- 2 tazas de macarrones crudos
- 500 g de carne de buey (res), molida
- 1/2 taza de cebolla picada
- 225 ml de salsa de tomate
- 1/2 taza de salsa picante
- 1 lata (114 ml) de pimientos picantes (chiles), picados, escurridos
- 1/4 cucharadita de comino
- 1/4 cucharadita de sal
- 1 taza de granos de maíz (elote) congelados
- 1 taza de queso Cheddar, rallado
- 1/2 taza de queso Mozzarella, rallado

4 a 6 raciones

1 Prepare los macarrones según las indicaciones del paquete. Enjuague y escurra. En un recipiente de 2 litros, mezcle la carne molida y la cebolla. Cocine en el horno de microondas, en Alta, de 4 a 7 min, o hasta que la carne pierda su color rosa; revuelva dos veces. Escurra.

2 Añada la salsa de tomate, la salsa picante, los pimientos, el comino y la sal. Con una cuchara, haga una capa uniforme con aproximadamente 1 taza de la mezcla de carne, en el fondo de un recipiente de 2 1/2 litros. Encima, ponga los macarrones cocidos. Con la cuchara, ponga el resto de la mezcla de carne encima de éstos. Espolvoree uniformemente los granos de maíz. Cubra con envoltura de plástico para microondas. ❀ Cueza en el horno de microondas, en Alta, de 7 a 10 min, o hasta que el centro esté muy caliente; déle vuelta al recipiente dos veces.

3 Espolvoree los quesos encima del maíz, alternándolos, para formar 3 franjas de queso Cheddar y 2 de queso Mozzarella. Vuelva a cubrir. Meta en el horno, en Alta, de 1 a 2 min, o hasta que los quesos se derritan. Decore con rebanadas de tomate y de aguacate si desea.

Preparación adelantada: *La víspera, prepare según las indicaciones hasta ❀ (arriba). Refrigere. Para servir, continúe con la receta.*

ENSALADA DE VIEIRAS AL LIMÓN

- 375 g (unas 6 tazas) de espinacas frescas, lavadas y desinfectadas
- 1 taza y 2 cucharadas de agua
- 500 g de vieiras (pechinas) de bahía
- 1 cucharada de maicena
- 1 cucharadita de ralladura de limón
- 2 cucharadas de zumo de limón recién exprimido
- 2 zanahorias medianas, cortadas en juliana
- 2 cucharadas de cebollinos, en rebanadas

4 raciones

1 Ponga las espinacas y las 2 cucharadas de agua en un recipiente de 3 litros. Tape y cocine en el horno de microondas, en Alta, de 30 a 60 seg, o hasta que las espinacas estén ligeramente marchitas. Escurra y deje aparte. Acomode las vieiras, en una sola capa, en un recipiente cuadrado. Cubra con envoltura de plástico para microondas. Cueza en el horno, en Media, de 5 a 8 min, o hasta que las vieiras estén firmes y opacas, revolviendo una vez. Escurra.

2 En un recipiente de 2 litros, mezcle la maicena y la ralladura de limón. Incorpore, revolviendo, el agua restante y el zumo de limón. Agregue las zanahorias. Cocine en el horno, en Alta, de 6 a 8 min, o hasta que la salsa quede espesa y translúcida. Añada las vieiras y la cebolla. Revuelva para cubrir. Acomode las espinacas uniformemente en 4 platos individuales. Antes de servir, con una cuchara distribuya la mezcla de las vieiras sobre las espinacas.

LENGUADO CON SALSA DE NARANJA

- 2 cucharaditas de maicena
- 1/8 cucharadita de jengibre
- Una pizca de sal
- 1/2 taza de zumo de naranja
- 1/4 taza de vino blanco seco
- 1/4 taza de mermelada de naranja
- 1 paquete de 2 filetes de lenguado empanizados, congelados, para microondas

2 raciones

1 Mezcle la maicena, el jengibre y la sal. Incorpore lo demás, excepto los filetes. Cocine en Alta, hasta que la mezcla quede espesa y translúcida, revolviendo una vez. Cubra para conservarla caliente.

2 Cueza los filetes en el microondas. Sírvalos con la salsa de naranja.

TALLARINES CON VERDURAS Y JAMÓN ↑

- 1 paquete (285 g) de tallarines de huevo
- 2 cucharadas de mantequilla o margarina
- 1/4 taza de cebollinos, en rebanadas
- 1/4 taza de aceite de oliva
- 1/2 cucharadita de semillas de hinojo, machacadas
- 1/2 cucharadita de sal
- Una pizca de pimienta
- 2 tazas de calabacines (calabacitas), en rebanadas delgadas
- 1 taza de granos de maíz (elote), congelados
- 1 1/2 tazas de jamón cocido, cortado en juliana
- 16 rebanadas de tomate

4 a 6 raciones

1 Prepare los tallarines según las indicaciones del paquete. Enjuague y escurra. Tape y deje aparte. En un recipiente de 2 litros, caliente la mantequilla en el horno de microondas, en Alta, de 45 a 60 seg, o hasta que se derrita. Añada, revolviendo, la cebolla, el aceite, el hinojo, la sal y la pimienta. Tape y cueza en el horno, en Alta, por 2 min o hasta que la cebolla esté suave.

2 Agregue los calabacines, los granos de maíz y el jamón. Vuelva a tapar. Cocine en el horno, en Alta, de 4 a 6 min, o hasta que los calabacines estén tiernos; revuelva una vez. Acomode los tallarines en un plato de servir. Vierta encima la mezcla de verduras y jamón, y decore con rebanadas de tomate.

EMPANADAS DE POLLO Y BRÉCOL

- 1 paquete (300 g) de brécol (brócoli) en trocitos, congelado
- 1 cucharada de mantequilla
- 1 cucharada de harina
- 1/2 cucharadita de eneldo seco
- 1/2 cucharadita de sal
- 1/8 cucharadita de ajo en polvo
- 1/4 cucharadita de mostaza en polvo
- Una pizca de pimienta blanca
- 3/4 taza de leche
- 1 paquete (85 g) de queso de nata (queso crema)
- 1 taza de pechuga de pollo cocida, picada
- 225 g de masa de hojaldre
- 1 clara de huevo, batida
- Eneldo

4 raciones

Preparación adelantada: *La víspera, prepare el relleno hasta 🌹 (abajo). Cubra y refrigere. Para servir, continúe con la receta.*

1 Ponga el brécol en un recipiente. Tape y descongele en el microondas, en Alta, revolviendo una vez. Escurra y deje a un lado. Derrita la mantequilla en el horno, en Alta, de 45 a 60 seg.

2 Añada la harina, 1/2 cucharadita de eneldo, la sal, la mostaza, el ajo y la pimienta. Incorpore la leche, revolviendo. Meta en el horno, en Alta, hasta que la mezcla esté espesa y burbujeante; revuelva dos o tres veces.

3 Ponga el queso crema en un platito. Caliente en el horno, en Alta, hasta que se suavice. Incorpore a la salsa. Bata bien con un batidor de globo hasta que la mezcla esté tersa. Agregue el brécol y el pollo. 🌹

4 Caliente el horno a 180°C. Corte la masa de hojaldre en 4 rectángulos. Con cada uno, forme un cuadro de 15 cm, oprimiendo la masa o usando un rodillo.

5 Con una cuchara, vierta 1/2 taza de la mezcla de pollo en el centro de cada cuadro de masa. Doble las 4 esquinas hacia el centro y oprímalas para sellar. Selle también las orillas.

6 Ponga las empanadas en una bandeja para hornear, sin engrasar. Barnícelas con clara de huevo. Espolvoree ligeramente el eneldo. Hornee de 18 a 24 min, o hasta que adquieran un color dorado oscuro.

PAVO CON VERDURAS, ESTILO ORIENTAL

- 1/4 taza de maicena
- 2 cucharadas de azúcar
- 2 cucharaditas de caldo concentrado de pollo, en polvo
- 1 cucharadita de jengibre
- Una pizca de pimienta blanca
- 2 tazas de agua
- 2 cucharadas de salsa de soja (soya)
- 1 pimiento rojo, en trocitos
- 1 1/2 tazas de pavo cocido, cortado en cubitos
- 1 1/2 tazas de col china, en rebanadas
- 4 tazas de germinados frescos de soja (soya)

4 raciones

1 Mezcle la maicena, la azúcar, el caldo, el jengibre y la pimienta. Incorpore el agua y la salsa de soja, y revuelva. Meta en el microondas, en Alta, hasta que la salsa quede espesa y translúcida; revuelva cada 2 min.

2 Mezcle la salsa y el pimiento. Tape y cocine en el horno, en Alta, hasta que el pimiento esté tierno pero firme; revuelva una vez. Agregue el pavo y la col. Caliente en Alta; revuelva una vez. Sirva sobre los germinados de soja.

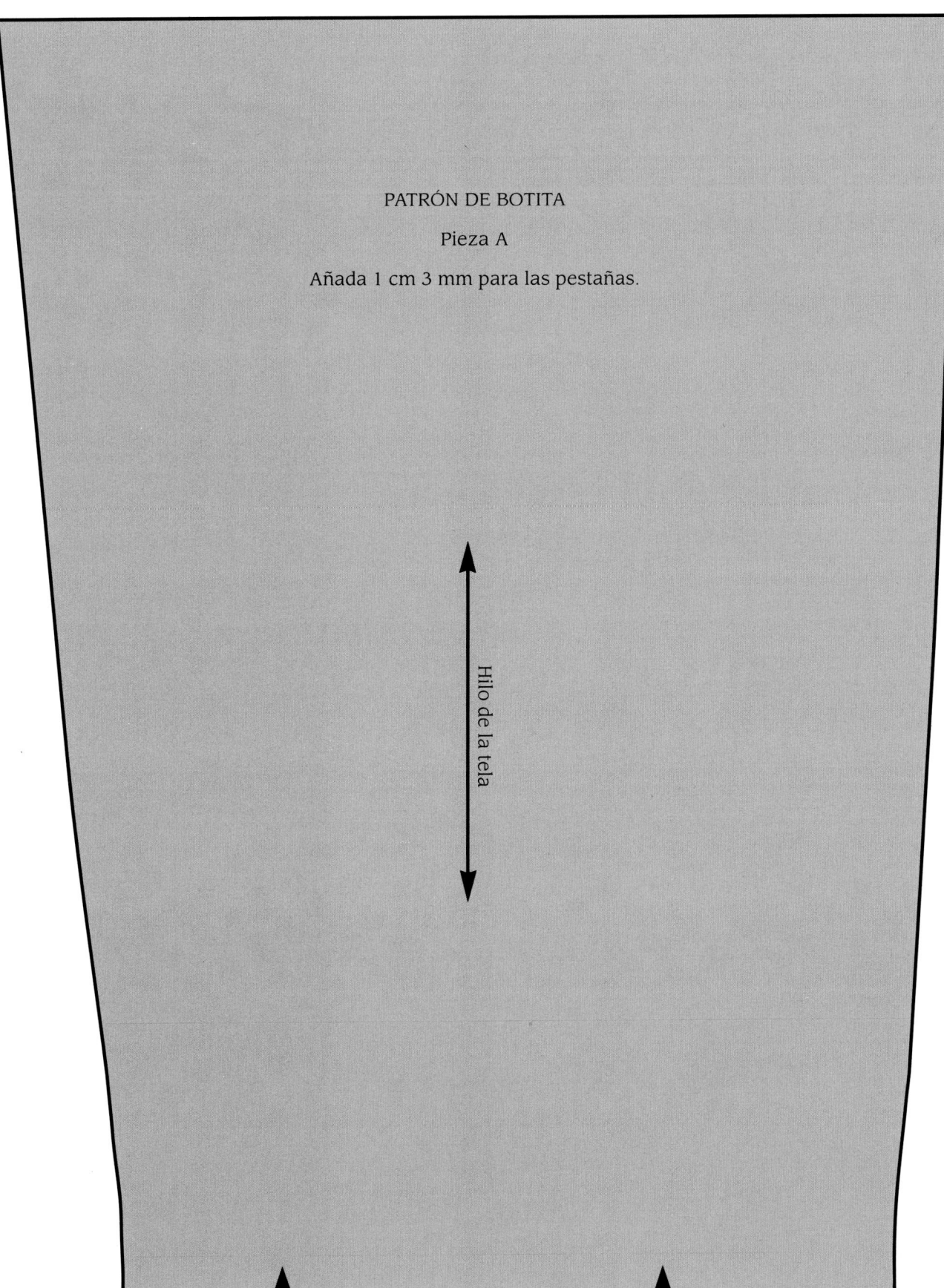

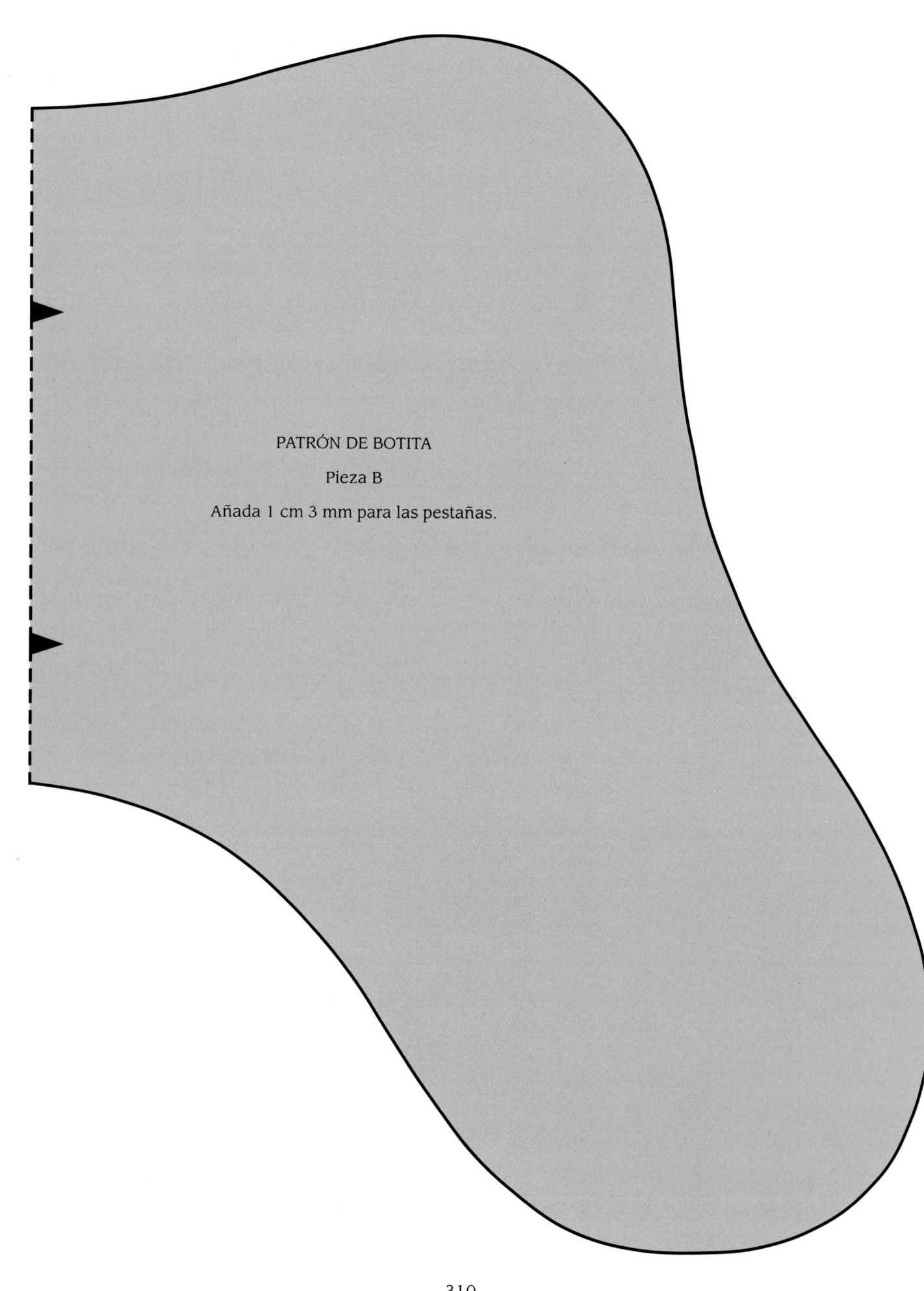

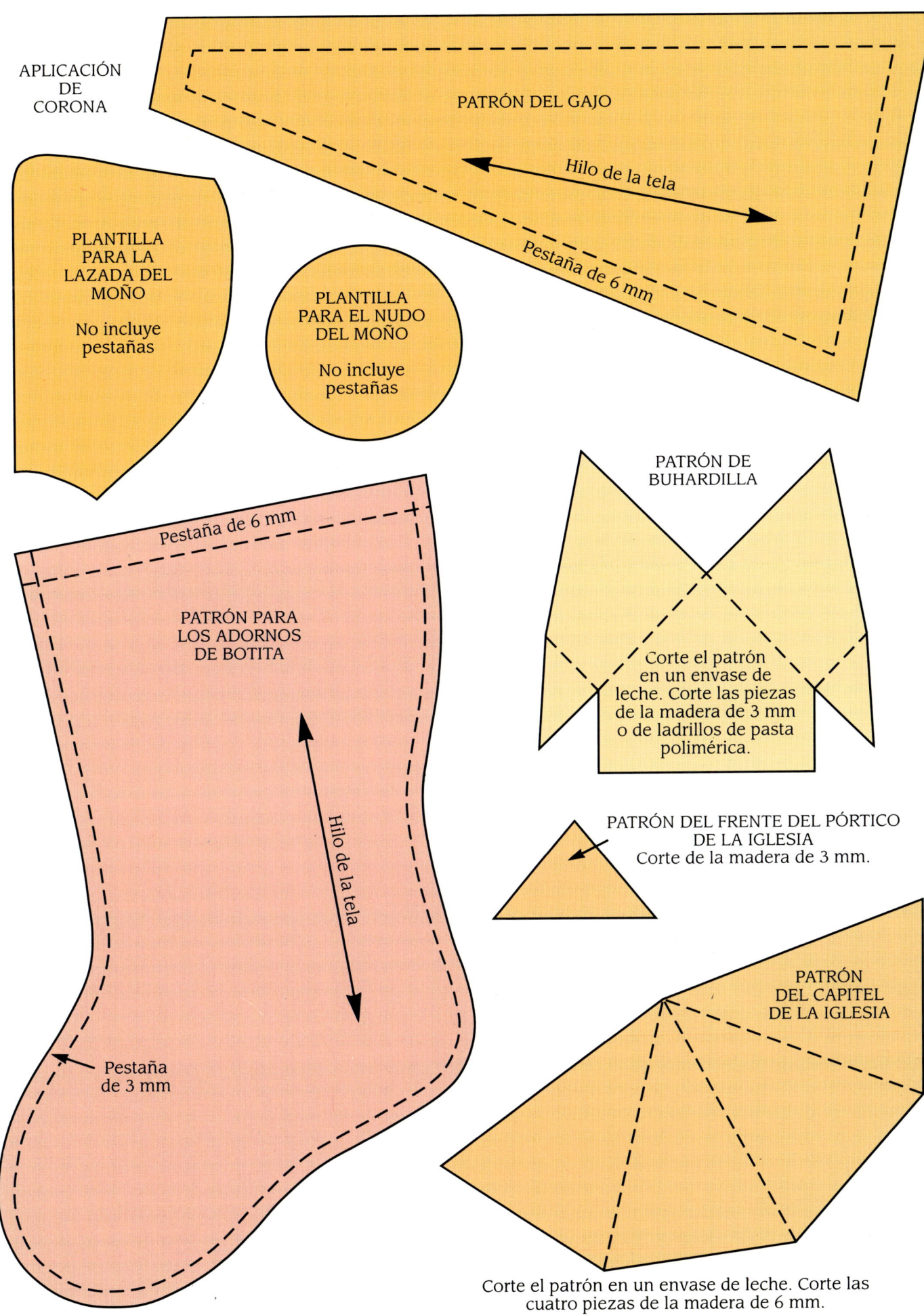

PATRÓN DE LA TORRE DE LA IGLESIA

Corte en un envase de leche;
marque las líneas punteadas.
Corte las piezas laterales de la madera de 3 mm.
Corte las puertas de la madera de 2 mm.
(La "X" indica el espacio para las ventanas y los escalones.)

Puerta
1 cm 5 mm x 4 cm 5 mm

Puerta
1 cm 5 mm x 4 cm 5 mm

Corte las puertas de la madera de 2 mm.

PATRÓN DE REMATE DE CORAZÓN PARA PIE DE ÁRBOL

Hilo de la tela

Pestaña de 6 mm

Índice alfabético

A

Abanicos de papel
    caja de regalo con, 113, 115
    cómo hacerlos, 19
Acolchado irregular, para pie de árbol, 39
Aderezo
    de frutas, 230
    de zanahoria, 147
Adornos
    abanico de papel, 19
    antiguos, 18-21
    brillantes, 23-25
    cajas de regalos, 113, 115, 120-121
    con botones de rosa, 30
    con encaje, 15-17, 21
    con esferas
        de plástico, 21, 31
        de poliestireno, 25, 30
        de vidrio, 21, 23, 30
    con galletas, 125-131
    con juguetes, 11, 13
    con papel corrugado, 30
    con pinzas para ropa, 31
    con rafia, 30
    con rajas de canela, 30-31
    de cascabeles, 24
    de masa, 164
        aromática, 167
    de osito, 165
    de pared, 168
    esfera forrada, 25
    esfera rellena, 23, 56
    ideas para, 15-31
    muñeco de nieve, 26-27
    para árbol, 32-33
    para la casa, 63-109
    para mesa, 58-59
    portaservilletas, 58
    remates de árbol, 9-13
    rústicos, 31
    sachets, 19
    saco navideño, 92-93
    tambor, 28-29
    trenzados, 165
Ajo asado, pasta de queso con, 295
Albaricoque, relleno de, 237
Aldea de galletas, 171-179
Aldea nevada, 101-110
Alitas de pollo picantes, con salsa, 280
Almejas, sopa de, con queso, 244
Almuerzos navideños, 274-277

Ángel con encaje, 15-16
Ángel, remate de árbol, 9-10
Aplicaciones
    corazón, 38
    corona, 44-45
        para caminos de mesa, 42-44
        para mantelitos, 46-47, 51
        para pies de árbol, 34-35
        patrones para, 311
    patrones para, 311-312
Arándanos, arroz con, 217
Árbol(es)
    adornos para, 32-33
    artísticos, 88-91
    con limones, 84-85
    de cono, 84-87, 140
    de Navidad, el, 7-39
    ornamentales dobles, 91
    pies de, 34-39
    remates de, 9-13
Arreglo de la mesa, 60-61
Arroz con arándanos, 189, 217
Arroz, relleno de, con jengibre, 233
Avellana, delicias de, 149
Aves de caza al horno, 202-209

B

Batatas (camotes), 214, 219-221, 242, 252
    confitadas, 221
Bebidas, mezclas para, 151
Bebidas para entrar en calor, 287
    VEA TAMBIÉN Cafés de sabores, Té
Betabel, juliana de zanahoria y, 225
Bocadillo supremo, 278
Bolsas para regalo, 120
Borgoña con especias, 287
Borlas con flecos
    envoltura de regalos con, 121
    para remates de árbol, 33
Botita(s), 78-83
    con encaje, 15, 17
    forrada, 78, 80
    patrones, 311
Botones de rosa secos
    para adornos, 30
    para árboles artísticos, 91

Brécol (brócoli)
    con sésamo, estilo oriental, 222
    ensalada de coliflor y, 216-217
    y tortellini, marinados, 292
Brownies (pastelitos de chocolate), 285

C

Cabaña
    de galletas, 174-175
    para la aldea nevada, 101-105
Cafés de sabores, 151, 303
Caja de regalo, con *découpage*, 113-115
Calabacines (calabacitas)
    con queso, 224
Calabazas con jengibre, 200, 213
Caminos navideños, 42-45
Camotes (batatas), 214, 219-221, 242, 252
Canela, atados de rajas de, 30-31
Caramelos
    adornos con, 125-142
Carlota de naranja, 196, 261
Cascabeles, adorno de, 24
Castañas y papatas a la Dijon, 221
Cazuelitas de pan, 215
Cebollitas con guisantes, a la crema, 215
Cena(s)
    de cordero, 200-201
    de corona de cerdo, 195
    de entrecot, 198-199
    de gallinas Cornish, 189-191
    de ganso, 187-188
    de jamón glasé, 192-194
    de lomo de cerdo, 196-197
    de pavo, 183-185
    navideñas, menús para, 181-201
Cenefa contrastante
    en caminos de mesa, 42-43
    en mantelitos, 46, 48
Centro(s) de mesa, 54-57, 142
    con follaje fresco, 56-57
    de gominolas, 142
    de regalitos, 54-55
    de renos, 142
    ideas para, 56-57

Cercetas a la parrilla, 208
Cerdo
　cena de lomo de, 196-197
　corona de, al horno, 195
Cesta(s)
　caja de regalo con una, 113
　con flores secas, 160
　de encaje de chocolate, 137
Chícharos (guisantes)
　con cebollitas, a la crema, 215
　y camotes con miel, 214
　y coliflor con queso, 223
Chimeneas, guirnaldas para, 72-73
Chocolate(s)
　cofre del tesoro de, 138
　con cerezas, 125, 132
　con pasitas y nueces, 125, 132
　con sabor a almendra, 287
　figuras navideñas de, 125, 134
Chutney, 147, 230
Col, ensalada caliente de manzana y, 217
Coles de Bruselas a la mostaza, 214
Coliflor
　ensalada de brécol y, 216-217
　y guisantes con queso, 223
Comida(s)
　almuerzos, 274-277
　aves de caza al horno, 202-209
　cenas, 181-201
　decoración con, 137-144
　entre amigos, 278-285
　galletas y caramelos, 125-133, 148-149
　navideñas, 212-217
　para entrar en calor, 287-289
　para reuniones informales, 290-295
　rápidas, 304-308
Copas de frutas, 192, 263
Corazón, aplicaciones en forma de
　para pies de árbol, 35
　patrones, 312
Cordero, cena de costillar de, 200-201
Corona(s)
　aplicación de, 44-45
　　para caminos de mesa, 42-44
　　para manteles individuales, 46-47, 51
　　para pies de árbol, 34-35
　como centros de mesa, 56
　con follaje fresco, 64-65
　de eucalipto, 64-65, 68
　de flores secas, 160
　de frutos secos, 144
　de mantequilla, 125-126
　escarchadas, 141

Cremas
　de cangrejo y tomate, 289
　de pimientos con queso, 238
　de tomate y albahaca, 241
　de tres cebollas, 240
　de zanahoria, 240
Cucuruchos rellenos, 125, 129

D

Decoración con repostería, 137-145
Découpage, caja de regalo con, 113-115
Delicia de fresas con amareto, 261
Delicias de avellana, 149
Dibujos en la cristalería, 59
Dips, 283, 294

E

Ejotes (judías verdes)
　ensalada marinada de, 246
　mediterráneos, 223
Encaje
　de chocolate, cesta de, 137
　portaservilletas de, 58-59
Ensaladas, 246-255, 286
　de col al limón, 247
　de col con fruta, 223
　de col y manzana, 217
　marinada de judías verdes, 246
Entremés de tortellini y brécol marinados, 292
Envoltura de regalos, 111-115
　ideas para, 120-121
Esfera(s)
　de encaje, 21
　de plástico y de vidrio, 21, 23, 30-31
　　para adornos, 31
　forrada, 23, 25
　rellena de escarcha metálica, 23
　　para centro de mesa, 56
Espinacas con queso, 224
Estrellas, para remates de árbol, 12
Etiquetas para regalos, 147
Eucalipto, coronas de, 64-65, 68

F

Faisán, recetas, 204-205
Festones, 70-73
　centro de mesa de, 56-57
Figuras navideñas de chocolate, 125, 134-135
Flores secas, 158-161
Follaje
　centro de mesa con, 56-57
　coronas con, 64-65
　de seda, para remates de árbol, 12
　para árboles de cono, 84-87
　para árboles decorados, 90-91
　para coronas, 66, 68
　para remates de árbol, 11
Fondues, 296-297
Frambuesa
　salsa de, 152
　té de, 277
　　mezcla para, 150
Fresa
　con naranja, aderezo de, 230
　té de, 277
　　mezcla para, 150
Fruta(s)
　aderezos de, 230
　congeladas, bebida espumosa de uva con, 290
　gazpacho de, 245
　glaseada, 229
　guarniciones de, 228-231
Frutos secos al jerez, 154

G/H/I

Galletas
　con adornos de fruta, 125, 128
　de duendecillo, 125, 131
　de ositos, 125, 130
　de Santa Claus, 125, 131
　navideñas con nueces, 125, 127
　rápidas, 125-131
　rápidas para fiesta, 125, 127
Gallinas Cornish, cena de, 189-191
Galones para pies de árbol, 39
Ganso
　cena de, 187
　recetas, 187, 207

Gazpacho de frutas, 245
Gelatina(s), 248-249
    envinada, 147
Glaseado, cómo hacer un, 125
Gominolas (gomitas)
    centro de mesa de, 142
Gravy, 185, 197
Guarniciones navideñas, 211-231
    de fruta, 228-231
Guisantes (chícharos)
    con cebollitas, a la crema, 215
    y batatas con miel, 214
    y coliflor con queso, 223
Hojas secadas en el horno de microondas, 159
Ideas navideñas a granel, 123
Iglesia
    de galletas, 178-179
    para la aldea nevada, 106-107, 311-312

J/L

Jamón glasé, 192-193
Jengibre
    calabazas con, 213
    salsa oriental de, 153
Jerez, frutos secos al, 154
Judías verdes (ejotes)
    ensalada marinada de, 246
    mediterráneas, 223
Juguetes
    como remates de árbol, 11, 13
Listón francés, 74-75

M/N

Manteles
    individuales, 46-51
    pintados, 52-53, 61
Mantequillas preparadas, 274
Manzana, aderezo de, con especias, 230
Masa
    aromática, figuras de, 167
    para modelar, 168
Medallones, para envolver regalos, 121

Melcocha de nuez, 148
Menús para cenas navideñas, 181-209
Mezcla para bebida de fresa, 151
Moños navideños, 74-77
    comunes, 74-76
    múltiples, 77
    para remates de árbol, 11-12, 32-33
    patrones para, 311
Mousse de café con canela, 303
Muñequitos
    de jengibre, 125, 129
    de nieve, 125, 130
Naranjas en sangría, 231
Nueces con sabor a romero, 154

P/Q

Palomitas de maíz con chocolate, 284
Pan, con queso derretido, 288
Papas (patatas), 214, 218-221
    crujientes al horno, 219
    navideñas a la crema, 218
    picante, tarta de, 276
Papel
    abanicos de
        adornos con, 19
        cajas de regalo con, 113, 115
    corrugado
        adornos con, 30
        moños con, 74-75
Pasta polimérica
    consejos para manejarla, 26
    VEA Muñequitos de nieve y Aldea nevada
Pastas para untar
    de queso, 155
    con ajo, 295
    mantequillas preparadas, 274
Pasteles, 261, 268-217
    con cubierta de menta, 301
    de frutas con ron, 259
    de queso, 264-267, 302
Pastelitos de chocolate (*brownies*), 285

Patatas (papas), 214, 218-221
    crujientes al horno, 219
    navideñas a la crema, 218
    picante, tarta de, 276
Paté de pavo, trufas de, 292
Pato, recetas, 208-209
Patrones, 309-312
Pavo
    cena de, 183-185
    gravy de, 185
    recetas, 184-185
    silvestre al horno, 202-203
Pestiños (*pretzels*)
    bastón de, 143
    de chocolate, 125, 127
Pétalos secos y especias (*potpourri*), 156-157, 161
    para *sachet* navideño, 19
Pie(s) de árbol, 34-39
    forrado, 35, 37, 39
    sin forro, 34-36
Pino con adornos naturales, 84, 86-87
Pinzas para ropa, adornos con, 31
Placas de nombre de chocolate, para regalos, 135
Ponche de ron y mantequilla, 287
Portaservilletas, 58-59, 61, 121
    de encaje, 58-59
Postres navideños, 256-271, 296-303
Potaje de verduras, 238

Potpourri (pétalos secos y especias), 156-157, 161
    para *sachet* navideño, 19
Pretzels (pestiños)
    bastón de, 143
    de chocolate, 125, 127
Puré de patata (papa), 218
Queso, pastel de, 264-267, 302

R

Rafia, para adornos, 30
Ramilletes, 20-21
Ratatouille, sopa, 243
Recetas de rellenos, 232-237
Regalitos
    centro de mesa de, 54-55
    de sabor, 125, 128

Regalos
　　cajas de, 113-115
　　etiquetas para, 147
　　　　de chocolate, 135
　　hechos en la cocina, 147-157
　　ideas para envolver, 120-121
　　placas de nombre para, 135
　　tarjetas en relieve de, 120
Rellenos, recetas de, 233-237
Remates de árbol, 9-13
　　de ángel, 9-10
　　follaje de seda para, 12
　　ideas para, 11-13
Renos, centro de mesa de, 142
Repostería, decoración con, 137-144
Reuniones informales, comida para, 290-295
Romero, nueces con sabor a, 154
Ron
　　ponche de mantequilla y, 287
　　salsa de mantequilla y, 153
Rosa, botones de, secos
　　para adornos, 30
　　para árboles artísticos, 91

S

Sacos de Santa Claus, 92-93
　　como adornos, 31
　　para envolver regalos, 120
Salsas, 152-153, 280
　　para postres, 298

Santa Claus
　　sacos de, 92-93
　　galletas de, 125, 131
Sellos, 120-121
Sopa(s), 238-245, 288-289
　　de almejas con queso, 244
　　Ratatouille, 243

T

Tabbouleh, ensalada de cereal con frutas, estilo, 250
Tambor
　　adorno de, 28-29
　　caja de regalo como, 113
Tarjetas
　　antiguas, 117-119
　　en relieve, 120
Tarta
　　de calabaza y naranja, 257
　　de patatas picante, 276
　　estilo Yorkshire, 199, 226-227
　　glaseada de arándanos, 298-299
　　glaseada de manzana, 298-299
Tartaletas de nuez, 258-259
Té
　　de frambuesa, 277
　　de fresa, 277
　　mezclas para, 150
Tela prealmidonada
　　consejos para usarla, 28
　　para hacer un saco de Santa Claus, 92-93
　　para hacer un tamborcito, 28-29
　　para hacer un viejecito navideño, 95-99

Tienda de galletas, 176-177
Trufas
　　de paté de pavo, 292
　　envinadas, 300
Tul, para adornar el árbol, 33

V/W/Y/Z

Verduras, 212-225
Vichyssoise de batata, 242
Viejecito navideño, 95-99
Waldorf, ensalada, de fresas, 247
Yorkshire, tarta estilo, 226-227
Zanahoria(s)
　　aderezo de, 147
　　glaseadas, 225

INFORMACIÓN ÚTIL

Uno de los secretos de los grandes cocineros es respetar las cantidades que vienen indicadas en las recetas. Así que cada vez que cocine uno de los platos de este libro, mida con precisión los ingredientes para conseguir los resultados esperados. Para facilitarle esta tarea, hemos incluido las siguientes tablas con equivalencias de las medidas más comunes.

Asimismo, encontrará consejos prácticos para refrigerar los alimentos y medidas de seguridad que deben observarse al cocinar en el microondas.

EQUIVALENCIAS

Temperatura

Grados centígrados (°C)	Grados Fahrenheit (°F)
80	170
100	200
110	225
120	250
140	275
150	300
160	325
180	350
190	375
200	400
220	425
230	450
240	475
260	500

Peso

Onzas	Gramos
1	30
8 (1/2 libra)	220
16 (1 libra)	450
32 (2 libras)	900

Volumen

Onzas líquidas	Mililitros
1	30
2	60
3	100
4	125
6	200
8	250

Tazas

1/4 taza	50 ml	4 cucharadas
1/2 taza	125 ml	8 cucharadas
1 taza	250 ml	16 cucharadas
2 tazas	500 ml	
4 tazas	1 litro	

Cucharadas

1/4 cucharadita	1 ml
1/2 cucharadita	2 ml
1 cucharadita	5 ml
1 cucharada	15 ml

INGREDIENTES COMUNES

Ingrediente	Cantidad	Medida
Azúcar glass	500 g	4 tazas, sin cernir
Azúcar granulada	500 g	2 tazas
Azúcar morena	500 g	2 1/4 tazas
Harina	500 g	3 1/2 tazas, sin cernir 4 tazas, cernida
Limón	1 mediano	3 cucharadas de jugo 1 cucharada de ralladura
Mantequilla o margarina	125 g	1/2 taza
Manzanas	500 g	3 medianas
Migas de pan, remojadas	1 rebanada	1/2 taza
Migas de pan, secas	1 rebanada	1/4 taza
Naranja	1 mediana	1/3 taza de jugo 2 cucharadas de ralladura
Patatas (papas)	500 g	3 medianas
Plátanos	500 g	3 medianos
Queso Cheddar	125 g	1 taza, rallado
Queso cottage	500 g	2 tazas
Queso de nata (queso crema)	90 g 250 g	6 cucharadas 1 taza (16 cucharadas)

TIEMPOS DE COCCIÓN DE ALGUNAS VERDURAS*

Verdura	Cantidad	Horno de microondas	Horno convencional
Alcachofas	4	15 min, en 1/4 taza de agua (dé vuelta a las alcachofas a los 7 min)	45 min a 175°C, en 1 taza de agua
Batatas (camotes)	4	8 min (pinche la cáscara con un tenedor)	1 h a 175°C, sin tapar
Mazorcas de maíz (elotes)	4	9 min (deje las hojas)	20 min a 215°C (envuelva en papel de aluminio)
Patatas (papas)	4	10 min (pinche la cáscara con un tenedor)	1 h a 175°C, sin tapar
Zanahorias	6 (rebanadas)	7 min en 1/4 taza de agua (revuelva a los 4 min)	40 min a 175°C, en 1/4 taza de agua

* Para cocer las verduras utilice moldes refractarios o recipientes especiales para horno de microondas, con tapa.

TIEMPOS DE REFRIGERACIÓN

Carne molida (cruda)	1-2 días
Pollo (crudo)	2-3 días
Filetes (crudos)	3-4 días
Chuletas, bistecs (crudos)	2-3 días
Pescado (crudo)	1-2 días
Embutidos	7-10 días
Leche y crema	3-5 días
Mantequilla y grasas	2-3 semanas
Quesos blandos	4-5 días
Fruta blanda y verduras	1-5 días

TIEMPOS DE COCCIÓN DE LA CARNE

	Temperatura interna
Buey (res)	60-75°C (140-170°F)
Cordero	65-75°C (150-170°F)
Cerdo	80-85°C (175-185°F)
Pollo (muslo)	85°C (185°F)
Ternera	80°C (175°F)

MEDIDAS DE SEGURIDAD PARA COCINAR EN HORNO DE MICROONDAS

- No fije la vista en el horno mientras está encendido.
- Si usted utiliza marcapasos, pregunte a su médico si su marcapasos está protegido contra microondas.
- No use el horno de microondas para fines distintos de los que fue creado: cocinar, descongelar y calentar comida.
- Utilice utensilios especiales para horno de microondas. No use nada de metal ni de poliestireno, papel reciclado, bolsas de papel, barro no barnizado, cajitas de cartón ni vajillas con bordes metálicos.
- No encienda el horno si está vacío. Si hay niños en la casa, procure tener un recipiente con agua en el horno por si acaso se enciende accidentalmente.
- Cerciórese de que la puerta del horno está cerrada correctamente antes de encenderlo.
- Espere a que se apague completamente el horno antes de abrir la puerta.
- No use el horno para preparar frituras, pues el aceite se calienta muy rápidamente por efecto de las microondas y puede inflamarse; además, algunos utensilios no soportarían temperaturas tan altas.